数智时代与深圳新发展

中国式现代化的城市范例

李 凡◎主编
陈红泉 喻 理◎副主编

中国经济出版社
CHINA ECONOMIC PUBLISHING HOUSE
北 京

图书在版编目（CIP）数据

数智时代与深圳新发展：中国式现代化的城市范例 / 李凡主编. -- 北京：中国经济出版社，2025. 5.

ISBN 978-7-5136-8138-4

Ⅰ. D676.53

中国国家版本馆 CIP 数据核字第 20253QC581 号

责任编辑　丁　楠
责任印制　李　伟
封面设计　久品轩

出版发行　中国经济出版社
印 刷 者　涿州市京南印刷厂
经 销 者　各地新华书店
开　　本　710mm × 1000mm　1/16
印　　张　15
字　　数　230 千字
版　　次　2025 年 5 月第 1 版
印　　次　2025 年 5 月第 1 次
定　　价　88.00 元
广告经营许可证　京西工商广字第 8179 号

中国经济出版社　**网址** http://epc.sinopec.com/epc/　**社址** 北京市东城区安定门外大街 58 号　**邮编** 100011

本版图书如存在印装质量问题，请与本社销售中心联系调换（联系电话：010-57512564）

前言 Preface

在全球科技发展的浪潮中，数字化与智能化的融合正以不可阻挡之势加速推进，深刻地重塑着人类社会的各个层面。从企业微观运营模式的创新，到社会治理宏观架构的优化，再到民生保障全方位格局的重构，这一融合趋势所引发的变革影响广泛而深远。

当前全球科技竞争不断加剧，各国纷纷将数字化与智能化的发展纳入国家战略规划的核心范畴。以美国为例，其通过制定《国家人工智能研究与发展战略计划》，明确将人工智能作为未来科技竞争的关键领域，投入巨额资金支持相关技术研发与应用，力求在全球科技竞争中保持领先地位。欧盟出台《数字欧洲计划》，旨在通过加强数字基础设施建设、推动数据共享与利用等举措，提升欧洲在全球数字经济领域的竞争力。各国积极布局数字经济、人工智能、大数据等前沿科技领域，力求在全球科技竞争的版图中占据有利地位，以赢得未来发展的先机。

中国，作为世界第二大经济体，对于数字化与智能化转型的重要性有着深刻而清醒的认识，并将其上升为国家战略层面的关键议题。中国政府以高瞻远瞩的战略眼光，出台了一系列具有前瞻性和指导性的政策文件。《新一代人工智能发展规划》明确了中国人工智能发展的“三步走”战略目标，即到 2020 年人工智能总体技术和应用与世界先进水平同步，到 2025 年部分技术与应用达到世界领先水平，到 2030 年总体达到世界领先水平，成为世界人工智能创新中心。《关于加快场景创新以人工智能高水平应用促进经济高质量发展的指导意见》则进一步强调了场景创新在推动人工智能应用和经济发展中的重要作用，提出了构建人工智能场景创新体系、提升人工智能场景创新能力、加快人工智能场景创新应用等具体措施，为相关领域提供了坚实的政策保障和方向指引。

深圳，作为中国改革开放的前沿阵地，凭借其得天独厚的区位优势、持续有力的政策支持以及源源不断的创新活力，率先成为数字化与智能化转型的城市典范。深圳在信息技术、通信技术等领域深耕多年，积累了雄厚的实力。以华为、中兴等为代表的通信企业，在通信技术的研发与应用方面处于全球领先地位，为数字化与智能化转型提供了坚实的技术支撑。同时，深圳在智慧城市建设方面取得了令人瞩目的成就。例如，深圳的“i 深圳”政务服务平台，整合了全市 8000 多项政务服务事项，实现了市民和企业办事“一站登录、一网通办”，大大提升了政务服务的效率和便捷性。

在当前学术研究中，尽管已有大量文献聚焦于数字化与智能化转型，但主要集中在技术层面的应用和经济效益的分析。例如，众多研究关注了数智技术在制造业中如何提高生产效率、降低生产成本，大数据技术在金融领域如何提升风险评估的准确性等。然而，在城市全面发展的视角下，探讨数字化与智能化转型如何全方位提升公共服务的效率和质量、优化社会治理体系、推动经济的公平与可持续发展等，仍鲜有深入而系统的研究。因此，该领域亟待学术界、政策制定者以及实践领域的各方力量共同携手填补，以期为数字化与智能化转型的纵深推进提供更为系统化的理论支撑和实践指导。

本书基于这样的时代背景和现实需求，深入剖析深圳在数智化转型过程中的具体实践举措、取得的成效以及面临的挑战与机遇，旨在为相关政策制定者提供具有前瞻性和可操作性的决策参考，为学术界贡献新的理论视角与研究成果，为实践领域提供可借鉴、可复制的模式与路径，助力各方在数字化与智能化的浪潮中更好地把握机遇、应对挑战，推动社会在公平、高效、可持续的发展道路上稳步前行。

艾春荣

香港中文大学（深圳）经管学院教授、校长讲座教授

世界计量经济学会会士

2025 年 3 月于深圳

目录
Contents

第一章

数智时代的民生保障与社会治理

第二章

数智时代的现代化产业体系建设

第一章

数智时代的民生保障与社会治理

一、引言：数智化转型中的民生福祉增进

李 凡 王乙杰[①]

在21世纪的数字化浪潮中，人类社会正经历前所未有的变革。数智时代的特点是信息的快速流通和处理能力的极大提升，它不仅改变了人们的生活方式，也重塑了政府提供服务的方式。数字经济的蓬勃发展和智能化技术的全面渗透，对社会治理和民生保障提出了新挑战、提供了新机遇。《"十四五"国家信息化规划》明确指出，数字化转型是推动民生保障体系和社会治理体系高质量发展的关键路径，要改善人民生活品质，让广大人民群众共享信息化发展成果。数智时代集技术赋能、数据驱动和智能优化于一体，已经成为推动社会进步的重要力量。

数智时代的来临，标志着人类社会从工业时代到信息时代再到智能时代的跨越。这一跨越不仅是技术层面的革新，也是社会结构、经济模式和文化形态的深刻转变。数智技术赋能使得个体和组织能够更加高效地获取和处理信息，数据驱动使得决策更加精准和科学，智能优化则为解决复杂问题提供了新的可能。这些变化不仅显著提升了工业生产效率，而且为民生保障和社会治理提供了新路径。然而，数智技术的发展也带来了一系列挑战。在民生保障领域，如何确保技术的发展能够惠及大众，如何利用技术提高公共服务的覆盖面和质量，如何通过技术手段解决社会不平等问题，是当前亟须解决的重要问题。在社会治理领域，如何确保技术的公正性和安全性，如何保护个人隐私，如何避免数字鸿沟的扩大，都是中国当前面临的重要挑战。

---

① 李凡，深圳大学中国经济特区研究中心教授，经济学博士，主要研究方向：数字经济、产业组织。王乙杰，深圳大学中国经济特区研究中心助理教授，经济学博士，主要研究方向：行为实验、公共政策评估。

（一）数智时代背景下民生保障与社会治理现状

数智技术的应用极大地提升了公共服务的效率与质量，并为社会治理引入了创新的模式和方法，已成为优化公共服务的关键驱动力，其影响力渗透至社会的各个层面。

首先，数智技术在民生保障领域的应用显著改变了服务的提供方式。在医疗健康领域，人工智能技术的应用极大地提高了医疗服务的效率和质量[1]。人工智能（AI）辅助诊断系统通过深度学习算法，能够快速识别疾病，降低误诊率，提高医疗服务的准确性。远程医疗服务的推广使得偏远地区的居民也能享受城市级别的医疗资源，缩小了城乡之间的医疗差距。在就业与教育领域，智能匹配技术的应用优化了供需两端的连接，个性化学习平台根据学生的学习进度和兴趣提供定制化的学习内容，智能招聘系统则匹配求职者的技能和企业的岗位需求，提高了就业市场的效率和资源配置的合理化[2-4]。

其次，数智技术为社会治理提供了治理新模式。社会治理的数智化实践主要体现在智慧城市建设中，其中智能信号控制系统是城市交通管理的一个亮点[5]。这些系统通过实时分析交通流量，自动调整信号灯的配时，不仅有效缓解了交通拥堵问题，还提高了城市交通的通畅性，减少了车辆等待时间，从而降低了能源消耗，减少了环境污染。在环境保护领域，实时监测与分析平台通过收集和分析环境数据，为环境保护提供了科学依据。这些平台能够监测空气质量、水质等关键环境指标，及时发现环境问题，并采取相应的治理措施，使得环境政策的制定和执行更加精准和有效[6]。此外，智能监控与预警系统的应用，通过分析公共区域的监控数据，提高了公共安全管理的效率[7]。这些系统能够识别异常行为，及时预警，预防犯罪和灾害的发生，增强了城市对突发事件的响应能力，提升了居民的安全感。

最后，数智技术的应用为公共服务和社会治理带来了显著的成果。公共服务的效率显著提高，智能交通管理系统通过优化交通流量分配，减少了拥堵，提高了道路使用效率；智能医疗系统通过精准匹配医疗资源与患者需求，提高了医疗服务效率。这些系统的应用不仅节省了时间和资源，还极大地提升了用户体验。政府决策的科学性也因大数据分析而增强。政府能够利用大数据分析更准确地识别社会问题，从而制定更为合理的政策。这种基于数据的决策模式使得政策制定更加精准，更能够满足公众的实际需求，提高了政策的有效性和公众的满意度。资源配置的优化是数字化与智能化技术应用领域的一项关键成就，它体现了技术进步对于提高资源利用效率和促进经济系统整体效能的显著贡献[8]。智能匹配技术帮助政府更有效地分配教育、就业等资源，确保资源能够根据实际需求进行优化配置。这种智能化的资源分配机制不仅提高了资源利用效率，而且有助于缩小不同地区和社会群体之间的差距。社会公平得到促进，尤其是在线教育平台的兴起，使得偏远地区的居民也能享受优质的教育资源。这种教育的普及和公平性的提高不仅改变了个人的命运，也为社会的整体发展提供了强大的动力。在线教育平台的广泛应用打破了地理限制，为所有人提供了平等的学习机会，这对构建终身学习体系和促进社会公平具有重要意义。

（二）数智技术赋能民生保障和社会治理的机制阐释

在数智时代，技术的发展和应用对民生保障和社会治理产生了深远的影响。第一，数据采集与分析是技术赋能的首要环节。通过大数据技术，政府和组织能够实时收集和分析海量数据，洞察民生问题，预测发展趋势，为政策制定提供科学依据[9]。这种基于数据的决策模式使得政策更加精准，服务更加贴近民众需求。例如，在公共卫生领域，大数据分析可以帮助识别疾病爆发的模式和趋势，从而提前部署预防措施。第二，智能化决策是技术赋能的关键方面。人工智能技术在优化治理决策路径方面展现出独特优势，尤其是在处理复杂和大规模数据集时[10]。AI 技术可以提供决策支持，提高决策效率和准确性。例如，在交通流量管理中，AI 系统能够预测和缓解拥堵，优化城市交通流量。在疫情防控中，AI 技术能够分析疫情传播模式，为防控措施提供科学依据。第三，平台化管理是技术赋能的重要组成部分[11]。基于区块链技术的公共服务平台提升了数据透明度和服务可信度。区块链技术的应用确保了数据的不可篡改性和可追溯性，增强了公共服务的公信力。

例如，在慈善捐赠领域，区块链技术能够确保捐赠信息的透明和真实，提高公众对慈善机构的信任。第四，自动化服务是技术赋能的直接体现[12]。自动化税务申报系统和客户服务系统等通过技术提高服务效率和质量，减少了人为错误，提升了用户体验。自动化服务不仅提高了服务效率，还降低了运营成本，使得资源可以更有效地被分配到其他领域。第五，物联网应用是技术赋能的前沿[13]。物联网通过连接设备和传感器收集实时数据，支持城市管理和公共服务。物联网技术使得城市管理更加智能化，如智能电网可以优化能源分配、环境监测系统可以实时跟踪污染水平。

技术与治理的融合路径是数智时代下社会进步的关键。这种融合不仅要求技术的发展与治理的需求紧密结合，还要求在技术应用中充分体现治理的智慧和伦理考量。首先，公私合作是技术与治理融合的基石[14]。在智慧城市建设中，技术企业与政府的协同创新能够充分发挥双方的优势，提高公共服务的效率和质量。政府拥有对社会需求的深刻理解和规划能力，技术企业拥有创新技术和解决方案。二者合作可以开发出更符合社会需求的技术产品，提升城市智能化水平，改善居民生活质量。其次，数据共享与隐私保护机制的设计对于技术与治理的融合至关重要[9]。数据共享能够打破信息孤岛，促进资源的优化配置和公共服务的个性化。然而，数据的自由流通必须建立在个人隐私得到充分保护的基础上。政府需要制定严格的数据保护法规，明确数据收集、处理和使用的界限，同时加强对数据滥用行为的监管和惩处，从而实现激发数据潜在价值与保护公民隐私权益的均衡。再次，法律与伦理框架是确保技术应用公平性和合法性的重要保障[15]。随着数智技术的快速发展，新的法律和伦理问题不断涌现，如数据所有权、算法透明度、人工智能的道德责任等。政府和监管机构需要及时制定和更新相关法律法规，以应对这些挑战。这不仅涉及技术的应用层面，还涉及技术发展对社会价值观和伦理标准的影响。通过建立和完善法律与伦理框架，可以确保技术的发展不会侵犯个人权利，也不会破坏社会公正。最后，公众参与是提高数智治理透明度和社会信任度的重要途径。在政策制定和公共服务评估中引入公众参与可以增强政策的民主性和适应性。公众的直接参与有助于政策更好地反映社会需求和期望，提高政策的有效性和公众的满意度。通过在线平台、公众听证会等形式，公众可以更直接地参与到治理过程中，不仅提高了政策的透明度，也增强了公众对政策的信任。

（三）数智技术视域下民生保障和社会治理的风险与挑战

第一，技术风险。在数字化的浪潮中，隐私泄露和数据滥用问题尤为突出，尤其是在医疗、金融等敏感领域。个人数据的泄露可能导致严重的后果，如身份盗用、诈骗等犯罪行为，严重威胁个人的人身安全和财产安全。在医疗领域，未经授权的医疗数据商业化利用不仅侵犯了患者的隐私权，还可能对患者的名誉和权益造成不可逆转的损害。算法决策的不透明性也可能导致公众对技术应用的不信任，这种不信任可能引发公众对技术的抵触情绪，阻碍技术的健康发展。

第二，技术偏差和歧视。数字鸿沟的存在使得部分边缘群体无法享受数智技术的红利，这种不平等可能体现在技术获取、技术知识、技术应用能力等方面。老年人、残疾人和低收入群体可能因缺乏技术知识或基础设施支持而无法充分利用数智技术，导致新的社会分层，加剧社会不平等。这种不平等不仅限制了个体的发展机会，也影响了社会的和谐稳定。例如，在教育领域，数字化转型可能使得缺乏网络和智能设备的学生无法获得同等的教育资源，从而加剧教育不平等。在就业市场中，缺乏数字技能的求职者可能面临更大的就业困难，不仅影响他们的经济状况，也可能导致社会不稳定因素的增加。

第三，技术应用的法律与伦理框架尚未完善。随着数智技术的快速发展，现有的法律和伦理框架往往难以跟上技术的步伐，导致技术应用的安全性与合规性不足。面部识别技术在公共安全领域的应用引发了广泛的伦理和法律争议。例如，其可能侵犯个人隐私，导致错误识别和滥用权力等问题。此外，技术应用的监管不足也可能导致市场失灵，出现如数据垄断、不正当竞争等问题，这些问题不仅影响了市场的公平竞争，也对消费者权益造成了损害。数据垄断可能导致市场资源的不合理分配，限制创新和竞争，而不正当竞争则可能破坏市场秩序，损害消费者和其他企业的合法权益。

（四）政策建议

第一，完善数智技术的法律与伦理框架至关重要。随着数智技术的发展，需要制定全面的数据保护法案，明确数据的收集、存储、处理和使用的规则，保护个人隐私和数据安全。同时，加强对技术应用的合规审查，确保技术应用在法律与伦理的约束下运行。此外，推动建立算法公平性审查机制，避免技术对特定群体的不公正影响，如在招聘、信贷等领域防止算法歧视。

第二，缩小数字鸿沟是确保技术普惠性的关键。数字鸿沟的存在使得部分群体无法享受数智技术的红利。政府和社会组织应提供技术培训与教育资源，提升边缘群体的技术应用能力，包括在学校和社区中推广计算机和互联网教育，以及为老年人和残疾人提供专门的技术培训。同时，加强偏远地区的网络基础设施建设，确保技术普惠性落地，让所有人都能享受数智技术带来的便利。

第三，提升政府与社会的协同能力对于数智技术的有效应用至关重要。建立跨部门的协作机制，推动技术研发与治理应用的有效衔接，可以提高政策的执行力和效率。同时，引入公众参与机制，增强治理透明度与社会信任度。例如，通过在线平台收集公众意见，让公众参与政策制定和评估过程，可以提高政策的适应性和公众的满意度。

参考文献

［1］杨善林，范先群，丁帅，等．医联网与智慧医疗健康管理［J］．管理科学，2021（6）．

［2］毛日昇．工业机器人应用与就业再配置［J］．管理世界，2024（9）．

［3］杨希，李波．人工智能时代就业市场新形态及其规范发展研究［J］．河南社会科学，2024（7）．

［4］梁迎丽，刘陈．人工智能教育应用的现状分析、典型特征与发展趋

势［J］. 中国电化教育，2018（3）.

［5］丁元竹. 做好“人工智能+”市域社会治理应用场景创新工作［J］. 行政管理改革，2024（5）.

［6］张国磊，马丽. “数据要素 ×”推进环境治理精细化：内在逻辑、实践困境与优化路径［J］. 南京工业大学学报（社会科学版），2024（4）.

［7］许浩，胡晓艺. 人工智能赋能城市安全风险治理的运行机制与治理困境［J］. 城市问题，2024（4）.

［8］傅元海，熊豪. 数字化转型改善资源配置的理论逻辑与路径选择［J］. 经济学家，2024（9）.

［9］高翔. 超越政府中心主义：公共数据治理中的市民授权机制［J］. 治理研究，2022（2）.

［10］孙全胜. 人工智能的机器学习助力数字法治政府建设的机理、挑战与路径［J］. 学术交流，2023（12）.

［11］焦豪. 数字平台生态观：数字经济时代的管理理论新视角［J］. 中国工业经济，2023（7）.

［12］马晔风，陈楠，崔雪彬. 生成式人工智能技术如何影响专业型工作：来自软件工程行业的早期证据［J］. 劳动经济研究，2024（3）.

［13］陈凯华，薛泽华，张超. 数字化背景下的社会创新：理论框架与政策启示［J］. 科学学研究，2025（4）.

［14］陈琴，许凯渤，唐建荣. 感知价值何以影响数字化公共服务公私合作：以C市P社区智慧居家养老服务为例［J］. 中国行政管理，2023（3）.

［15］吴宗宪，张进帅. 生成式人工智能：风险、挑战与刑事规制——以ChatGPT为例［J］. 中国特色社会主义研究，2024（3）.

二、智慧党建："制度 + 科技"的深圳实践

高矗辉[①]

摘　要：建设智慧党建平台不仅是全面提高新时代党建工作质量的内在需要，也是顺应时代发展趋势、回应党员群众期待的必要举措。本文分析了相关学者对智慧党建工作的研究现状，阐述了新时代智慧党建平台建设的重要意义，探讨了当前智慧党建平台建设的成效，并对当前深圳智慧党建平台建设出现的问题进行了分析。重点探讨了深圳智慧党建平台的构建策略，促使当前深圳党建工作和智慧党建平台建设稳步推进。

关键词：智慧党建　平台建设　深圳市

（一）引言

党的二十届三中全会强调，"加强党建引领基层治理"[1]。当前，党建工作的环境、理念、机制等都发生了深刻变化。以信息技术为核心的新一轮科技革命正在孕育兴起，信息技术的应用与发展已深刻影响我们的日常生活，其中也包括党建工作。因此，在互联网时代背景下，智慧党建平台应运而生。智慧党建平台是将人工智能（AI）、区块链、云计算等新一代信息技术融入传统党建模式中，开展教育培训、科学研究和组织管理等工作的智慧化模式。《中共中央关于加强党的政治建设的意见》中指出，要"增强党内

① 高矗辉，中共深圳市委党校与深圳大学联合培养创新实践基地博士后，法学博士，讲师，主要研究方向：中共党史党建学。

政治生活的时代性，主动适应信息时代新形势和党员队伍新变化，积极运用互联网、大数据分析等新兴技术，创新党组织活动内容方式，推进‘智慧党建’，使党内政治生活始终充满活力，坚决防止和克服党内政治生活不讲创新、不讲活力、照搬照套的倾向”。[2]智慧党建的广泛应用不仅有效提升了基层党建工作的科学化水平，而且在破解基层党建工作难题中提高了党的治理能力和执政能力，推动了基层党建工作评估和决策的“自动化”“科学化”“智能化”。

深圳市委主动适应实际需要和形势发展，于 2013 年在南山区开展智慧党建试点工作。2017 年，在总结试点经验的基础上建设“深圳智慧党建”系统。2018 年 6 月，“深圳智慧党建”系统正式建设并投入使用，实现了对全市基层党组织和党员的扁平化联网管理，标志着深圳市基层党建工作正式步入“互联网 +”时代。2018 年 10 月 24 日，习近平总书记亲临深圳市龙华区北站社区党群服务中心视察，听取了智慧党建的情况汇报并给予充分肯定。

（二）研究文献计量分析

1. 研究方法

随着近年来对智慧党建平台建设的研究，我国相关专家学者取得了一定的研究成果。以 CNKI 全部文献为查询范围，设定“智慧党建”“智慧党建平台”“党校智慧党建”等为关键词，对 2020 年 1 月至 2023 年 12 月的文章进行搜索，共获得具有一定参考价值的相关文献 231 篇，其中硕博士论文 18 篇。

2. 研究结果与分析

（1）文献发表时间和数量

表 1 展示了新时代智慧党建平台建设现状及对策研究相关文献的发表时间、数量和所占比例。从表 1 中可以看到，近几年均有相关研究学者发表一定数量的文章，且在 2021 年到达峰值。这说明自 2021 年后，该选题的

研究处于较为稳定的状态。

表 1　2020—2023 年新时代智慧党建平台建设现状及对策研究文献量及占比

年份	文献量（篇）	占比（%）
2020	39	16.90
2021	71	30.70
2022	61	26.40
2023	60	26.00

（2）文献研究作者分布与职称结构

按照文献计量学的惯例，这里的文献研究作者以第一作者为参考。在 231 篇有一定参考价值的文献中，仅发表 1 篇学术论文的作者有 221 人，发表 2 篇学术论文的作者有 6 人，发表 3 篇以上学术论文的作者有 4 人（见表 2）。

表 2　2020—2023 年新时代智慧党建平台建设现状及对策研究相关论文作者人数及占比

文献量（篇）	作者数（人）	占比（%）
1	221	95.7
2	6	2.6
3	4	1.7

在上述研究作者中，具有正高级职称的作者有 95 人，具有副高级职称的作者有 86 人，具有中级职称及以下（含未定职、其他、硕博士研究生）的有 50 人。

由上述数据分析可知，新时代智慧党建平台建设现状及对策研究已形成一批稳定作者群，其中部分作者有继续发表相关选题论文的趋向，这些作者是形成相关文献的重要力量。

（3）文献研究对象与研究元分析

如图 1 所示，在 231 篇有一定参考价值的文献中，涉及的研究对象主要是高等院校、国有企业、党校、医院、新闻媒体和其他单位等。其中，对党校研究分析的成果不算多，仅有 53 篇。

以党校为研究视角，相关学者对此类问题的特征进行详尽分析，经整理形成表 3。

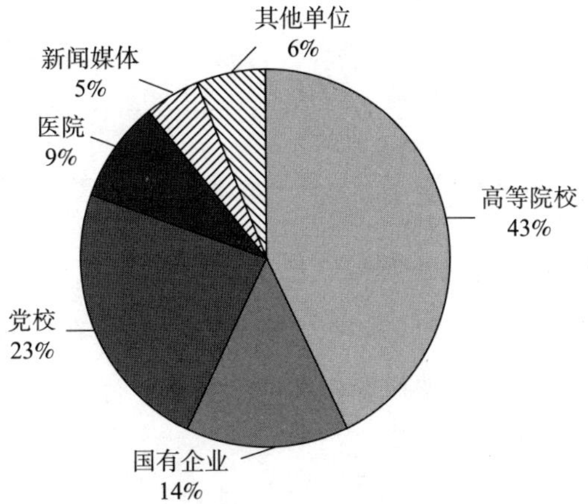

图 1 2020—2023 年新时代智慧党建平台建设现状及对策研究对象分布

表 3 相关研究元分析

关注项	关注项设计内容	主要研究作者
智慧党建必要性	加强党校建设、应对各种风险挑战和全面从严治党的客观需要	师岩、李菁
智慧党建发展机遇	顺应时代发展和新兴技术发展	邱旺根、李中阳
智慧党建新模式	“党建 +AI”“党建 +VR”“党建 +AR”	陈蕾、夏季
智慧党建新要求	从培训内容、党员档案、培训方式等方面阐释	刘颖、任丽娟

（4）文献研究项目资助情况与研究力量分析

如图 2 所示，在 231 篇有一定参考价值的文献中，152 篇文章有项目资助，约占总数的 65.8%；仅 6 篇文章获得国家社会科学基金项目资助，占比并不高。这说明这一方向具有进一步开展研究的价值，国家哲学社会科学规划办等单位应大力资助该类选题的课题立项。

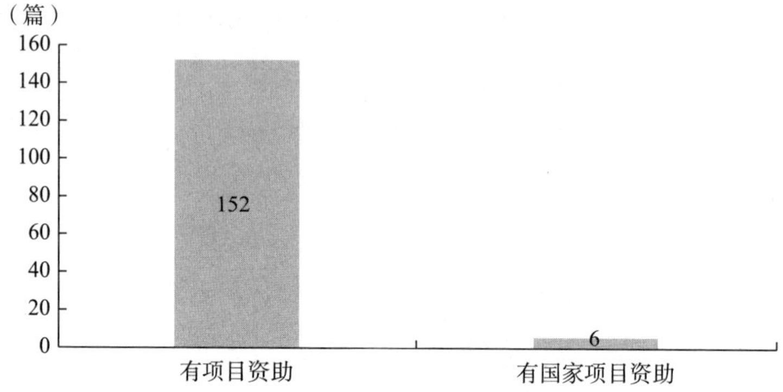

图 2　2020—2023 年新时代智慧党建平台建设现状及对策研究文献资助情况

关于研究力量，如图 3 所示，研究作者中所在单位为高等院校的有 102 人，所在单位为科研单位或党校的有 74 人，所在单位为医院或企业的有 39 人，其他单位或未注明研究作者单位情况的有 16 人。

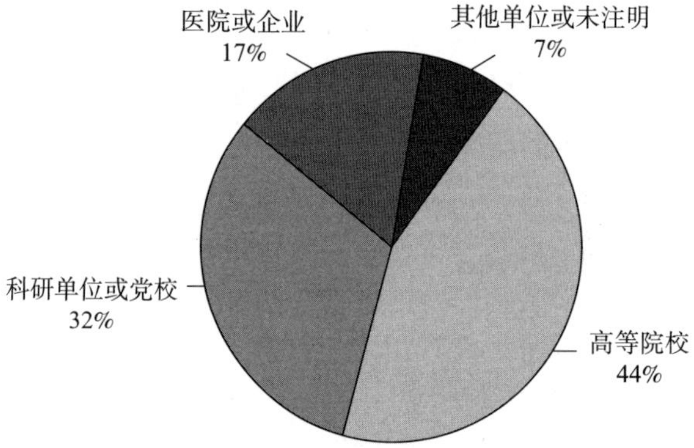

图 3　2020—2023 年新时代智慧党建平台建设现状及对策研究力量分析

（三）新时代加强智慧党建平台建设的重要意义

1. 智慧党建是政策环境下的必然要求

党的十八大以来，习近平总书记就信息化工作和党建工作高质量发展作出一系列重要指示。习近平总书记在全国组织工作会议上指出，要“探索加强新兴业态和互联网党建工作”。[3]党和国家的高度重视和支持极大地推动了智能党建与信息技术的融合。智慧党建平台是在党的建设信息化这一基础上逐步发展起来的。随着云计算、大数据和人工智能等新一代新兴技术的快速发展，智慧党建也迎来了新的历史发展机遇。2011 年，智慧党建这一关键词得以出现，2013 年，人民网、新华网等网站自主研发“党建云平台”，2015 年提出“互联网 + 党建”。直至今日，智慧党建基本做到了党建网站、党建 App 等各个平台的互联互通，兼具党务管理、教育培训、互动交流等多项功能。其中，深圳市建成启用“深圳智慧党建”系统后，市领导多次就不断提升基层党建工作信息化智能化水平、建立全市统一的党员信息管理系统提出明确要求，出台《关于推进城市基层党建“标准 +”模式的意见》，对加快“深圳智慧党建”系统建设作出具体部署。可见，信息技术的发展和政策环境的支持有助于实现“高效党建、创新党建和精准党建”的现代化党建模式，这对推动党的建设、推动党建工作高质量发展和提高党组织的组织能力具有十分重要的意义。

2. 智慧党建是新兴技术革命下的时代要求

随着信息产业的快速发展，信息技术的发展已经被认为是国家建设的重要工程。[4] 面对新信息技术革命所带来的机遇和挑战，党和国家积极运用信息科学技术强化党的建设，以智慧党建引领，助推党政工作以更加高效、精准、智能的方式顺利开展。其中，深圳市着力打造“全天候、开放化、菜单式”的在线教育平台，精心设置“不忘初心、牢记使命”主题教育、“党史学习教育”、“新思想”等栏目，及时推出“先行示范区”建设等专栏，方便党员群众日常学习交流。在新兴技术革命背景下，传统党建模式已不能充分适应党员培训工作的现实需要。智慧党建深度整合大数据资源，深入挖掘党员干部的学习需求，为党员培训精准设计个性化内容，实质上打破了传统党建模式的时空限制，是对传统党建工作的现代化拓展。深圳市南山区开发的“小智说党建”系列主题动画等作品，深受年轻党员欢迎。

此外，智慧党建平台实现了党校培训工作流程信息化、党校宣传立体化和党校培训智能化，通过对数据的采集处理和存储分析，大幅提高了工作的精度和效能，为党校党建工作提供了全方位信息化的建设方法，丰富了党员培训工作形式。例如，深圳市委党校通过大数据对培训学员精准画像，为学员日常管理、组织生活开展和学习考核评价建立数据库，对相关数据进行量化分析，不断推进党校党建发展质量评估智能化。

3. 智慧党建是提升党组织生机活力的内在要求

截至 2023 年底，中国共产党党员总数为 9918.5 万人，比上年净增 114.4 万人。党的基层组织有 517.6 万个，比上年净增 11.1 万个。[5] 庞大的党员数量和党的基层组织数量，给提升党组织生机活力带来挑战，智慧党建的发展为解决此问题提供了有效契机。深圳市委敏锐而深刻地认识到这一点，通过“深圳智慧党建”系统对全市所有党员和党组织实行扁平化联网管理，实现组织生活、党费缴纳、组织关系转接等全流程电子化、规范化。此外，通过“深圳智慧党建”系统有机联结全市“1+10+N”三级党群服务中心阵地网络，党员群众可实时查看所有活动、场地、服务并在线报名、预约，党员群众在线办事、参与社区事务的渠道进一步优化，不断提升服务党员群众水平。[6] 一方面，通过智慧党建平台的建设，能够对党员日常活动情况进行全过程管理，提高管理的有效性。另一方面，智慧党建平台能够借助网络信息技术搭建“党组织与党员、党员与党员、党员与群众”之间的沟通桥梁，有效缩短工作链条，提高工作效率。随着智慧党建平台的不断完善和成熟，可借助党组织的生机活力，有效发挥党的组织优化、资源整合等作用，有效撬动广大基层党组织和党员群众中的巨大行动力和组织力。

（四）深圳市智慧党建平台建设的主要成效

1. 实现了党建宣传形式的多样化

在传统党建模式下，主要依托宣传栏、广播和内部刊物等传统方式开展宣传教育。在智慧党建模式下，除了使用常见的微信公众号、微博等形式，深圳市还研发推出了面向本市党员的智慧党建平台。这些平台已具备新闻推送、课程订阅等学习功能，通过“深圳智慧党建”系统将党的最新理论成果和学习内容以新闻、视频等形式向全市党员群众推送。例如，深圳市依托“深圳智慧党建”系统建立“银领鹏城”品牌库。通过开设“银领鹏城”专栏，全面、系统地展现深圳市离退休干部工作品牌和创新经验，充分发挥好离退休党员的示范引领作用。2023年新增离退休干部党建工作品牌16个，入库品牌数量达194个。[7]此外，在2024年党史学习教育活动中，深圳市委党校组织主体班学员到中共宝安县第一次党员代表大会纪念馆、深圳党史馆、深圳市坪山区东江纵队纪念馆、中国改革开放蛇口博物馆等红色教育基地开展现场教学，并通过腾讯会议邀请各场馆讲解员参与到学习讨论中。这些红色教育基地以VR体验、场景模拟等方式向主体班学员和广大群众全景式展现一段段难忘的革命历程。这种特有的宣传形式既满足了高效、直接、迅速的传播需要，又满足了主体班学员学习党史的多样化需求。

2. 实现了党建管理手段的网络化

在信息技术日新月异的今天，如何充分利用信息技术资源加强和改进党建工作，已成为深圳基层党建必须面对的重要课题。党建工作与信息技术的深度融合，不仅为党建工作注入了新的活力，也使党建工作富有时代气息。深圳市将以往的结果管理转变为现在的过程控制。“深圳智慧党建”系统将自动记录各支部组织生活的开展情况，并建立组织生活常态化、制度化督导机制。其中，对基层党组织组织生活、党费缴纳、换届选举等工作落实到位的亮“绿灯”通过；对即将到期还未完成的情况亮“黄灯”提醒；对长期落实不到位的情况亮“红灯”警告。上级党组织可通过查看“亮灯”情况，精准开展支部管理工作，督促指导亮“黄灯”和“红灯”的基层党支部更好地落实各项工作任务。这种模式有效提高了工作效率，减轻了基层党务工作者的负担。在党史学习教育中，深圳广播电影电视集团积极创建“党史学习教育数字体验馆”项目，为各级党组织、社区党群服务中心和党员干部构建沉浸式、超高清、全媒体覆盖的学习新场景，并同步记录每一名参与体验的党员的学习情况，将党建工作与业务工作同部署、同考核，做到无缝衔接，有效提高了党员群众的学习积极性。

3. 实现了党建服务的现代化

当前，传统党建模式已无法满足党员群众的日常需求，智慧党建平台的出现极大地推动了基层党建工作的现代化进程。其中，“深圳智慧党建”系统有机联结全市 1000 余个党群服务中心。党员群众可一键精准定位附近所在的党群服务中心或按需搜索，通过系统预约报名感兴趣的活动或需要使用的场馆，成功拓展了深圳各级党群服务中心的服务半径。此外，深圳各区党群服务中心积极应用 VR 技术，实现身临其境的体验。通过 VR、AR 等技术手段，将虚拟元素融入真实环境，引导党员群众身临其境地参与各种情境模拟，提供更加直观、丰富的学习内容呈现方式，提高党员群众对理论学习的兴趣和参与度。与此同时，深圳市南山区建成的深圳湾创业广场党群服务中心积极应用云技术打造定制书房，与国内一流的电子图书资源库、喜马拉雅有声书资源库、学术信息资源库合作，实现资源共享，以便满足党员群众阅读、资料检索的需求，让读者随时随地享用和分享阅读资源，解锁阅读新形式，突破网上阅读“零分享”的限制。针对园区年轻党员多、热衷网络生活等特点，该中心积极制作“小智说党建”系列主题动画，为党员群众提供线上党课。党员群众能够做到有效利用碎片化时间学习，极大地满足了党员群众的服务需求。精准化、多样化、信息化手段，让党建服务接地气、有人气。

（五）新时代提升深圳市智慧党建平台建设的主要对策

1. 坚持政治建设，强化引领作用

党的政治建设处于党建工作的首位。进入新时代，传统的工作理念已无法满足党建工作的需要，这就需要进一步坚持政治建设。“‘智慧党建’是新形势下党建工作的创新模式与发展方向，其核心指向应为且只能为不断强化党的领导。”[8] 按照新时代党建工作要求，统筹抓好党建、组织人事、教育培训等各项工作，不断提高政治站位，保障风清气正政治生态，使党建工作与时俱进。首先，要在智慧党建平台中引入最新理论学习内容，强化党员群众的理论教育，让党员干部充分发挥模范带头作用。其中，深圳市委党校结合省委“1310”具体部署和市委七届七次全会工作安排，深入贯彻“大学习、深调研、真落实”工作机制，用好理论学习中心组学习、“三会一课”、主题党日、青年理论学习小组等形式，积极参与机关党建理论课题研究，做

到以学促研、以学促用。着力在创新学习形式、丰富学习内容、拓展学习深度上下功夫，落实好“督学”“考学”“促学”工作，用丰沛的思想凝心铸魂，助力党校事业高质量发展。其次，要进一步转变工作观念，保证党建工作的先进性和纯洁性，进而充分认识到党建工作在党的建设中发挥的重要作用。深圳市大鹏新区党工委在大数据技术应用实践中，对大数据预警给予了关注和查验，筑牢基层治理堡垒，确保基层党支部战斗堡垒作用的发挥。最后，要注重智慧党建平台数据的处理落实。对出现异常报告的数据要有针对性地进行分析，并给予动态关注。

2. 完善机制建设，提升服务效能

目前，深圳市建设了“深圳智慧党建”系统，该系统以实现信息共享、实时联络为目标，进一步完善深圳智慧党建平台的共享机制建设，确保各项制度要求在每一个党支部规范落实。在出台相关安全保密机制的基础上，深圳市进一步健全完善配套制度机制，不断完善考评机制和督察机制，确保智慧党建平台各项功能发挥到位。同时，逐步推动各区县之间、各市县之间的互通共享，推动党建资源有效整合，使各项功能更具可操作性和实用性。其中，深圳市龙华区在线上党支部专门开设党支部交流通道，使不同支部之间的联系进一步加强，共同解决党员群众在学习中遇到的问题。党员群众也可在平台直接反映意见、表达自身诉求，平台工作人员在第一时间解决问题。智慧党建平台最大限度地简化了人民群众的办事流程，提高了党支部工作的效率和便利性。确保在安全的前提下用好智慧党建平台，助推深圳党建工作高质量可持续发展。但是，当前数字党建相关法规制度还不够完善，亟须健全相关规章制度。各级党组织也要加快制定审查监督管理机制，确保系统数据信息不外泄。

3. 优化维护保障，赋予发展动力

硬件设备的好坏关系着平台能否正常运行，对于智慧党建工作的发展发挥着重要的作用。近年来，深圳市委加大对“深圳智慧党建”系统的资金投入，确保智能终端满足日常工作使用，同时注重对系统的日常维护，避免数据泄露风险。例如，深圳市宝安区航城街道党群服务中心自主开发了适合

当地特征的智慧党建网格化管理系统，该系统由“党支部”“党员社区”“党员活动中心”等多个模块构成。该系统能够及时更新基层党组织开展各类党建工作的实施情况，传达各类重要文件或会议精神，主动为当地党员群众提供学习资料。此外，各单位还可组织相关技术人员参与相关培训，提升广大党建工作人员的信息化建设和使用能力。要鼓励相关单位建立相应的平台技术团队，提升内部人员的技术能力。例如，“深圳智慧党建”系统是经深圳市委组织部立项，建设全市一盘棋的“智慧党建”系统，打造集党建宣传、党员教育、党务工作、党建管理于一体的智慧化平台。当前，该系统有一支专业团队维护运营智慧党建平台，协助全市各级党组织和党员干部开展智慧党建工作，不断提升深圳党建工作智慧化、科学化水平。“深圳智慧党建”系统覆盖全市党建工作的各个方面，逐步成为助力深圳基层党组织建设全面进步的新引擎。

4. 聚焦精准施策，形成过程监督

智慧党建平台通过信息化功能提升了党建工作的智能化和规范化，但仅靠智能化和规范化无法实现精准施策。在平台维护和运营过程中，应尽可能地帮助党务工作者从日常烦琐的工作中解脱出来，从而在提升党建工作质量上下功夫。平台可将主题党日活动、“三会一课”等业务嵌入系统，对未按规定开展活动或参加活动的支部和党员进行自动分析、监督和提醒，推动党建工作全过程管理和监督。同时，在智慧党建平台构建党员教育培训模块，实现对参加培训党员的教育的全过程记录。借助图像、数据、文字等形式对党支部和党员画像，全面掌握和了解党员干部的学习情况，为推动党建工作高质量发展提供数据支撑。智慧党建平台建设工作不能只停留在表面，要充分发挥信息技术的优越性，让现代信息技术更好地服务党建工作，通过大数据挖掘和分析发现其中的特征和规律，用系统数据“说话、管理、决策”。

（六）结论与展望

综上所述，智慧党建将传统党建优势与信息技术手段有机融合，是一种全新的党建模式。党建工作从传统到现代，要推动基层党建传统优势与信

息技术深度融合，用“制度＋科技”增强党建工作的吸引力、感染力和实效性。面对新兴技术革命所带来的机遇和挑战，深圳市要主动适应智慧化转型，推动智慧党建平台现代化发展。因此，只有全面认识智慧党建平台建设的重要性，积极利用新兴技术构建智慧党建工作平台，才能有效推进深圳党建工作的互联互通，实现党建工作“线上＋线下”深度融合，从而最大限度地提升深圳智慧党建工作的发展水平。

参考文献

[1] 中共中央关于进一步全面深化改革　推进中国式现代化的决定[N]. 人民日报，2024-07-22.

[2] 中共中央关于加强党的政治建设的意见[M]. 北京：人民出版社，2019.

[3] 习近平在全国组织工作会议上强调　切实贯彻落实新时代党的组织路线　全党努力把党建设得更加坚强有力[N]. 光明日报，2018-07-05.

[4] 郑永年. 技术赋权：中国的互联网、国家与社会[M]. 邱道隆，译. 北京：东方出版社，2014.

[5] 党员9918.5万名　基层党组织517.6万个　中国共产党党员队伍结构持续优化　基层党组织政治功能和组织功能进一步增强[EB/OL].(2024-06-30)[2024-08-20]. https：//www.gov.cn/yaowen/liebiao/202406/content_6960214.htm.

[6] 深圳贯彻落实习近平新时代中国特色社会主义思想　推进粤港澳大湾区和中国特色社会主义先行示范区建设实践案例（党的建设）[Z]. 中共深圳市委组织部，中共深圳市委党校，2020.

[7] 深圳市委老干部局. 深圳持续加强离退休干部党建工作[EB/OL].(2024-02-28)[2024-10-20]. https：//slgbxt.gd.gov.cn/publiccms/details/basicDetails.html.id=7182634684319272960.

[8] 杨猛. 大数据技术运用嵌入“智慧党建”的底层逻辑与发展图景[J]. 长白学刊，2022（2）.

三、“委员议事厅”：数字协商赋能深圳市政协民主治理

陈艳红　陈嵩博　王　薇[①]

摘　要：数字经济背景下，利用数字媒体技术开展数字协商，为全过程人民民主提供了新的可能性，也促进了民主治理的效用。本文以深圳市政协“委员议事厅”线上网络直播凝聚共识的案例为主要研究对象，运用单案例质性研究方法，探究数字协商赋能民主治理的影响因素、机制及优化路径。研究表明，治理环境、治理工具和治理理念的变革，为数字协商赋能民主治理创造了机会；联结机制、整合机制、沟通机制和强化机制的协同效应，构成了其内在治理逻辑；扩大参与广度和深度、强化多主体协同治理、完善政策反馈机制和增强政治协商成果转化落实，是其优化路径。本文的研究结果为数字协商、政协协商民主及数字政协建设提供了理论指导和实践意义。

关键词：数字协商　协商民主　数字治理　民主治理

（一）引言

习近平总书记在党的二十大报告中提出“全过程人民民主”和“全面发展协商民主”，且明确了发挥人民政协作为专门协商机构作用的重要性，提出要提高深度协商互动、充分表达意见和广泛凝聚共识的水平，完善人民

① 陈艳红，深圳政协文史馆与深圳大学联合培养创新实践基地博士后，研究方向：数字政协、大数据智能分析与应用。陈嵩博，清华大学公共政策和管理学院博士后，研究方向：数字政府和智能服务。王薇，深圳市政协副秘书长，博士。

政协的民主监督及委员联系界别群众的制度。协商民主是实现全过程人民民主的重要形式，其核心在于保障人民当家作主，切实实现、维护和发展最广大人民的根本利益。[1] 随着新时代中国特色社会主义民主建设的不断推进，我国的协商民主和人民政协制度进入了一个全新的发展阶段，旨在构建一个广泛、多层次和制度化的协商民主体系。在中国特色社会主义背景下，构建中国特色的协商民主制度已成为实现全过程人民民主的重要课题。[2] 习近平总书记进一步提出，人民政协要"探索网络议政、远程协商等新形式，提高协商实效"。因此，在新媒体时代，如何利用数字媒体充分发挥人民政协政治协商、民主监督、参政议政职能成为需要思考的重要问题。具体而言，数字协商如何促进民主治理已然成为实现全过程人民民主实践的重要议题。

《第 53 次中国互联网发展状况统计报告》显示，截至 2023 年 12 月，中国网民规模达 10.92 亿，互联网普及率达 77.5%。农村网民规模也达到 3.26 亿，城乡数字鸿沟加速弥合。[2] 由此可见，我国已全面迈入数字时代，数字技术突破了时间、空间和社会圈层的限制，对协商民主产生深刻影响。这不仅推动了数字协商民主模式的形成，还为人民政协的实践开辟了新路径。[2] 人民政协传统的民主协商方式主要依靠委员联系界别制度，依赖线下交流和书信沟通，通过座谈会、调研等活动为委员和民众提供面对面交流平台，但该方式存在效率低下、信息流通不畅、参与度低、覆盖面有限、受时空限制、互动不顺畅等问题，阻碍了全过程人民民主和全面人民民主的进一步发展。随着数字技术的进步，多元化传播为实现全过程协商民主提供了新可能。因此，利用现代技术建立高效的协商机制已成重要课题，深入探讨数字技术在协商民主中的应用及其对民主治理的提升与挑战很有必要。

数字协商民主是数字时代的产物，体现了协商民主与数字技术的融合新形态。[2] 数字技术与协商民主在"理念—技术—实践"三个层面的融合，可以提升数字协商民主的可行性。[3] 然而，数字协商民主也面临资源与主体不匹配、数字化不全、形式单一等挑战。[4] 有学者警示，数字新媒介可能导致群体极化、精英民主和智能极化，强调数字技术赋能民主治理效果可能被夸大。[5]因此，针对数字协商民主实践中数字异化、数字鸿沟和数字乱象等问题，有学者建议发挥制度优势，构建有序的数字平台，推进全过程人民民主的全链条、全方位覆盖。[6]然而，这些相关研究未能阐述数字协商如何赋能政协民主治理的问题。

基于以上分析，本文以深圳市政协"委员议事厅"为例，运用协商民主理论、合作治理理论及数字治理理论深入探讨数字协商在民主治理中的作用。本文聚焦数字协商民主实践探讨以下问题：政协"委员议事厅"何以赋能民主治理？政协"委员议事厅"如何促进民主治理？存在的问题及如何优化？通过探讨上述三个问题，本文揭示了数字协商赋能民主治理的影响因素和机制，并提出了相应优化策略，为深化和拓展数字协商和民主治理研究提供了理论指导，且具有实践意义。

（二）理论基础

1. 协商民主理论

协商民主（Deliberative Democracy）自提出以来，始终是西方民主理论研究的热点，但其定义尚未统一。国外学者将协商民主定义为公民参与及反对精英主义的宪政解释。[7]国内学者提出，协商民主是公民通过平等对话、讨论和审议参与公共决策的方式。[8]协商民主可分为决策形式、治理形式、社团或政府形式三种形式。[9]当前，我国学者对协商民主理论的研究主要集中在三个方面：一是对西方协商民主理论的解读；[10]二是探讨西方协商民主与我国社会主义民主治理的关系；[11]三是深入阐释社会主义协商民主理论。[12]尽管学者们对协商民主有不同的解释，但在我国社会中，协商民主是人民民主的重要形式，具有独特的制度功能和显著的制度优势。总之，当前的研究主要集中在对协商民主理论的剖析、阐释和评述上，在如何于数字时代更好地应用协商民主理论方面尚存空白。

2. 合作治理理论

随着新公共管理弊端的日益显现，合作治理理念逐渐兴起。合作治理旨在解决跨部门公共事务，强调政府责任与市场、社会力量的结合，克服政府对公共服务的全面控制。[13]合作治理要求非政府组织直接参与公共政策制定，并共同承担决策责任。[14]随着合作治理理念在我国推广，其在中国政治和治理实践中不断被提出和应用。党的十八届三中全会提出“推进国家治理体系与治理能力现代化”。党的十九届五中全会强调完善社会治理体系，实现政府治理与社会调节、居民自治的良性互动。党的二十大指出中国式现代化需注重“高质量发展”和“全过程人民民主”，党的二十届三中全会进一步提出“健全协商民主机制”、“完善协商民主体系”及“加强协商渠道的协同配合”。这些政策从国家政策层面为数字化政协的建设与治理，以及合作治理理论的应用与实践提供了方向和指引。

3. 数字治理理论

随着数字技术和数字经济的发展，数字治理在社会治理与政府治理中的作用被广泛探讨。数字时代治理的核心在于服务整合、协同决策方式，以及电子行政的数字化。[15]数字治理的应用突破了传统集权治理，提升了政府效率、治理能力，并促进了公民参与和协同治理。[16]数字治理理论涵盖三大核心内容：一是服务重新整合；二是民主化决策；三是数字化政府建设。党的二十届三中全会强调了人民政协作为专门协商机构，需要健全深度协商互动、充分表达意见、广泛凝聚共识的机制。数字治理理论作为新兴的治理理论，不仅切合时代要求，其体系框架也在不断丰富和拓展，从而在实践应用中更好地体现治理的核心——公民参与和互动。

（三）研究设计

1. 研究方法

本文研究的问题适合使用探索性单案例研究方法，[17]该方法属于质性研究的范畴。首先，对于数字协商赋能社会治理的研究问题，目前尚未形成成熟的变量范畴、量表和系统的理论，但质性研究能够通过筛选数据、发现和归纳新类别，从而生成新的理论见解。其次，本文选取了新兴的数字协商案例——“委员议事厅”。在数字治理研究中，探讨政协委员如何利用数字媒介履行职能是一个全新的视角。案例研究方法非常适合开展新兴领域的探索性研究或在成熟领域引入新视角进行分析，尤其适用于研究复杂现象的内部过程和解释机制。因此，本文选择运用质性研究的单案例研究方法进行探究。

2. 案例选择

本文采用理论抽样选择案例，标准如下：首先，案例应具有数字化时代利用数字技术工具进行政治协商的典型特征。深圳市政协“委员议事厅”作为国内创新性通过网络直播实现线上线下协商民主的平台，符合此要求。其次，“委员议事厅”展示了独特的启发性和代表性。七届市政协以来，该活动利用网络直播的新模式突破了时间的限制，提高了信息传播的便利性和广泛性，增强了公民的互动性和参与度。最后，“委员议事厅”展示了全过程人民民主的参与深度。该活动通过严格的议题选择和委员选拔，结合录播与直播形式，通过线上线下协同参与，扩大了覆盖面和影响力。开通直播以来，27 场“委员议事厅”在线参与累计超过 3500 万人次，其中单场次最高在线参与度超过 150 万人次，增强了群众基础，扩大了协商民主的广度和深度。

综上所述，深圳市政协“委员议事厅”作为案例研究对象，具备典型性、代表性和启发性，能够通过深入分析其运作机制和发展过程，揭示数字协商赋能政协民主治理的新路径和新机制，为本文提供所需的数据和案例支持。

3. 数据收集

本文主要采取半结构化访谈、参与式观察、非正式访谈以及其他二手资料检索等方式，利用“三角验证”确保数据来源的全面性和可靠性。[18]同时，数据收集过程严格遵循科学性和系统性的原则，从而提升了本文结果的信度和效度。数据收集详情如下：

（1）人员访谈

2024 年 7 月 3 日，深圳市政协“委员议事厅”在深圳中心书城举办了主题为“打造生育友好型城市”的活动。以此为契机，研究团队调研并收集了访谈数据。访谈对象包括深圳政协相关人员、相关企业领导及媒体人员等共 19 人（见附录表 1）。访谈分为事前、事中、事后三个阶段，采用半结构性访谈形式。为确保有效性和准确性，访谈提纲提前发送给了受访者。此外，研究团队对相关工作人员、组织者和群众进行了非正式访谈，以确保数据收集获取的全面性和多样性。最终，共形成约 10 万字的访谈记录。

（2）其他数据资料

为保证数据资料的多样性和收集的全面性，并避免访谈中的数据收集偏差，研究团队通过其他渠道收集了相关数据资料。主要包括以下两个方面：一是参与式观察。多次参与并记录了“委员议事厅”开展的全过程，包括筹备会、预演及正式活动。二是公开资料。通过走访相关部门和组织人员，收集了官网介绍、文献资料、新闻报道和 20 多份内部二手资料等。这些资料为本文提供了丰富的背景信息和验证数据。

4. 数据分析

研究遵循质性研究的基本原则，通过数据筛选与编码，逐步抽象出新的理论洞见。首先，从原始资料中提炼出初级编码，归类形成一阶概念。然后，基于理论将一阶概念进一步抽象为二阶主题。在此过程中，研究团队采用逐级编码的方式，对每次访谈后的文本进行“背靠背”编码，并通过分析、再次确认、不断提问和解释，提升数据编码的准确性和一致性。其次，研究团队对相似的二阶主题进行凝练和整合，基于核心理论形成核心维度。最后，基于核心维度，以及以往理论采用叙事和时序区分策略，[18]进一步明确维度之间的关系，形成围绕研究主题的理论框架。此外，本文采用了持续比较策略，以提高结论的稳健性和可信度。研究共形成了三个层次的主题：“委员议事厅”的运作流程、赋能民主治理的影响因素及机制，这三个维度的典型证据见附录表 2、附录表 3 和附录表 4。本文部分数据结构见图 1。

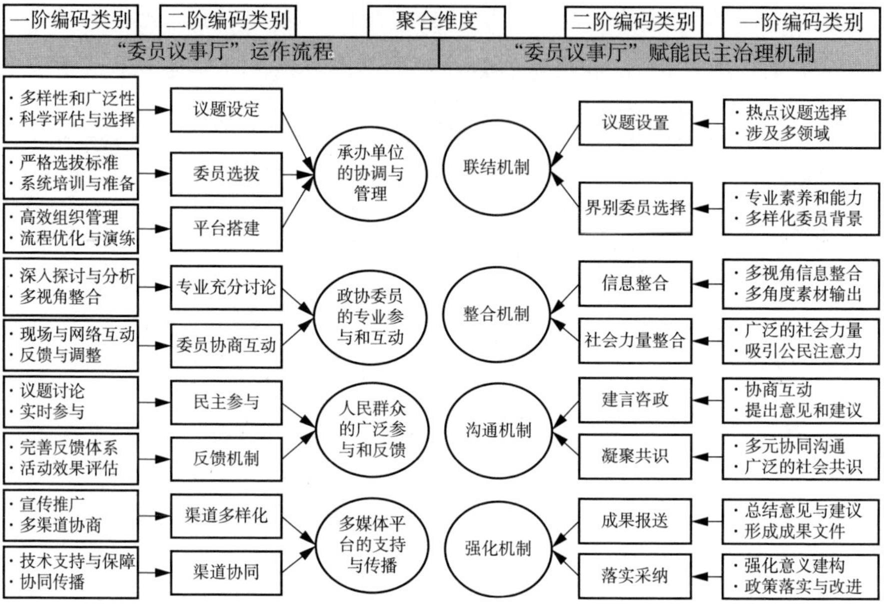

图 1　数据结构

（四）案例发现

1. 数字协商何以赋能民主治理

在现代公共治理中，数字技术，尤其是网络直播，显著改变了政治协商的方式和效果。本文基于协商民主理论、合作治理理论和数字治理理论，通过分析深圳市政协"委员议事厅"案例，从数字治理环境、治理工具和治理理念的变革角度切入，探讨数字协商何以赋能民主治理。网络直播何以赋能民主治理的证据详见附录表 3，具体的影响因素如图 2 所示。

因此，深圳市政协"委员议事厅"通过数字技术，尤其是网络直播，实现了政治协商的创新。数字技术提高了信息传递效率、公民参与度和治理透明度，优化了政策制定流程，推动了协同治理，充分展示了其在政治协商中的赋能作用，为政协社会治理夯实了基础。

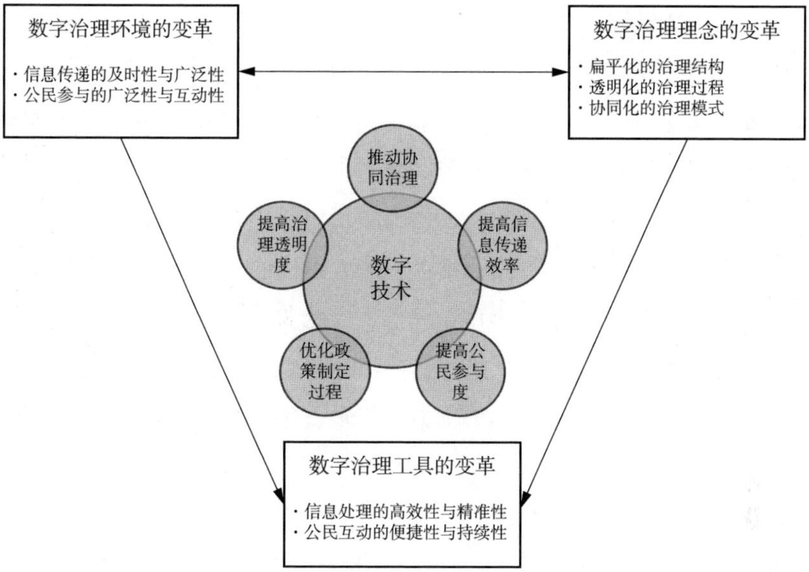

图 2 数字协商赋能民主治理影响因素

2. 数字协商如何赋能民主治理

“委员议事厅”作为一种创新的政治协商形式，通过一系列机制设计，实现了赋能民主治理效果的显著提升。本文从协同治理和政策反馈理论的角度，详细分析其四个主要机制——联结机制、整合机制、沟通机制和强化机制。

（1）联结机制：主体激活

联结机制通过广泛选取公民关注的热点议题，调动来自不同领域、不同背景的政协委员和行业专家共同参与，从而实现主体激活。这一机制通过多领域议题设置和主体参与，打破了单一领域的局限，形成了多元主体的协同。

多领域议题设置与主体激活。“委员议事厅”注重广泛覆盖社会各领域，选择公民关注度高的热点议题，确保每次讨论都能引发广泛参与。议题设置以“小切口关联广”为原则，围绕党政中心、改革发展、民生改善，力求第一时间回应公众诉求。通过多轮科学评估和讨论，确保议题具备社会关注度、专业性和深度。精准选题机制结合跨界协同，激发不同领域专业人士的参与，形成良性循环。

多元背景与专业素养的激活。通过严格的委员选拔机制，“委员议事厅”邀请与协商议题相关的组织者、社团、界别群众等多方参与者。委员选择注重专业素养和表达能力，确保讨论质量。不同领域的委员和专家在活动中通过专业参与和多视角交流，形成更全面、深入的政策讨论。多领域、多视角的研讨机制有效激活了委员作用，提升了政治协商的质量和效果。

（2）整合机制：注意力吸引

整合机制通过网络直播的形式有效整合社会力量，吸引公民注意力，使公民关注政协委员的职能与履职情况。同时关注“委员议事厅”设置的不同议题，从而实现对社会民生和社情民意的注意。

吸引公民注意力与信息整合。通过选择公民关注度高的热点议题，网络直播成功吸引了广泛关注，显著提升了数字协商赋能民主治理的效果。热点议题的实时传播有效配置了注意力，使公民更全面地了解政协委员的职能与履职情况。公民实时观看委员发言和讨论，拉近了与政协的距离，减少了信息不对称。“委员议事厅”通过数字协商，实现了透明治理，提高了政治协商的互动深度、意见表达的充分性及政协的公信力。

网络直播的广泛覆盖与社会力量整合。网络直播突破了传统政治协商的时空限制，使“委员议事厅”的讨论内容实时传播到更广泛的受众中。观众可随时随地通过网络观看直播，极大地提高了信息传播的便利性，扩大信息覆盖面。网络协同理念在这一过程中得到充分体现，整合社会力量，观众可实时留言、提问，直接参与讨论。互动协同提升了公民的参与感和认同感，有效保障了其协商民主、民主决策、管理和监督的权利。

（3）沟通机制：凝聚共识

沟通机制能够促进不同主体间的信息交流、协商互动及民主参与，深化公民对政策的理解和认同，形成政策反馈的解释效应，达到广泛凝聚共识的效果。

政策执行中的建言咨政。网络直播“委员议事厅”可最大范围实现政协委员“议”、专家学者“讲”、市民群众“评”及职能部门“答”的协商互动，提高多主体间的信息交流效率和流畅性，从而保障多元主体能够有效建言献策。公民可通过网络平台实时互动，直接表达对政策的意见和建议，委员可进行专业分析和答复，营造充分的建言献策氛围，从而达到自下而上的民主治理效果。

协商民主与凝聚共识。“委员议事厅”在活动前会进行多轮政协内部协商，并在活动中适时回答网友和线下群体的疑问。活动结束后，相关内容会在政协官网、微信公众号和相关应用中发布。多元沟通渠道实现多方协同，形成广泛社会共识。政协委员和专家通过多轮协商整合各方意见，提出更具包容性和代表性的政策建议。该过程增强了对社情民意的全面解读。解读结果能够有效传达给公民，进而凝聚共识并实现自上而下的民主治理。

（4）强化机制：意义建构

强化机制能够通过对公民意见反馈的收集、整理和总结，为政策落实和提案形成提供指导和方向，不仅可以实现政治协商的意义建构，还可以将公民的意见反作用于政策的落实和采纳，为民主治理提供更有效的政策指导。

成果报送与采纳落实。“委员议事厅”通过网络直播，系统性收集、汇总和整合公民意见和建议。实时收集公民网络参与的意见反馈，能够为活动本身、议题内容和政策的采纳落实提供实践指导。总之，广泛获取公民提供的意见反馈能够提升议题成果报送的全面性、有效性和实用性，促使组织人员、参与人员和政协委员了解社情民意，提升人民政协协助公民行使民主监督和民主治理的作用。

采纳落实与意义建构。“委员议事厅”成果采纳落实的结果能够反作用于委员、议题和政协的自身建设，实现意义建构。具体而言，对委员自身履职行为和素养提出了更高要求，对议题讨论的广度、深度和敏感性提出了更高标准，对政协作为专门协商机构如何更好发挥作用提出了更高要求，推动了数字政协赋能民主治理的实践。这种意义建构和政策优化既能够引起自上而下的领导关注，也能够实现自下而上的外部民主监督，以规范有序的双向监督助推民主治理的效用，形成民主参与实践的完整闭环。

（5）四个机制的协同效应与良性循环

“委员议事厅”通过联结机制、整合机制、沟通机制和强化机制的协同，促进了多主体深度协商互动，拓宽了公民意见表达渠道，增强了共识凝聚，展示了数字协商赋能民主治理的潜力。基于协商民主理论、协同治理理论、数字治理理论和政策反馈理论，通过多领域议题和多样性表达，激活多元主体，整合精英力量，凝聚社会共识，优化政策，形成协同治理和政策反馈的良性循环，为其他地方政协的数字协商创新提供理论指导和实践经验借鉴。

3. 数字协商赋能民主治理的优化路径

在民主治理环境、治理工具和治理理念逐渐变革和完善的过程中，虽然深圳市政协通过数字协商赋能民主治理的实践取得了一定成果，但经过实地调研和专业分析，数字赋能民主治理实践仍需从以下四个方面进行优化完善。

（1）扩大参与广度和深度

为了实现更广泛的公民参与，需要开发多功能平台，扩大参与范围，激励公民参与。第一，开发多功能平台。多功能平台可以集成线上留言、实时投票、在线讨论、电子问卷等功能，便于委员专家提出见解，形成更有吸引力的议题，公民也可选择偏好的参与方式。多功能平台可以提供多层次选项，汇总专家意见，分析公民兴趣，确保多方表达，强化委员联系群众的机制。第二，激励公民参与。通过加强议题宣传与动员，扩大公民参与的广度和深度，为民主治理提供更多的意见。此外，通过收集社情民意，构建公民政治画像，精准推送议题和政策，可以扩大参与覆盖面，增强政治协商的多样性和全面性。

（2）强化多主体协同治理

多主体协同治理需要建立跨界别的数字协同平台，整合并健全配套的组织和管理人员。第一，建立跨界别的协同治理平台。整合不同领域的委员、专家及界别群众，实现差异化管理，进而实现委员联系界别群众的自上而下管理与自下而上反馈，打破传统随机走访的局限性。跨界别协同治理可同步管理各区域委员站点和联系群众形式，数字化收集群众意见并反馈给相关人员，形成精准政治画像，从而为委员和专家履职提供方向和指导，提升治理效果。第二，健全配套的组织和管理人员。依据不同领域委员的职责和工作需求，建立专业化组织，通过街道委员站、区委员联系室、市委员联系处的形式，确保高效履职。目前，委员联系界别群众机制存在身份不明、需求多样、界别模糊等问题。通过健全组织配置，可明确界别群众诉求，记录身份，增强群众对界别的认知，提高委员履职效率，更有效地代表界别群众的利益。

（3）提升政策反馈机制

健全的政策反馈机制需要完善政策收集反馈和处理机制，并提高反馈信息的透明度和可追溯性，充分发挥人民政协的民主监督作用。第一，完善政策收集反馈和处理机制。政府对公民需求反馈常有延迟，设立专门团队可快速响应，提高政策反馈效率。同时，利用大数据分析及时处理，建立标准化的反馈流程，为民主治理提供科学依据。第二，提高反馈信息的透明度和可追溯性。定期报告汇总意见与政策改进效果，提供反馈追踪功能，让公民及时了解处理状态，深化协商互动，提升公民对政治协商和民主治理的信心。

（4）增强政治协商成果转化落实

增强政治协商成果转化落实的执行性和回应性。第一，增强成果转化落实的执行性。采用多样化的执行方式，构建多层次渠道，确保各级决策者及时获取信息。利用数字技术建立成果传递与追踪系统，实时监控和评估政策执行结果。第二，增强成果转化落实的回应性，建立快速回应机制。根据协商成果和公民反馈，调整优化政策，确保其有效性和适应性。通过响应机制，可以增强公民的参与感、归属感和获得感，提升政策效果，实现自下而上的民主参与和监督。

（五）研究结论与启示

本文以深圳市政协“委员议事厅”网络直播为例，采用质性分析，基于协商民主理论、合作治理理论及数字治理理论，深入剖析了数字协商赋能民主治理的影响因素、机制及优化路径。研究结论包括：治理环境、治理工具与治理理念的变革保障了数字协商的实施与赋能；数字协商通过联结机制、整合机制、沟通机制、强化机制协同运作，成功赋能民主治理；通过扩大参与、强化协同、提升反馈机制和增强成果转化等优化路径，可以有效提升民主治理能力。本文为数字协商与民主治理提供了理论补充和实践指导。

1. 理论贡献

本文结论填补了协商民主理论在民主治理中的理论空白。尽管学者们广泛研究协商民主，但其定义和内涵仍未统一。[19] 此外，虽然协商民主是人民民主的重要形式，但是如何推动人民广泛参与政治实践还存在研究缺口。本文结论表明，数字治理环境、治理工具和治理理念为协商民主提供了环境、工具和理念保障。

本文结论拓展了合作治理理论的实践应用。首先，合作治理强调跨部门协同治理和多主体协商互动。[20]“委员议事厅”的数字协商能够克服传统公共管理弊端，实现多领域、多精英跨行业联结和智慧整合。其次，通过协同互动、协商民主和政策反馈机制，能够充分表达意见并凝聚共识。最后，通过汇总处理公民主体的意见，强化政治协商的意义重构，改进优化政策的方向和目标，从而达到自上而下协商互动和自下而上民主治理的目的和效果。本文发现，数字协商赋能民主治理机制是合作治理理论的应用和实践。

本文结论也拓宽了数字治理理论的应用领域和研究范畴。数字治理理论强调了服务整合、民主化决策及数字政府建设。[16] 政协作为重要的政治协商机构，不属于数字政府建设的范畴，但通过“委员议事厅”案例分析，发现数字治理理论在政协履行政治协商、民主监督和参政议政职能中也发挥了重要指导作用。本文表明，数字协商可以依托数字平台和技术推动全过程人民民主。

2. 实践启示

本文结论为民主治理模式提供了理论指导。提出的优化路径包括扩大参与广度和深度、强化多主体协同治理、提升政策反馈机制和增强政治协商成果转化落实，为民主治理模式提供明确指导。通过数字平台降低参与门槛，激发广泛参与；利用数字技术促进多主体合作；建立快速响应系统，及时优化政策；设立成果转化团队，确保协商成果转化。这些策略提升了民主治理效果，增强了政策的科学性和适应性，促进了政府与公民的良性互动。

本文结论为数字政协建设和职能发挥提供了实践指导。数字政协建设应充分利用数字技术，建立系统化信息收集和反馈机制，确保政策透明度和科学性。研究表明，数字协商通过联结机制、整合机制、沟通机制和强化机制的协同，有效赋能民主治理。因此，数字政协建立应重视多机制的协同合作与治理。此外，在社会治理中，非营利组织，如工会、妇联及共青团等，也可利用数字技术提高治理效率和透明度，通过网络直播、社交媒体和在线平台扩大公民参与渠道，实现信息即时传递和广泛覆盖，从而增强公信力和社会影响力。

3. 局限与未来研究方向

尽管本文为深化和拓展数字协商与民主治理研究提供了新路径和思路，但仍存在局限性。首先，本文基于深圳市政协"委员议事厅"单案例进行分析，未来可以考虑多案例研究，从而形成更具普适性的结论。其次，研究采用质性分析和扎根理论，虽能深入揭示机制和逻辑，但存在主观性。未来研究可以结合量化研究方法，定量实证探究数字协商的影响因素和机制。最后，随着技术的发展，未来研究可以关注人工智能、大数据、区块链等新兴数字协商工具的应用及其效果，以提升数字协商赋能民主治理的效率和质量。

参考文献

[1] 高举中国特色社会主义伟大旗帜　为全面建设社会主义现代化国家而团结奋斗[N]. 人民日报，2022-10-17.

[2] 詹国辉. 数字协商民主治理有效的内在逻辑与优化路径：以Y市政协云平台为例[J]. 探索，2024（2）.

[3] 徐凤月. 新时代网络协商民主的实现机制、实践梗阻及优化路径[J]. 中国矿业大学学报（社会科学版），2023（3）.

[4] 汪波. 信息时代数字协商民主的重塑[J]. 社会科学战线，

2020（2）.

［5］肖滨，袁进业 . 让基层数字化民主运转起来：浙江省“打造人大践行全过程人民民主基层单元”的案例分析［J］. 浙江社会科学，2023（1）.

［6］陈静文，张健 . 论数字赋能全过程人民民主的作用、挑战与对策［J］. 湖湘论坛，2022（6）.

［7］DAHL，Robert A. How Democratic is the American Constitution？［M］. Yale University Press，2003.

［8］俞可平 . 各级政府应营造官民共治的社会治理格局［J］. 社团管理研究，2011（6）.

［9］陈家刚 . 协商民主：概念、要素与价值［J］. 中共天津市委党校学报，2005（3）.

［10］卢瑾 . 当代西方协商民主理论研究：现状与启示［J］. 政治学研究，2008（5）.

［11］张献生，吴茜 . 西方协商民主理论与我国社会主义民主政治［J］. 中国特色社会主义研究，2006（4）.

［12］张献生 . 协商民主与政治协商［J］. 江苏省社会主义学院学报，2014（2）.

［13］周济南 . 数字技术赋能城市社区合作治理研究［D］. 湘潭：湘潭大学，2024.

［14］Chris Ansell，Alison Gash. Collaborative Governance in Theory and Practice［J］. Journal of Public Administration Research and Theory，2008，18（4）.

［15］PAR Special Issue 2014. Creating Public Value in a Multi-sector，Shared-power World［J］. Public Administration Review，2012，72（1）.

［16］韩兆柱，单婷婷 . 网络化治理、整体性治理和数字治理理论的比较研究［J］. 学习论坛，2015（7）.

［17］马文娟 . 数字治理理论及其应用研究［D］. 秦皇岛：燕山大学，2016.

［18］Gawer Annabelle，Henderson Rebecca. Platform Owner Entry and Innovation in Complementary Markets：Evidence from Intel［J］. Journal of

Economics & Management Strategy, 2007, 16 (1).

[19] 于淼，李亚欣，朱方伟.转型经济背景下的大企业战略性内部创业与制度逻辑变迁：一个共演模型 [J]. 管理世界，2024 (3).

[20] 陈姝帆.共治视角下社会工作参与基层协商民主议事制度的实务研究 [D]. 郑州：郑州大学，2022.

附录

表 1　走访调研核心内容和人员情况

调研层次	受访者编号	访谈内容	访谈人数	访谈时间/人次	整理文本字数
秘书长	M1	（1）“委员议事厅”举办的初衷； （2）“委员议事厅”使用数字渠道进行协商民主的原因； （3）“委员议事厅”使用数字渠道进行协商民主的效果； （4）“委员议事厅”使用数字渠道进行协商民主对于民主治理能力提升的具体表现； （5）“委员议事厅”使用数字渠道进行协商民主存在的阻碍和问题； （6）“委员议事厅”使用数字渠道进行协商民主未来可以优化的方式和方向	1	65 分钟 / 人次	1.00 万字
主任	Z1	（1）“委员议事厅”的背景和发展； （2）“委员议事厅”使用数字渠道的原因； （3）“委员议事厅”使用数字渠道的效果； （4）“委员议事厅”使用数字渠道进行协商民主如何提升民主治理的能力； （5）“委员议事厅”使用数字渠道进行协商民主存在的阻碍和问题； （6）“委员议事厅”使用数字渠道进行协商民主未来的发展方向	1	50 分钟 / 人次	0.86 万字
处长	C1~C5	—	5	40 分钟 / 人次	3.40 万字

续表

调研层次	受访者编号	访谈内容	访谈人数	访谈时间/人次	整理文本字数
委员	W1~W5	（1）对“委员议事厅”的了解和认识； （2）“委员议事厅”使用数字渠道进行协商民主的原因； （3）“委员议事厅”使用数字渠道进行协商民主的效果； （4）“委员议事厅”使用数字渠道进行协商民主如何提升民主治理的能力； （5）“委员议事厅”使用数字渠道进行协商民主对于委员自身的益处和挑战； （6）“委员议事厅”使用数字渠道进行协商民主可以优化的方式和方向	5	30 分钟/人次	2.10 万字
媒体人员	X1~X3	（1）“委员议事厅”使用数字渠道进行协商民主的形式和过程； （2）“委员议事厅”使用数字渠道进行协商民主的原因； （3）“委员议事厅”使用数字渠道进行协商民主的效果； （4）“委员议事厅”使用数字渠道进行协商民主对政协民主治理能力提升的具体表现； （5）“委员议事厅”使用数字化渠道进行协商民主存在的阻碍和问题	3	30 分钟/人次	1.23 万字
行业人员	H1	（1）对“委员议事厅”的了解和认识； （2）“委员议事厅”使用数字渠道进行协商民主的原因； （3）“委员议事厅”使用数字渠道进行协商民主的效果； （4）“委员议事厅”使用数字渠道进行协商民主如何提升民主治理的能力； （5）“委员议事厅”使用数字渠道进行协商民主对于行业人员自身的益处和挑战； （6）“委员议事厅”使用数字渠道进行协商民主可以优化的方式和方向	1	30 分钟/人次	0.44 万字

续表

调研层次	受访者编号	访谈内容	访谈人数	访谈时间/人次	整理文本字数
组织人员	N1~N3	(1)“委员议事厅”使用数字渠道进行协商民主的形式和过程; (2)“委员议事厅”使用数字渠道进行协商民主的原因; (3)“委员议事厅”使用数字渠道进行协商民主的效果; (4)“委员议事厅”使用数字渠道进行协商民主对政协民主治理能力提升的具体表现; (5)“委员议事厅”使用数字渠道进行协商民主存在的阻碍和问题	3	25 分钟/人次	1.02 万字

表 2 “委员议事厅”运作流程的典型证据援引

聚合维度	二阶主题	一级编码	典型证据援引
承办单位的协调与管理	议题设定	议题的多样性和广泛性，科学评估与选择	我们在选议题时会挑选社会热点话题，像大家特别关心的房价、教育、医疗等话题，让议题覆盖多个领域，这样才能引起更多人的关注和参与
	委员选拔	严格选拔标准，系统培训与准备	委员的选拔非常严格，每个委员都需要通过一定的筛选和审核，确保他们具备专业素养和表达能力。我们希望有不同角度的声音。当然，委员必须具备基本的表达能力
	活动组织	高效组织管理，流程优化与演练	最开始需要进行调研，邀请嘉宾并主持协商，以及确定网络议题。我们也正式印发了有关“委员议事厅”工作的流程制度
政协委员的专业参与和互动	专业议题讨论	深入探讨与分析，多视角交流与整合	他们展示了前期调研成果，提出了观点，现场有民政部门领导接受了建议。我们鼓励委员们把调研成果转化成社情民意，或转化成提案
	公民互动	现场与网络互动，反馈与调整	群众的意见与委员的建议基本契合，尽管不完全认同，但方向一致。群众还可以参与点评委员的发言

续表

聚合维度	二阶主题	一级编码	典型证据援引
人民群众的广泛参与和反馈	议题参与	议题建议与选择，实时参与讨论	我们通过网络直播的形式开展，包括原来没有直播时，其实也是要让观众参与议题选择
	反馈机制	完善反馈体系，活动效果评估	确保协商成果的落实和反馈机制完善，让公众看到实际效果。我们坚持开展满意度调查，这个满意度的问卷最早是纸质版的
多媒体平台的支持与传播	宣传推广	多渠道宣传，提高透明度与公信力	我们除了在公众号、深 i 政协 App 上面有直播回放，还通过朋友圈或其他渠道转发，其他委员和公众也可以关注
	实时互动	技术支持与保障，增强互动性与参与度	比如，一年能达到 4 亿多的点击量。一年每场观看人数将近 100 万。留言板上的留言都能看到，我们会管理这些留言

表 3　网络直播“委员议事厅”赋能民主治理影响因素的典型证据援引

聚合维度	二阶主题	一级编码	典型证据援引
治理环境的变革	信息传播的及时性与广泛性	实时信息传播，多渠道传播	自 2020 年开展网络直播以来，每场直播的观看人数接近 100 万，全年点击量超过 4 亿，网络直播极大地拓展了影响力，观看人数不可想象
	公民参与的广泛性与互动性	扩大参与范围，增强互动性	让更多的市民群众有机会关注和参与政协的工作。市民可以给委员留言并与其进行互动，甚至提问题
治理工具的变革	信息处理的高效性与精准性	大数据分析，智能化信息管理	借助网络直播技术，我们希望能够代表人民去发声，提高信息处理效率，能够快速响应并调整政策
	公民互动的便捷性与持续性	便捷的参与方式，持续的互动机制	现在公民参与政治协商变得非常便捷，可以通过手机、电脑等多种方式参与，不仅方便，而且可以持续互动，不受时间和地点的限制
治理理念的变革	扁平化的治理结构	减少中间环节，直接民主参与	政协的主要工作是协商，重要工作就是“搭台”，我们就把这个台搭好了，让委员和群众面对面协商
	透明化的治理过程	开放的信息共享，实时的政策反馈	我们希望凝聚更广泛的共识，政府做的一些决策我们也在宣讲
	协同化的治理模式	多主体协同治理，共享治理资源	很多治理能够通过协商实现推动，我们其实是给政府建言献策

表 4　网络直播“委员议事厅”赋能民主治理机制的典型证据援引

聚合维度	二阶主题	一级编码	典型证据援引
联结机制	多领域议题设置	社会热点议题选择，涉及多领域	我们在选议题时会挑选社会热点话题，像大家特别关心的房价、教育、医疗等话题，让议题覆盖多个领域，这样才能引起更多人的关注和参与
	界别委员选择	严格的委员选拔标准，多样化的委员背景	委员的选拔非常严格，每个委员都需要通过一定的筛选和审核，确保他们具备专业素养和表达能力。这样在讨论中，他们能够清晰地表达自己的观点，提供有价值的意见
整合机制	信息整合	广泛覆盖与社会力量整合，吸引公民注意力	通过整合社会各界的力量，包括政府部门、专家学者、普通市民，广泛覆盖各个层面，吸引更多公民参与，从而形成有用的建议
	社会力量整合	公民互动与反馈，信息透明与反馈	在信息整合方面，我们会收集来自各方的意见，确保信息透明，及时反馈给相关部门。通过互动平台提出的问题，我们都会进行整理和回复
沟通机制	建言咨政	多元主体的协同沟通，广泛的社会共识	在议事厅活动中，政协委员不仅在现场回答问题，还通过网络和观众互动，直接回应公民的意见和建议。促进大家在一个平台上进行多元化的协商，形成广泛的社会共识
	凝聚共识	公民意见的整理和反馈，政策执行中的反馈机制	每次活动结束后，我们都会对反馈进行整理，并及时传达给相关部门作为政策改进的依据
强化机制	成果报送	总结公民意见与建议，实现成果报送	我们会对意见和建议进行系统总结，希望能够把不同的声音反馈上去
	落实采纳	强化政治协商成果的采纳与落实，政策改进与优化	我们希望看到更具体的工作成效。比如，回答某个问题并提了很多建议，我们会通过提案的方式报给相关部门。通过宣传正能量，把握正确的舆论导向

四、“新联会”和“网联会”：新社会阶层组织化嵌入城市基层社会合作治理

邓惠玲①

摘　要：新阶层组织化研究多将其置于“国家—社会”的结构性情境中静态分析，从而忽略了组织起来的新阶层的能动性。本文通过对深圳市宝安区“新联会”和“网联会”两个新阶层组织开展案例研究，对15位基层相关部门干部及业务骨干、新联会会长及会员进行参与观察及深度访谈，并基于组织行动者和嵌入型治理理论，构建“嵌入情境—行动策略—嵌入结果”的分析框架，探究新阶层积极嵌入基层合作治理的过程逻辑及行动策略。研究发现，在“嵌入政府”“嵌入社会”的双重情境下，新阶层组织化需采取获取组织合法性、构建非正式合作治理网络、构建任务型治理模式及关键群体赋能四种行动策略，方能在政治结构、政治关系、邻里及文化四个方面渐进嵌入基层社会合作治理网络中。本文为扎实推进新阶层组织化嵌入社会治理体系提供理论启示和实践参照，也为分析新阶层组织化嵌入行动研究提供一个可供参考的分析框架。

关键词：新阶层组织化　嵌入型治理　组织行动者　基层社会治理

（一）问题提出

新社会阶层（以下简称“新阶层”）组织化，有效解决新阶层“无所

① 邓惠玲，中共深圳市宝安区委党校与深圳大学联合培养创新实践基地博士后，助理研究员，主要研究方向：社会治理与网络传播、互联网政策。

属”“无所依”的问题，是基于建设共建共享共治新格局的社会组织化。自2001年党中央首提以来，新阶层在脱贫攻坚、救灾济困、慈善公益等公共领域与其他各类主体形成良性互动，推动社会治理结构从行政主导向政府、市场及社会公共参与的多元治理结构转变，正逐渐成为推动国家治理体系和治理能力现代化的一支重要力量。当前，新阶层正从非组织化或低组织化状态转向各种正式组织化的新阶层联谊会（以下简称“新联会”），运用各种新兴媒体技术，线上线下联动嵌入基层社会合作治理中，发挥示范作用，激发社会治理创新的活力和动力，为各地高质量发展助力，展现“新力建功”的新风貌、新作为。

为充分发挥新阶层人士的优势，全国各地积极出台各种行动方案或具体举措（如广东省的“新力建功”行动方案），激励和动员新联会及其成员投身所在地的高质量发展，并健全制度保障。除了传统的慈善公益活动等，新联会以更专业化的服务、更强的资源整合能力赋能社会治理实践，特别是在发挥知名网络人士助力产业振兴等新实践中初显成效。然而，作为新社会组织，新联会面临管理较为乏力、人才流失、任务灵活性不足、目标模糊等较为棘手的问题。因此，如何有效化解这些问题并进一步在社会治理中发挥其集体行动及关键群体的优势，成为亟待解决的现实问题和推进的研究方向。

对此，本文结合组织行动者及嵌入型治理两种理论，从发挥行动者能动性的角度切入，运用案例访谈法，选取深圳市宝安区基层新联会进行追踪调研，探究新联会如何通过集体行动和关键群体优势嵌入基层社会合作治理中。在该嵌入过程中，新联会面临哪些难点和痛点？面对这些问题，政府部门及新联会本身采取怎样的行动方案或策略来解决，以期更好地为各地区高质量发展提供差异化的新力建功行动方案，并为不同类型的治理实践提供优化建议。

（二）新社会组织嵌入社会合作治理实践的几种解释

1. 新阶层组织化的行动策略

针对“新联会如何发挥集体行动和关键群体优势”这个问题，研究者通过追踪社会组织行动策略研究发现，主要从以下两个方面提供富有洞见的分析维度。

第一，在不确定性的复杂情境和分化型的政社关系中探讨。不确定性主要体现为不稳定性、复杂性和模糊性三个维度，也意味着组织行动灵活多变且是阶段性的。[1] 在此情境下，社会组织研究从关注结构和主体关系的“结构叙事”转向过程分析，其微观的社会治理过程通常是资源整合、社会关系构建的过程，而非传统的组织话语权和自主性等关键词的静态分析。分化型的政社关系主要涵盖三个层面内容：政府组织结构的复杂性、不同政府组织的立场多元化及政社关系的分化性。[2] 在此关系下，社会组织中的关键行动者可能会表现为借力打力、先礼后兵、上下沉浮及左右转移等策略。[3]

第二，影响社会组织行动策略的关键因素讨论。主要有以下三个方面：一是组织的合法性，主要是国家供给的政治、行政和法律的合法性，社会提供社会文化的合法性；[4] 二是组织的资源，既指国家提供税收优惠或直接资助，又指社会提供经济资源，而不同类型和层次组织的整合能力有差异，影响社会组织嵌入社会治理结构中的行动策略；[5] 三是社会关系网络构建，意味着社会组织对复杂社会关系的使用和构建，以及对组织行动的自主性管理，并最终实现话语权和行动权的制度性分享。[6]

2. 嵌入型合作治理的必要性

围绕“为何嵌入”这一问题，本文认为嵌入型治理视角强调国家建构和社会治理的双重目标，主张嵌入关系代替平等关系，[7] 更有助于理解新社会组织的组织运作、与政府互动及关键群体优势的发挥。

（1）嵌入性概念界定及维度划分

本文的嵌入性是社会嵌入性，通常描述组织或个体处在相互衔接和互动过程。该嵌入过程受到认知、文化、社会结构和政治制度等方面影响。[8]“嵌入”由 Polanyi 最早在其经济学著作《大转型：我们时代的政治与经济起源》中提出，在 Granovetter 发展后得到广泛关注，并进一步将嵌入分为关系性嵌入和结构性嵌入两种类型，在管理学等领域得以延伸与拓展。[9] 时间嵌入性、空间嵌入性、生态嵌入性、政治嵌入性等概念相继被提出。其中，Zukin 和 Dimaggio 将嵌入性区分为认知嵌入性、文化嵌入性、结构嵌入性、政治嵌入性，比较适用于分析现实的组织问题。[10] Gulati 进一步区分关系嵌入性和结构嵌入性的概念与功能，他认为，关系嵌入性是指组织通过网络关系获得信息和资源的方式，结构嵌入性是指组织所嵌入的社会网络本身给组织带来的信息与资源优势。[11] 社会组织成为基层社会治理主体之一，面临“嵌入国家”和“嵌入社会”双向嵌入的互动情境，需要进一步探索与剖析嵌入行动的逻辑。

（2）新联会嵌入型治理必要性

第一，新联会是政府支持型的自组织，着力于合作互动逻辑，即政府主动调整与社会组织策略性能动，被称为“调适性合作”，[12] 是一种组织创新与风险管理平衡的构建方式。[13]

第二，新联会在社会治理方面充分体现集体行动的社会属性和关键群体的专业优势：一方面，它主张新阶层以任务为导向开展合作治理实践，弱化组织边界；另一方面，新阶层凭借自身卓越的影响力、专业技能或特长，以及掌握的优势社会资源，成为社会变革创新的重要力量，[14] 为基层社会合作治理注入新的活力。

本文以问题导向的思路梳理上述文献发现，这些研究提供了较为充分的理论资源和分析视角，但仍有局限和拓展空间：一是已有研究侧重在不确定和分化型政社关系情境中探讨平衡或妥协的行动策略，未能充分诠释新阶层组织化在情境中的积极行为；二是已有研究侧重社会组织集体行动的关键因素分析，未能深入探讨关键群体如何发挥优势的问题，也未能把新阶层组织化嵌入治理实践的行动逻辑解释清楚；三是已有研究侧重在结构化情境中分析社会组织和政府部门之间的关系及互动逻辑，未能对新阶层承担社会责任主动性不足等问题作出回应。

鉴于此，本文将追踪调研深圳市基层新联会的形成与发展，探究新联会当前嵌入基层社会合作治理中的问题与难点，从新联会嵌入治理实践的环境适应过程及关键群体优势发挥两个维度，探究新阶层组织化嵌入基层社会合作治理中的行动策略，以期为各地区高质量发展及社会治理创新提供决策参考和实践指导。

（三）研究设计

前述关于组织行动者研究中对新联会嵌入情境的理解和维度划分、影响社会组织行动策略的关键维度，以及嵌入型治理中新联会及其关键群体新特征的解析对本文很有启发。对此，本文进行预调研，旨在探索这些情境、关键维度及新特征在新阶层及其组织化嵌入行动中的基本情况，并在此基础上构建一个“嵌入情境—行动策略—嵌入结果”的分析框架（如图 1 所示）。在这一框架下，新联会及其关键群体的嵌入行动策略主要是回应基层社会合作治理过程中的“嵌入政府”“嵌入社会”双重情境，采取环境适应及自身关键群体优势发挥等行动策略，最终实现真正意义上的嵌入合作治理格局。

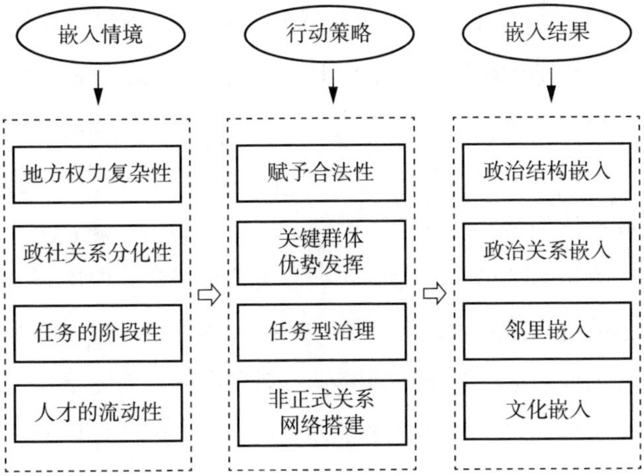

图 1　“嵌入情境—行动策略—嵌入结果”的分析框架

1. 分析框架的关键维度

（1）嵌入情境

在新阶层组织化嵌入基层社会合作治理的实践场域，嵌入情境主要是指任务的灵活性及阶段性、地方权力结构的不稳定性、政社关系的分化性及人才队伍的流动性。任务的灵活性及阶段性是指新社会组织的结构开放性强，具有任务型组织特征，要求组织目标结构及时回应组织任务的变化，即要求组织成员角色的应时而动。这种任务型的隐性结构赋予他们行动的道德责任感，其组织的规则体系和管理体制主要基于信任与道德建立。[15]地方权力结构的复杂性是指社会组织嵌入行动可能打破既有地方利益格局以及缺乏或难以获得各方接受的作为治理主体的权威性。政社关系的分化性是指由于治理结构的碎片化、不同政府部门的立场多元化，社会组织嵌入行动要同时面对不同面孔的政府机构。人才队伍的流动性是指新联会内部人才流动性强，主要体现在缺乏专业的、专门的管理人才，大多由新阶层中比较优秀的人兼任。

（2）行动策略

上述嵌入情境的复杂性和不确定性，使新联会嵌入所在地的基层社会合作治理必须“摸着石头过河”，逐步减少阻力和不确定性。本文在上述新联会嵌入的必要性中强调，目前新联会和嵌入情境的互动和链接比较适合用嵌入来描述。针对任务的灵活性及阶段性，新联会通过构建任务型治理模式，形成受任务驱动的组织结构，同时增强组织成员的社会责任感，刚柔并济，形成相对稳定且灵活的治理模式。针对地方权力结构的复杂性，地方政府先给予一定的组织合法性地位，并提供一定的资源以孵化和培育新联会。新联会及其成员作为治理主体的权威性，往往受到制度缺乏的困扰，难以获得其他利益相关方的认可并持续嵌入社会治理实践中。应从制度层面健全和优化新联会的培育扶持制度，为新联会嵌入行动提供良好的制度保障。针对政社关系的分化性问题，主张培育和发展新联会的内在要求，包括强化政策的权威性和落实督察，但这种分化型关系是国家治理碎片化的一个缩影，同样分布在各个领域，因此，这是一个长期的消解过程。本文认为，除了期待这种顶层设计的健全与完善，还可以基于新联会自身组织的特殊性，培育关键群体发挥社会治理作用。根据追踪调研，关键群体特别是网络人士的影响力及优势，正渐进嵌入基层社会治理实践之中，尤其是正与运用直播、短视频及人工智能等新兴媒体技术逐渐融合。针对人才队伍流动性问题，新联会需要着力构建成员间的社会关系网络，尤其重视关键群体间的非正式关系网络的搭建。新阶层是一群体制外的社会人，具有自由的优势，但也与社会建立联系。通过新联会，新阶层可以发挥主观能动性，既能在组织内获取认可，也能通过组织获得资源的横向延伸。

（3）嵌入结果

基于上述行动策略，新联会回应任务的阶段性、应对权力结构的不稳定性、政社关系的分化性及人才流动性，并分别在双重嵌入过程中实现政治结构和政治关系的嵌入、邻里和文化的嵌入。新联会“嵌入政府”主要体现在政治结构和政治关系的嵌入。政治结构的嵌入强调组织的整体特征的嵌入，是当前重塑党政权威的重要方式。其嵌入结果表现为组织领导人的提名备案、党组织建设、社会组织科层制特点等。政治关系的嵌入是指社会组织领导人与党政机构的关系较为密切，包括组织的正式与非正式的社交网络，主要体现在：一是通过政策法规或政府信誉等制度性保障措施，建立正式的、合法性关系；二是政治联系帮助组织获得稀缺资源，如政策支持、行业信息或资源对接；三是提供非正式桥梁，使组织与政府在微观层面进行沟通。新联会的“嵌入社会”侧重于邻里嵌入和文化嵌入。邻里嵌入包括地点嵌入和关系嵌入两个方面。地点嵌入是指社会组织与社区场域的地理性嵌入情况以及对于该地域的认同情感。关系嵌入体现在能够及时获取信息，掌握基层社会网络中其他组织的动态，从而扩大服务范围，建立与社区、街道和当地政府之间的信任关系，扩大自身影响力。文化嵌入主要通过将价值观反嵌于合作治理网络来实现。在双向嵌入后，新联会才能最终实现组织入场，嵌入基层社会合作网络，并持续为社会治理创新及所在地高质量发展创造有利条件及发挥助力作用。

2. 案例选择

本文聚焦“新联会嵌入基层社会合作治理中是如何发挥组织化及关键群体优势”这一核心问题，对于此类问题的研究，在相关研究以概念界定及以思辨性文章为主的情况下，特别适合以个案为基础的理论探索。以单一案例为基础做深度访谈及追踪观察，本文能够获取丰富的案例材料和数据，对某一特定现象或问题进行深入描述和剖析，[16]有助于理解新阶层组织化这一特定现象背后动态、复杂的机制，提炼出解释复杂现象的理论或规律。[17]因此，以单一案例为基础做深度访谈及追踪，不仅对进行深度理论探索是适当的，而且对研究目标的达成具有助推作用。

首先，选择追踪深圳市宝安区的新联会及网联会主要基于该案例的典型性。该案例集中体现了新阶层嵌入公共领域的过程及其行动逻辑，能够较为完整地呈现新阶层是如何组织起来的，并在组织化以后如何积极投身于所在地区的公共服务中。其次，新阶层主要集中在大城市，特别是网络人士，选择深圳地区的基层新联会及网联会，能够更为深入地探究这些新兴群体如何通过新联会嵌入城市的经济社会文化领域中，并发挥群体优势。最后，该区是深圳市新阶层人士较多的大区，所成立的新联会内部成员异质性较强，既有传统的高级管理人才和技术人才，也有很大一部分是面向数字社会的知名网络人士。选择该区新阶层组织化为研究对象，有利于探索这种异质性背后的复杂机制及内在逻辑。

3．资料收集与分析

本文的资源主要来自对上述案例的跟踪观察及对关键行动者的访谈。首先，本文参与观察该区新联会及其分会网络人士联谊会（以下简称“网联会”）一周的外地研修班，并与该区相关部门及新联会、网联会的会长及知名网络人士建立联系。随后，围绕“嵌入情境”“组织合法性”“资源整合”“社会关系网络”及三重嵌入情况，重点访谈该区统战部主管领导 2 人、业务骨干 2 人，该区新联会和网联会会长 7 人，该区街道新联会及园区新联会会长 12 人。此外，本文还从多渠道获取大量二手数据，充分满足理论研究对“三角证据”的要求，[18] 详情如表 1 所示。

表 1　访谈数据来源

数据来源	数据内容			
	访谈对象	访谈方式	访谈人数	访谈时长
一手访谈资料	S 市 B 区统战部副部长（统管新阶层）及业务骨干	个别访谈	4	60 分钟
	B 区新联会 / 网联会会长或副会长	个别访谈、集体访谈	7	约 3 小时
	B 区 10 个街道及园区新联会会长或副会长	个别访谈	12	约 6 小时

续表

数据来源	数据内容
参与式观察	全程参与新阶层研修班一周，后追踪“点燃学习”计划等主题活动，了解开展情况并关注相关负责人动态，累计时长为 3 个月
二手资料收集	相关政策文件；相关政府部门各类工作计划、调研报告等；新闻报道

本文的资料是逐渐收集并整理的。资料收集过程是循环往复、不断演进的过程。每次进行追踪观察、访谈并收集二手数据，均通过循环往复的资料的结构化不断聚拢研究主题和问题。

第一阶段，初步聚拢分析主题及问题。研究者通过学校合作的实践基地前往深圳市宝安区参与新联会及网联会的外地研修活动。其间，研究者全程参与新阶层人士各种研修活动及组织内的联谊活动，并开放式访谈 8 名参加研修班的新联会会长及知名网络人士，初步确定追踪调研及访谈的三个方向：一是新阶层如何链接党和政府的相关工作；二是在党委统一领导、统战部门牵头协调及有关方面负责的工作格局下，新阶层的统战工作在县、区级是如何运行及实践的；三是针对知名网络人士，他们的数字劳动生产有什么特征，他们是如何形成优势资源的，这种优势资源又是如何嵌入基层社会合作治理之中的。

第二阶段，深度分析不同证据源，识别关键维度及其相互关系。首先，结合原始数据、二手数据，识别新阶层组织化嵌入基层社会合作治理面临的困境、优势。其次，通过丰富的数据建立数据链，寻找新阶层组织化嵌入行动的内在逻辑，以解决嵌入合作治理网络中的问题及放大关键群体嵌入优势。最后，通过编码将收集到的质性材料归纳成概念，将这些概念归类并分配到关键维度中。

第三阶段，基于分析框架，系统勾勒新阶层组织化嵌入基层社会合作治理过程的故事线。根据“嵌入情境—行动策略—嵌入结果”的分析框架，识别新阶层组织化的嵌入情境、行动策略及嵌入结果的主要阶段和关键事件。通过文献和资料指引，“情境”部分，针对新阶层组织化不同嵌入情境进行概念化编码；“策略”部分，对新阶层组织化嵌入行动所采取的策略进行概念化编码；“结果”部分，对嵌入的不同结果进行概念化编码，实现从故事到理论的升华。

（四）深圳市宝安区新联会嵌入基层社会合作治理的探索过程

1. 案例介绍

本文选取深圳市宝安区新联会、网联会为追踪案例。该区新联会成立于2018年，并在2021年建立10个街道分会，近年来通过“点燃学习”计划、“梦甄选”系列直播活动、同心助农、会长服务日等活动及服务，增加新阶层的认同感和归属感，并成为新阶层积极参与社会建设和公共服务的桥梁与枢纽。2024年，该区“点燃学习”项目获得2024年全国新时代“终身学习品牌项目”殊荣。该项目以“统战+MBA”为学习模式，着力于为该区内的新阶层打造一个系统化、专业化及个性化的学习与交流平台。该计划目前已培育新阶层1500人，累计开展线上线下活动2000余场，线下培训参与人数已达6.17万，在2023年更是进一步落地资源对接项目，促成近20亿元项目落地。2023年，该区成立深圳市首个区级网联会，集中在网络直播、网络内容生产及网络市场营销等领域。目前，该区网联会打造深圳市首个网络人士统战工作示范园区“智美·梦空间”，探索和实践网络人士统战的新方法，发挥网络人士优势，助力实体企业数字化转型升级，辐射影响线上线下1000余万名企业主。2024年，该区网联会在区委统战部等政府部门统筹与支持下，启动该区“梦甄选”系列直播活动，利用该区知名网络人士直播带货，助力辖区内制造业、居民消费，推动该区数字经济与实体经济融合发展，并已取得一定的成效和社会影响力。该区新联会还有会长服务日、同心助农等公共领域的常态化活动，助力新阶层更好地嵌入该区社会经济文化生活之中。

2. 新联会双重嵌入情境：“嵌入政府”和“嵌入社会”

（1）“嵌入政府”：新阶层“脱嵌”与统合治理

随着规模日益壮大，新阶层在我国经济社会发展中的作用日益凸显，但同时也面临缺乏有效参与社会治理的制度化途径的脱嵌问题。一方面，新阶层崛起对传统社会治理存在的结构性问题形成挑战。另一方面，新阶层越发凸显处理经济社会事务的专业能力和资源优势，具有参与政治与公共事务的意愿与热情。处在传统社会治理格局边缘化状态，甚至仍被称为治理对象的新阶层，如何有效嵌入共建共治共享的社会合作治理网络中，成为社会治理结构转型的新力量及社会治理共同体建设的重要参与者，成为当前社会治理创新亟待破解的重要问题。[19] 在此情境下，国家按照制度化的方式有效整合新阶层成为国家治理的重要内容。新阶层是传统社会结构分化出来的社会群体，是社会发展的一种动力，但缺乏整合的过度分化将导致社会秩序紊乱。因此，新阶层作为新的社会分化群体需要按照制度规范，以一定方式"组织起来"，以实现安定有序且保持活力的国家治理目标。这种组织化的必要性体现在，治国理政中将新阶层纳入统战工作对象，并且统战工作通过推动新阶层"组织起来"，催生了新联会的纷纷成立。在此组织化方式下，党组织统合政府及新联会，以党自身制度设计和组织扩展重建治理体系，激发新联会及其成员的内生活力。

如何将新阶层凝聚起来发挥作用，成为我国统战实践中迫切需要解决的问题。自 2017 年全国新阶层统战工作会议后，深圳市致力于打造新阶层统战工作实践创新基地。2018 年，宝安区成立新联会，不断探索新阶层组织起来、凝聚起来的新途径，引导新阶层发挥专业特长和自身优势：一是搭建各种实践创新平台，凝聚新阶层人士；二是依托特色活动，持续服务新阶层；三是助力经济社会发展，尤其是近几年"组织起来"的新阶层逐渐从统战对象转化为统战力量，助力宝安区的高质量发展。宝安区新联会依托这种统合情境，为有效开展统战工作提供组织保障，在促进新阶层组织化、增强新阶层归属感、反映新阶层利益诉求及充分发挥新阶层在公益事业中的助力作用等方面，发挥重要的桥梁和纽带作用。在此情境下，新联会采取何种行动策略有效"嵌入政府"？

（2）"嵌入社会"：新阶层悬浮与社会治理创新

新阶层的悬浮在本文研究对象中更多地指向新就业群体，也被称为"新零工经济人群""新业态从业者""平台经济从业者""灵活就业人群"等，这反映了网络社会、信息社会及数字社会到来的社会结构的新变化。宝安区为深圳市的产业大区、经济大区，新型数字基础设施持续夯实。随着数字经济、平台经济的蓬勃发展，宝安区直播电商等新业态蓬勃发展，产值已超600亿元，集聚新就业群体超过20万人，渗透进城市经济社会的方方面面。然而，这些新阶层不仅如前所述整体“脱嵌”于传统的政治结构和政治关系，还在很大程度上悬浮于社会，形成孤离状态。一是没有根基的悬浮，即新就业群体的高度分散、流动频繁问题。二是没有权益保障的悬浮，即新就业群体工作时间过长、最低工资标准适用尚不明确、维权服务渠道还需进一步畅通等权益保障问题。三是游离于社区的悬浮，游离于社会服务体系之外，缺乏技能提升渠道、对附近社区缺少参与感等。这种悬浮对传统的属地管理模式形成挑战，也成为推动社会治理转型的新动能。在此背景下，基层社会治理近年来通过党建引领探索不少创新路径来凝聚新阶层中的新就业群体。在基层社会合作治理网络中，宝安区的创新实践体现在以下三个方面：一是“网格员 + 骑手”模式。宝安区结合外卖骑手的工作特点，与顺丰、美团及朴朴等企业合作，组建“骑手网格员”队伍，通过“随手拍”将发现的问题反馈给街道和社区解决，特别是2023年骑手在台风来袭期间帮助社区排查安全隐患及参与灾后恢复等。二是“直播 + 产业带”助力新模式。2023年，宝安区借助直播产业基地的网红通过工厂式直播探访、助力乡村振兴等活动，为线上线下企业售出近5000万元的助农产品。三是“法律专家 + 行业专家”的共同参与模式，针对新就业群体的“五险一金”及未签订劳动合同等问题，邀请直播从业者、协会专家参与调解，切实保障新就业群体权益。新阶层悬浮于社会之外的问题，正通过各种治理创新方式渐进解决。在此情境下，新联会采取何种行动策略以组织化的方式推进新阶层的嵌入行动？

3. 新联会“嵌入政府”的策略：获取合法性及搭建合作治理网络

通过对新联会和网联会管理者的访谈、观察及公开资料分析可知，新联会兼具自组织化和他组织化的特征，这使其能够获得较强的合法性支持及经济资源支持，进而逐步搭建起非正式合作治理网络，以实现嵌入基层社会合作治理中。

（1）获取组织合法性

新联会总体已获得来自政府的制度性支持及组织成员内部的认可。本文强调的新联会嵌入行动的合法性获取更多地指向情境合法性，即“在开展具体项目情境中争取到服务对象及社区权力精英的认可和支持”。[20]获取服务对象认可更多地看新联会嵌入社会治理项目过程中的绩效表现，表现越好越能获得服务对象认可。获得社区精英接纳，主要是指城市各街道的居委会主任，其不隶属正式国家机构，却是国家权力运作的代理人。新联会嵌入行动能持续开展更多地缘于获取社区权力精英的认可与支持。宝安区新联会通过举办“越野跑”等全民体育赛事，采用适应性策略和选择性策略获取合法性，嵌入宝安区对龙川县的帮扶实践中。近年来，作为新进入的组织，宝安区新联会采用“体育 + 电商 + 农业”新模式，参与对口帮扶龙川县及“百千万工程”，从而带动当地农产品销售。宝安区新联会从需求侧出发，着眼于招商引资、优化营商环境及乡村振兴等目标，通过引入招商大会、本地特色产品展销、美食节等配套活动，以资金支持及企业资源分享的方式助力对口帮扶活动的顺利开展。宝安区新联会的嵌入策略构建“双向奔赴、双方联手、双优叠加、双双发展”的飞地经济模式，以助力深圳市和龙川县携手引领科技与产业的高质量发展。这种适应国家、地方政策规定及着眼于两地关切问题的行动，赢得了所在地基层政权的认可及支持，并为顺利嵌入具体治理实践项目带来服务对象的认知合法性。

（2）搭建非正式合作治理网络

在采取适应性策略及选择性策略获取基层政权及服务对象的认可后，新联会嵌入行动开始搭建组织内部和组织外部的合作网络。一方面，宝安区新联会以“点燃学习计划”为引擎，对辖区新阶层人士进行订单式、个性化的专题培训，不仅推动新阶层在学习的过程中拓展人脉、认识朋友，而且逐渐搭建成员内部的非正式合作网络。新联会通过这种针对性的培训，有效聚合新阶层的资源优势，有利于开展各种社会治理活动，特别是在提供活动场所、专业服务及慈善公益等方面的内部资源聚合，成为新阶层嵌入基层社会合作治理的重要基础。另一方面，宝安区委统战部将“点燃学习计划”作为新阶层开展理论学习、强化思想引领的关键载体，并将其列为重要议事日程，从全区到各街道党工委、街道办及有关单位均做好统筹协调及保障工作，着力培养新阶层为统战“尖兵”。这说明，宝安区及各街道的新联会在一定程度上被赋予部门统战职能，不仅探索联系与凝聚新阶层的方式，还促进新阶层的组织化嵌入社会治理网络。这种培养方式促使新阶层从统战对象转化为统战主体，乃至于统战标兵。一方面，存在基层统战管理人才匮乏的问题；另一方面，新阶层对新阶层做统战工作，能达到事半功倍的效果，这种引领过程促使其从社会治理对象转变为治理主体，成为基层社会合作治理网络中的一员。

4. 新联会“嵌入社会”的策略：任务型治理和关键群体赋能

在“嵌入政府”中，新联会通过获取组织合法性及搭建合作治理网络，渐进获取基层政府及服务对象的支持与认可，并部分履行统战新阶层的职能，从而在基层社会合作治理过程中获取政治层面的结构和关系嵌入。在“嵌入社会”中，新联会通过“点燃学习计划”等项目培育组织成员的社会责任感，为形成任务型治理模式及关键群体赋能打下良好的内部合作基础。

（1）构建任务型治理模式

宝安区新联会参与基层社会治理活动具有显著的任务导向的嵌入特点：一方面，组织结构受到任务驱动，横向扩散组织业务，从而增加组织的流动性；另一方面，这种流动性对组织成员有内隐的社会责任要求，有助于联结组织结构、促进组织任务流转，为组织形成相对稳定的组织架构。这种嵌入特点强调组织成员的自主性管理，一方面，要求以组织任务为核心，保持组织灵活性；另一方面，有必要培养有能力的组织成员，形成开放灵活的嵌入网络。依托“点燃学习计划”，宝安区新联会培育了一批新阶层统战人才，他们履职尽责和担当作为，并在此基础上组建“新联之家”服务团，围绕乡村振兴、法律咨询、健康医疗、环保推广、社会服务、点燃宣讲等方面阶段性地嵌入区内的社会治理网络之中。宝安区“新联之家”服务团在持续强化与龙川县的对口协作方面，积极发挥优质会员的优势，开展形式多样的产业协作、创业就业、消费帮扶等活动。这种主动担当助力行动，成为宝安区与龙川县对口帮扶顺利开展的一大助推力。不仅如此，该服务团还形成“新阶层＋公益”的项目运营模式，特别是在环保推广的项目上，确立“用我们的努力去换来美好的环境”的服务宗旨，形成兼具专业性及广泛性的新阶层参与结构，并以凝聚更多新阶层为目标，采取了系列举措。这种任务型、项目型的治理模式，有利于新联会设置各种各样的项目组，新联会成员通过从事和开展各种具体的服务活动，逐渐形成灵活的内部网络结构。这种灵活的网络结构有赖于有能力的成员，即新联会中具有较强自主性的行动者，通过对各自权限内的资源开展合作以赋能社会治理实践，从而为组织嵌入行动创造更大的价值。

（2）关键群体赋能

新联会的关键群体是指活动的发起者和倡导者，主要起到资源聚合和示范引领作用。在本文中，关键群体主要是指拥有雄厚的经济实力、卓越管理才能及丰富社会资源的区及街道的新联会会长，以及拥有百万粉丝以上的知名网络人士，通过“线上＋线下”联动，有效动员多元利益相关者投身所在地区的高质量发展。宝安区新联会开展系列“会长服务日”活动，通过发挥行业引领作用助力宝安区高质量发展。目前，该举措在 2023 年已助力 18 个项目成交，项目资金总额高达 17.7 亿元。2024 年更是成立资源对接专委会，并设立常态化服务站点，为供需双方搭建起直接、高效的交流平台，精准对接需求，促进项目与资源的深度融合。新阶层扮演着资源对接的关键角色，能够降低项目与企业资源对接的潜在风险与交易成本。同时，新阶层本身在行业引领中居于核心地位，更是通过自身的成功经验起到显著的动员和示范效应，激发了其他新阶层的积极参与和效仿。

宝安区的“梦甄选”系列直播核心在于借助新阶层中这两类关键群体的自身影响力及社会资源，聚合区内的政治资源、社会资源、资金资源、市场资源及技术资源，通过直播电商的形式，共同注入宝安电商高质量发展进程中，实现内外部资源的融合及转换。在打造湾区电商新高地的目标之下，“梦甄选”活动形成“新阶层资源＋区政府部门资源”的协同模式、“新阶层资源＋企业资源”的互补模式，以及更为复杂的“新阶层资源＋区及街道的集体资源＋外来资源”的多元融合模式，从而有效促进了资源的优化配置。在此过程中，新阶层通过新旧资源的创新融合、互补资源的精细调配以及优势资源的集约整合，渐进嵌入宝安高质量发展的具体实践中。这一过程不仅实现了技能、资金、市场、制度等多维度资源的深度交融与集中展现，还触发了资源聚合的崭新效应，为宝安区社会治理转型注入了强劲的动力与活力。

（五）研究贡献、局限与展望

1. 理论贡献

本文探究新阶层组织化嵌入的能动性，为呈现国家与社会组织动态关系提供不同于静态结构分析的视角。为解决新阶层组织化的“脱嵌”及关键群体优势难发挥的难题，本文跨学科整合组织行动者与嵌入型治理两种理论，从发挥新阶层主观能动性的组织行动者视角切入，探究新阶层组织化采取获取组织合法性、搭建非正式合作治理网络、构建任务型治理模式及关键群体赋能四种积极行动策略，最终实现“嵌入政府”及“嵌入社会”，融入社会合作治理网络。

构建新阶层组织化嵌入行动的分析框架。新阶层组织化参与基层社会合作治理，并非平等的多元共治模式，而是一种嵌入式的参与行为。借鉴社会学田野调查方法，对区及街道新联会会长、区统战部门进行追踪调研，利用参与观察、深度访谈等方式对微观对象资料进行采集，构建“嵌入情境—行动策略—嵌入结果”的分析框架并提出嵌入过程的具体维度。该框架为理解新社会组织与“政府—社会”的关系提供了新的分析视角，进一步丰富了社会组织与“政府—社会”互动情境研究的广度和深度。

2. 实践启示

本文旨在为畅通新阶层嵌入基层治理网络建言献策。随着规模不断扩大，新阶层逐渐成为服务市民生活及助力城市发展的重要力量。然而，作为一支新生的治理力量，新阶层存在流动性强、劳动关系弹性大、社会归属性弱等问题，这些问题制约其高效发挥作用。本文探究其中的难点、痛点，打通新阶层嵌入基层合作治理网络，以激活新阶层参与基层社会治理实践的新动能。

为做好新阶层统战工作提供启示与参照。做好新阶层统战工作，有助于扩大和巩固党的执政基础、维护社会和谐稳定、发挥其在推进国家治理体系和治理能力现代化过程中的积极作用。本文探究新阶层组织化嵌入基层社会合作治理网络的行动策略，有利于聚合新阶层搭建互动合作平台，为统战工作提升新阶层凝聚力提供一定的理论启示和实践参照。

3. 研究局限与展望

本文仅探讨基层新联会嵌入基层社会合作治理中的积极行动策略，还存在诸多有待深入探讨的问题。首先，基层新联会嵌入社会合作治理过程中的四种行动策略存在协同关系，本文将之描述为线性结构，缺乏对更为复杂的串联式或循环往复的结构性分析。其次，本文对基层新联会的嵌入过程中行动策略的动态调整或优化的内在逻辑分析也有欠缺。在未来研究中，拟结合深圳市其他区的新联会建设情况进行案例比较研究，进一步探讨超大城市基层新联会采取积极策略背后的行动逻辑，以及积极策略和消极策略的内在机理。最后，在案例中，对于统战部门、新联会及其关键行动者如何在嵌入行动中解决“脱嵌”、悬浮等问题的分析尚不够细致，未来还需进一步深化。

参考文献

[1] 姜宁宁 . 论总体性追求中的新社会组织合作机制 [J]. 求实，2017 (10).

[2] 陈天祥，郑佳斯 . 双重委托代理下的政社关系：政府购买社会服务的新解释框架 [J]. 公共管理学报，2016 (3).

[3] 朱光喜 . 分化型政社关系、社会企业家行动策略与社会组织发展：以广西 P 市 Y 协会及其孵化机构为例 [J]. 公共管理学报，2019 (2).

[4] 高丙中 . 社会团体的合法性问题 [J]. 中国社会科学，2000 (2).

[5] 和经纬，黄培茹，黄慧 . 在资源与制度之间：农民工草根 NGO 的生存策略——以珠三角农民工维权 NGO 为例 [J]. 社会，2009 (6).

[6] 黄晓春 . 中国社会组织成长条件的再思考：一个总体性理论视角 [J]. 社会学研究，2017 (1).

[7] 杜力 . 嵌入型治理：中国社会组织参与国家治理的路径探究 [J].

甘肃理论学刊，2019（7）.

［8］郑军南．社会嵌入视角下的合作社发展［J］．农业经济问题，2017（10）.

［9］Granovetter Mark. Economic Action and Social Structure：The Problem of Embeddedness［J］. American Journal of Sociology，1985，91（3）.

［10］Zukin Sharon，Paul DiMaggio，et al. Structures of Capital：The Social Organization of the Economy［M］. New York：Cambridge University Press，1990.

［11］Gulati Ranjay. Alliances and Networks［J］. Strategic Management Journal，1998，19（4）.

［12］郁建兴，沈永东．调适性合作：十八大以来中国政府与社会组织关系的策略性变革［J］．政治学研究，2017（3）.

［13］谢康，刘意，肖静华，等．政府支持型自组织构建：基于深圳食品安全社会共治的案例研究［J］．管理世界，2017（8）.

［14］张海东．转型中国的新力量：新社会阶层何以推动社会变革创新［J］．社会政策研究，2021（1）.

［15］姜宁宁．新社会组织的任务型管理模式探析［J］．理论与改革，2018（5）.

［16］Yin Robert. Case Study Research：Design and Methods（3nd. ed.）［M］. London：Sage Publications，1989.

［17］Eisenhardt Kathleen，Melissa Graebner. Theory Building from Cases：Opportunities and Challenges［J］. Academy of Management Journal，2007，50（1）.

［18］Eisenhardt Kathleen. Building Theories from Case Study Research［J］. Academy of Management Review，1989，14（4）.

［19］张海东，杨城晨．社会结构嬗变中的新社会阶层：生成发展与社会属性［J］．江海学刊，2022（3）.

［20］邓燕华．社会建设视角下社会组织的情境合法性［J］．中国社会科学，2019（6）.

五、“亲清政企”政务平台：权力利益网格与基层平台结构创新

姚　威①

摘　要：在基层平台结构性创新的帮助下，围绕权力利益构建多维网格，展现基层平台结构式创新对资源配置的改善。亲清政企作为基层政务服务平台，正在重塑基层的政商关系。本文通过对深圳市宝安区政企服务中心的实地调研，对政务平台“亲清政企”进行了案例分析，对7位基层相关平台干部及主要业务负责人进行了访谈。旨在研究构建“权力—利益”网格的分析框架，探究政府的服务型转向以及基层政务平台的结构性创新。研究发现，基层政务的结构性一体化创新是改革开放进入深水区的必然要求。其体现了基础权力逻辑的变迁，这样的变迁有利于中国的持续性开放。其在更加普惠、链接更多主体的同时规范了市场制度，推进了中国特色社会主义的全面建设。随着经济发展的要素替换，政府在市场经济中的角色正在发生变化。中国改革开放正在形成一种新的权力—利益互动模式。这种模式随着生产力发展重塑着基础权力逻辑。随着资源配置模式的变迁、基础权力的解构，以基层平台结构性创新为节点，中国在网格化管理、公民社会、服务型政府建设方面探索出新的治理道路。AI、互联网、智能设备等广泛应用，与这一进程高度耦合并进行赋能。

关键词：权力利益网格　政企关系　基层治理平台

---

①　姚威，中共深圳市宝安区委党校与深圳大学联合培养创新实践基地博士后，助理研究员，主要研究方向：特区经济研究。

（一）问题提出、理论基础及文献综述

经济社会的持续健康发展离不开良好的政治生态作保障，亲清政商关系是清朗政治生态的题中应有之义。党的十八大以来，习近平总书记指出“新型政商关系应该是什么样的？概括起来说，就是‘亲’‘清’两个字”①。要求“构建亲清新型政商关系，促进非公有制经济健康发展和非公有制经济人士健康成长”，强调“各级领导干部要光明磊落同企业交往，了解企业家所思所想、所困所惑”。在学习贯彻习近平新时代中国特色社会主义思想主题教育工作会议上，习近平总书记再次强调推动形成亲清统一的新型政商关系。[1]

1. 基础权力关系的变迁与政府的服务型转向

中国政府通过基层的创新性行动来提升政策的执行力与落地时效，同时提升资源的可及性。改革开放渐进的特色是政府放权的结果。[2]基层创新提高了资源的可及性，改善了营商环境。营商环境是企业生存发展的土壤，是影响城市竞争力的关键因素。深圳市宝安区加快打造世界级先进制造业高地，加快建设国际一流营商环境，以服务先进制造业发展，建成集诉求、资金、空间、金融、合规于一体的“亲清政企服务直达平台”。

（1）基础权力关系的变化

政企基础权力关系经历了从单向管理到双向配合，再到共同治理的历程。这些政务服务平台体现了社会基础权力关系的新变化，也体现了政府的服务型转向。改革开放深化要求中国提升改革水平，面对市场与资源调配的新格局，政策调整需围绕服务人民开展，这对基层治理提出新要求。基层平台的结构性创新意味着基层对资源可及性的提升，对于建设中国特色社会主义市场经济至关重要，是再分配经济的重要构成部分。改革开放以来，中国从再分配经济转向市场经济，推动了资本控制权向市场转移。对中国企业家

① 2016年3月4日，习近平总书记参加全国政协十二届四次会议民建、工商联界委员联组会的讲话。

的研究应从“政治影响”转向“政策影响”，[3]政务平台的结构性创新推动了这一进程，基层平台的结构性创新实现了权利共享与服务型政府转型的功能性耦合。

（2）政商“亲”“清”耦合的多重策略

在中国特色社会主义发展过程中，产生的新兴社会阶层成为社会与国家的盟友。[4]国家通过基层平台创新，与企业家产生了“融合”“联盟”“吸纳”等关系。[5]在中国，政商融合的情况推动了社会良好发展。然而，关于政商共业空间的讨论仍较少。改革开放以来，中国的发展超出了国外学者的预测。政治与经济力量在中国相互影响、支持，共同推动社会主义建设。在对改革开放前城市国有企业和乡村集体经济的研究中，戴慕珍（Jean C. Oi）和魏昂德（Andrew G. Walder）的经典研究指出中国是新传统主义政治。许多研究者认为政商关系在市场转型中依旧延续下来并有了新的发展。在王伟达看来，市场转型期间，企业与国家是互相依赖的关系。政府保障企业家的利益，企业家向政府提供财税、租金与利益。[6]这体现了改革开放进程中，基础权力关系的变迁，也体现了基层政府的服务型转向。伽瑟瑞（Douglas Guthrie）就上海的经验提出，随着中国特色社会主义市场经济的发展，关系的重要性大不如从前，市场竞争压力与政府廉政要求使得人们越来越依靠规则与法律办事。[7]杨美惠则认为关系作为一种功能性存在，仍在这个空间中具有强大的生命力与韧性。[8]地方企业发展的微观肌理中，以关系形式的游说策略依然是企业非市场化发展策略中的重要发展方式。[9]

（3）服务型政府转向

权力能够支配的资源构成了足够的激励。企业积极争取更有利的政策，企业家争取成为人大代表与政协委员，服务于公共事业与慈善事业。[10]原子化的游说与利益集团的政策游说正为社会影响力以及宏大叙事所影响，自发的秩序与经济逻辑服务于社会与国家目标，与共同富裕、人民至上的目标相契合。在中国特色社会主义经济中，政商共业空间的创新发展形式形成了一种更为开放的关系型空间。中国改革开放取得巨大成就以来，形成了一种政治权力与自发秩序共生的空间。政商与社会共业空间中，为加强经济发展与社会群体的联系，发展出多重联系形式。其中的代表性研究有福斯特（Kenneth W. Foster）[11]对烟台的个私协研究、南威特（Christopher E. Nevitt）[12]对天津市级以及区级的个私协研究，以及安戈（Unger Jonathan）[13]对北京市朝阳区个私协的研究。国家的主导性与个体的自主性、自发性呈现“利益契合”。企业行业之间横向联系的自发性与纵向权力关系中的计划性呈现配合、契合，从而形成一种良性发展关系。

2. 关于利益分配行动：从机会—资源的体制旋转门到精准直达

深圳市宝安区亲清政企服务直达平台通过对企业特征、政策特征进行精准识别和适配，进而智能分析出符合政策条件的企业名单，主动向企业推送个性化政策红利，变“企业找政策”为“政策找企业”，实现政策直达企业、企业办事不问人，推动惠企政策应享尽享、快速兑现，已累计向企业精准推送政策信息 8 万余条。

（1）机会捕获

民营企业与政府的关系越好，其进入高壁垒行业的可能性越大。[14]“机会—资源”互动视角很少考虑既有组织的认知模式、决策逻辑和行动逻辑对“机会—资源”互动结果的影响，对资源的制度嵌入性以及创业资源承诺的制度约束关注有限。一个基本假设是，民营企业与政府的政治关系好，其进入高壁垒行业的可能性越大，而高壁垒行业及进入难度越大的企业经济效益要远高于其他行业。[5]由于行业升级、转型等因素，深圳市正经历由“制造”到“智造”的转型，能在市场上立足的企业更多地关注“产品好不好”“服务好不好”“创意好不好”。市县政府在重点扶持 To C 的企业时，必须更多地重视供应链相关的支持；在 To B 的企业方面，要把握好质量关，在客户关系及渠道上更下功夫。[15]

（2）多维关系构建

政府在社会界面以何种姿态出现，社会的发展、人民的认知正影响并塑造着政府行动。中央政府对事权的下放及财权的部分下放决定了地方政府的能动性。中国的市场化以及渐进式改革给草根企业提供了基础设施、社会资源以及发展空间。随着市场化的发展，更多的“关系”作为市场转型的功能性因素，正逐渐被规范在法律、规则、制度之下。耿曙和陈陆辉研究认为，随着市场化发展的深入，政商保护关系已日渐衰微，政企关系在法律、规则、行业制度中逐渐规范。

（3）关系性合意与市场行动

由于中国传统文化中本就有中庸贵和的精神，现实中，政企对地区经济发展有共同发展、共享利益、互利共赢的目标。在一个越发成熟的市场中，民营企业家与官员建立起关系性合意，企业更加注重自身的社会影响力、社会公共形象以及自身的核心竞争力。政府正在经历从管理到服务的转型。政企之间的协同分工越发清晰。中国正在走出一条独具特色的现代化发展道路以及中国特色社会主义市场经济建设道路。在充分发展的市场经济背景下，民营企业家更倾向于建立行业网络、公共关系、健康的社会形象等，更看重市场。政府也在努力完成服务型政府的转型，在这个过程中，一个重要做法便是基层平台的结构性创新。

机会—资源的新行动见图 1。

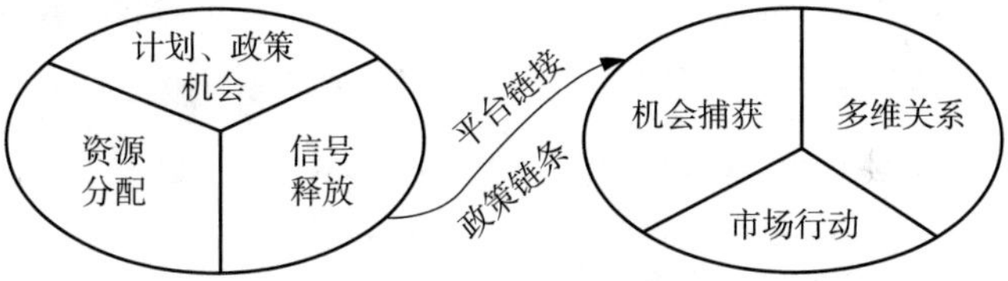

图 1　机会—资源的新行动

基层平台的创新与协同是新型政商关系构建的重要一步，也是提升社会资源可及性的重要手段。上到政商关系、政企关系，下到政民关系、政社关系都与基层平台创新息息相关。[16] 亲清政企平台实现服务事项流程化，服务更规范、更高效、更透明，企业办事不求人。深圳市宝安区亲清政企服务直达平台提供全区产业扶持资金政策的统一发布和申报入口，实现政策从发布到审批的全流程线上办理。通过规范政策资金的行政审批流程，平台形成受理、审批、反馈的业务闭环，从而减少大量中间环节，解决审批多、评估多、耗时长等问题，极大地提高政府工作效率。同时，平台规范化的业务流程使责任分工落实到各个部门的工作人员身上，减少企业与政府之间的信息不对称，让服务工作更加公开透明。

3. 研究缺口

在改革开放与转型经济背景下，权力利益互动的讨论涉及政商关系与社会资源再分配，相关研究层出不穷，但仍存在一些理论缺口。

随着市场经济的充分发展，资源与制度的双重嵌入性关系正在发生底层逻辑的变迁，但已有研究主要从机会—资源互动的理论视角及政商关系角度解释此过程机理，忽略了产业升级及要素替换对政府服务及制度嵌入的要求。机会—资源的局限性使其难以系统解释资源配置优势失效的现象，在改革开放的大局下，亟须从制度维度拓展“权力—利益”互动解释框架。

政府基础权力逻辑正在发生变迁。服务型政府既是一种从上而下的战略，也是一种自下而上的需求。自下而上的权力正义亦是至关重要的部分。权力来源于人民、服务于人民是权力正义的重要根源。在权力与利益的互动中，社会资源的分配正出现结构性的变化。面对更为复杂的局面，我们既需要理性化、功能化的解释，也要发掘道德性与正义性的因素。通过整合不同的理论和视角，能够刻画长周期、多分析层次、路径依赖性下的复杂动态交互过程和多向因果关系，呈现权力与利益的共演关系与路径。因此，本文研究结论将对上述理论缺口作出贡献。

（二）案例研究设计

本文采用归纳式、探索性的纵向单案例研究设计进行理论构建。案例研究方法适用于回答“How”和“Why”注重解释机制或过程的研究问题，能够通过过程的“深描”和剖析来挖掘现象背后的理论逻辑和规律，归纳式的纵向单案例研究适合于这种复杂、跨层次、动态交互问题的研究。此外，本文选择通过单案例来探究基层平台建设，通过具有独特性的案例研究设计来获取富有价值的理论洞见。

1. 分析框架：权力—利益网格的四重维度

随着改革开放的逐步深入，权力与利益形成新的格局。基层进行服务型政府转型的同时，要提升公民对资源的可及性。和合共生权力利益网格下社会共业空间中的政治权力与市场资源分配产生了四种模式：共建、共享、共利、共治。

（1）共建模式

举国体制是一种任务体制，与完成重大任务的需求有关，如中国的“两弹一星”、美国的“曼哈顿计划”、日本的“超大规模集成电路计划”。在我国，新型举国体制是坚持市场在资源配置中的决定性作用的同时，发挥好政府的重要作用。在新一轮科技革命和产业变革背景下，有效发挥新型举国体制的资源动员与整合能力，完成重大任务，是在关键领域实现技术突破的重要途径。

（2）共享模式

企业家对现有政治的认同奠定了其政治行动的基础，共享利益的根源是国家权力的维系以及地方对于经济增长的需求，这使得两者利益紧密联系。举国体制下，政权与制度所营造的环境不断改善。在权力与利益的现实互动中，地方官员与企业家对地方经济发展有着共同目标，这种现实需求使得政治权力与经济权力在结构中共生、共享。

（3）共利模式

政治权力在中国特色社会主义市场经济建设中不断延续、转化。政治权力在市场化过程中获得了新的机会与价值。国家权力在家国概念的道德框架下以实现共同的政治追求为目标。在现实推进过程中，巨大混合式活动的中间地带存在诸多要素的合力。活动情形受到文化传统、乡缘关系、市场竞争关系、发展指标等因素的影响。

（4）共治模式

关系性合意、结构性契合、社会性合力成为社会共治的重要基础。在权力支配下，企业家为了追求利益最大化，与官方建立起一种关系性合意，这种合意促进了垂直权力与社会企业的横向联系。政商之间非正式的联系持续推动中国特色社会主义市场经济的发展。服务型一体化平台的搭建、人工智能（AI）与互联网的使用，促使基层权力逻辑与利益互动格局正在发生变化。随着市场经济的充分发展与新质生产力的发展，会在更大格局下发生权力—利益互动方式的变化，点式的资源互动会发展成为网格式、片式的互动。互联网、区块链、AI 以及平行网格化的管理都指向一个更平等、共治性更强的社会。计划—权力网格的四重模式见图 2。

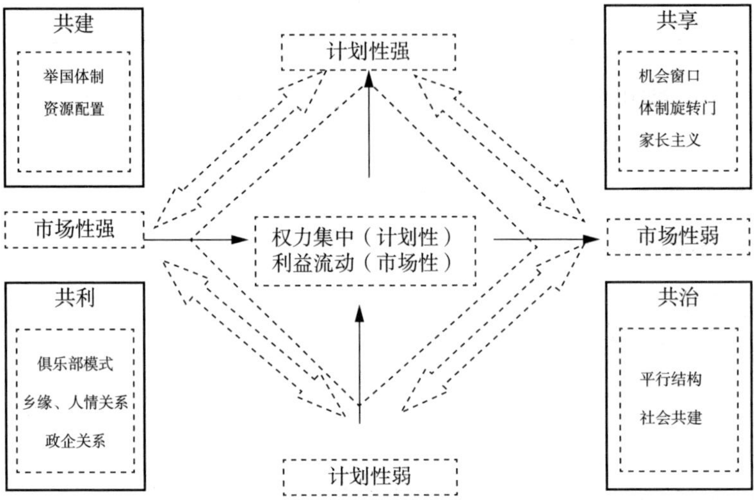

图 2　计划—权力网格的四重模式

2. 案例选择

深圳市宝安区亲清政企服务直达平台由区政务服务数据管理局与区工业和信息化局联合打造，秉承“企业和政府双向直达”的建设理念，汇聚了全区惠企政策、产业资金、产业空间等资源，让惠企政策像快递一样精准直达企业。这体现了新型政商关系中，共建、共利、共享、共治的多重模式。宝安区亲清政企服务直达平台自 2022 年 1 月上线以来，已累计启动政策项目申报 216 项，收到企业政策申请 18986 笔，拨付金额超 42.6 亿元，其中秒批资金率占 68%，惠及企业 6211 家。平台实现审批事项服务化，从企业找政策到政策找企业，企业办事不问人。其在共建、共享、共利、共治方面体现了基层平台的结构性创新，并在链接多元主体、创新资源分配模式、工具应用等方面持续发力。

3. 资料收集与分析

本文的资料主要来自对深圳市宝安区亲清政企关键部门负责人的访谈。首先，研究参与观察该区政企服务中心亲清政企所在单位。随后，围绕着

"多维主体网络""创新模式""资源精准直达""工具平台赋能"等实践情况，重点访谈该工业和信息化局主管领导1人、业务骨干3人，平台负责人6人，并获得大量一手资料。研究还从多重渠道获取大量二手数据。

（三）深圳市宝安区"亲清政企"政务平台的实践创新案例分析

1. 案例介绍

亲清政企平台开发"企业诉求直达政府"功能，坚持以高标准、高效率、高质量为导向，靶向解决企业发展过程中面临的资金、空间、人才、政策扶持等问题。其在链接主体、创新模式、资源互动、工具革新四个方面持续发挥作用。由于发展程度参差不齐，中国改革开放进程呈现复杂的合力。其权力与利益互动过程呈现多元、复杂的特点。其中既有权力机制、政府、利益、市场经济发展这种显性要素的参与，也有关系、乡缘、人情关系等隐性因素的参与。显性因素与隐性因素共同服务于一个宏大叙事。这些要素的互动模式并不是一成不变的，而是随着社会发展程度、市场经济发展的充分程度发生角色、目的与行动的变化。无论是意向性的共谋还是制度型的契合抑或工具性的服务，其在复杂结构中的张力都指向最终目的实现。这体现了社会部门之间存在机械性、功能性、等级性、创新性的线性与非线性的复杂联系。

2. 链接多元主体：多维关系网格结构化下政企共业空间创新肌理互构

基层社会发展的要素替代对政府的功能性角色提出了新的要求。随着经济发展的要素替代，政商关系获得了发展，政府从权力角色转变为管理角色，再到服务角色。

（1）主体间多维关系网络

韦伯（Weber，1978）认为，市场行为是一种决定性力量，它为个体命运提供了一个普遍性条件。[17]社会资源流动与初始资源禀赋紧密相关。代际、代内的社会流动及地位获得理论关注。[18]主体间多维关系网络的链接对资源流动形成客观性影响，区别于众多学者关于资源流动的理性分析，中国传统文化中家国情怀、为政以德、修齐治平等政治文化对国家理性与社会资源流动正义产生了潜移默化要求。权力的根源是人民，政治道德至关重要。这有别于西方对政治或行政功能性、理性化的探讨。在中国，政治道德、权力正义亦是至关重要的部分。这在不同维度构成了主体间关系与资源流动的立体向度，基层平台通过链接多元主体构建起新型关系，基层社会治理新格局见图3。

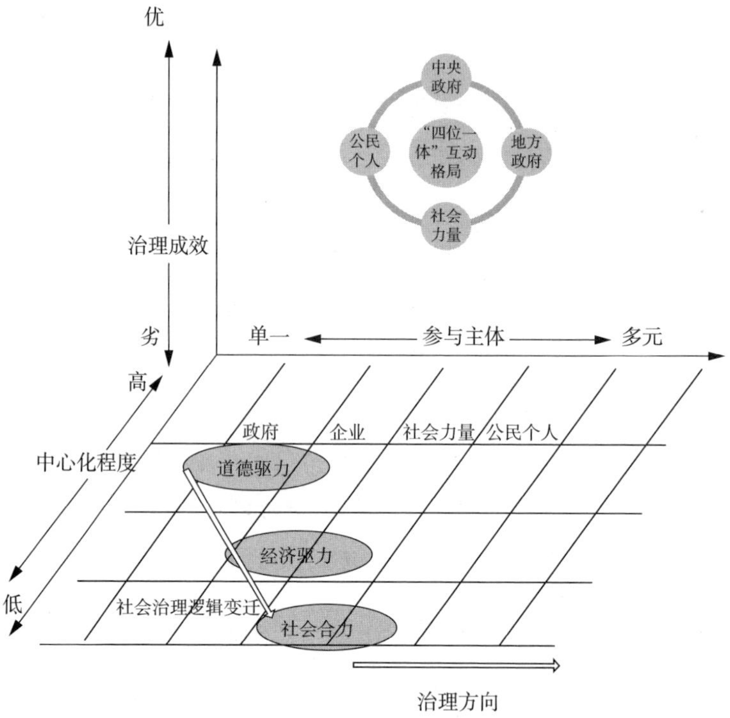

图3　基层社会治理新格局

（2）基层平台链接

在多维关系的互构肌理中，政治理想贯穿始终，并发挥着重大作用。这并不意味着社会主义市场经济中不具有关于影响行动的经验关系，相反，影响其发展的经验关系更为复杂、多元、非线性。在功能上处理这些关系张力的同时，为人民服务的宗旨贯穿始终。亲清政企平台通过链接多元主体实现政务平台功能性、主观性、正义性的耦合。基于宝安区“人工智能中台”“政务行业大模型”等技术平台，全面实现多维度办事并行。宝安区亲清政企服务直达平台为企业政策咨询提供智能客服服务，上线企业政策智服模块，通过对话方式帮助企业快速了解政策、进行政策申报、查询进度等，简化流程，提高效率；为政策直达提供智能匹配服务，构建企业政策匹配关联算法，实现政策精准匹配企业；为流程审批提供智能审批服务，推出政策智能申报、政策智能“秒批”、政策决策树审批功能，让申报、秒批、审批等实现多线并行，提升审批效率；为企业融资提供智能评估服务，模拟融资预授信额测算预分析，帮助企业及时测算信贷额度，享受融资便利，为企业发展助力。“宝安区人工智能中台”方案在第十届“云鼎奖”评选中荣获2022—2023年度AI创新奖。

（3）新型政企关系与共业空间互构

目前平台已制定标准化诉求处理流程，包括“诉求接收—标准化处理—分拨—责任单位办理—责任单位领核—反馈企业—企业评价”7个步骤，对企业诉求进行第一时间分办、落实、反馈。同时，整个诉求处理过程在平台上可见可查，领导可随时批示督办，形成精准分流、快速解决、全程记录的服务闭环。诉求直达功能解决了以往企业有诉求不知该找谁、怎么找的问题，将产业空间、政策扶持、政务服务、公共服务等常见诉求进行标准化处理，便于企业网上提诉求并在线跟踪评价，实现了诉求处理全流程可见可查。智慧服务高效赋能，宝安区企业服务提效提速提质，真心真情服务企业，真心实意帮助企业解难题。如今，宝安区很多企业事无大小，线上线下找到企服中心问题就迎刃而解，这是很多企业的共识。正是这种共识，体现服务企业的价值所在。

3. 计划—市场的四重模式：共治、共建、共利、共享

（1）纵向中的共建与共享

横向经济权力与纵向政治权力在微观机理中产生权力角色的转型，关于资源捕获的行动呈现多元化、制度化、理性化、市场化。在经验研究的层面，倪志伟（Nee，1989，1991）提出了两种变化：一是市场经济的兴起

改变了再分配经济形塑的机会结构。二是资源分配的机制变化，导致了社会分层的秩序变化。在社会的宏观进程中，这两种预测都在发生。市场经济发展与科层制行政权力共同服务于社会发展的阶段性目标，满足道德权力的宏观需要。随着市场经济的发展，其日益呈现组织化与正式化的特点。不得不承认的是，在组织化与正式化的趋势下，由于企业的特征与性质，政企互动仍呈现诸多非正式的表征。随着改革开放的深入与生产要素的替代，政企关系呈现组织化、非组织化、正式化、非正式化关系的复杂交叠、替换。中国特色社会主义市场经济发展的新兴制度既受到现有政治、经济社会制度的限制，又与这些制度相交织结合，为改革提供新的空间。[19]在社会主义市场经济日益成熟的过程中，权力与利益的互动格局早已超出西方学者的预判。在道德政治的框架中，其主要在两个维度发展出了更具中国特色的模式，一是“求天下为公”中的共同富裕的宏大愿景与国家理性；二是“修齐治平”中的人民至上与为人民服务。在艰巨性和复杂性前所未有的中国，推进中国式现代化及持续深化改革开放要保持历史耐心。[20]除了对政治行政工具性的解释，长久占据其政治运行逻辑的，是对道德政治权力的追求。在中国，道德政治的作用不可忽略，在日常的行政实践中其亦有不可替代的作用。

（2）横向中的共利与共治

市场与权力互动的过程既具有一与多的结构性分层，也具有新与老的延续。一方面，随着市场经济的发展，竞争日益激烈，生产要素的替换也使得企业家对政府的依赖程度下降。[21]另一方面，随着企业规模与经济规模的增长，企业家早已不再原子化地进行政策游说，而是通过政协、人大等方式更宏观地考虑政策的制定与企业经济的发展。[21]自下而上与自上而下的驱动力不断地在社会发展的过程中耦合，形成政策目标、制度结构、企业盈利、社会发展的计划性合意，并在计划与市场的坐标中形成共治、共建、共利、共享四种模式。权力利益格局中形成资源互动的四种表象及模式。

4. 资源精准直达：计划与市场资源的传递与捕获

（1）机会与信号的传递

平台对全区 1400 余个重点园区相关数据（48 个数据指标）以及人才

房、公租房等政府空间资源进行有效整合，形成宝安区标准化空间信息资源库。在此基础上，平台充分利用智能撮合技术，将企业空间需求和标准化空间信息资源库联系起来，建立双向智能匹配撮合服务，企业既可以在平台上发布空间诉求，也可以按照街道、租金、面积和楼栋类型筛选查找心仪的生产办公用地用房，进行一键咨询，直接联系到园区负责人，使企业轻松掌握园区全部资源，空间需求得到精准匹配。如果没有找到符合要求的园区，企业还可以向政府提交空间诉求。这有利于进一步处理好政府和市场关系，实际上就是要处理好在资源配置中是市场起决定性作用还是政府起决定性作用的问题。理论和实践都证明，市场配置资源是最有效率的形式。市场决定资源配置是市场经济的一般规律，市场经济本质上就是市场决定资源配置的经济。一体化平台是承上启下的关键环节，其决定了社会资源的流动方向，也是第三次分配的重要抓手，更是公民分享发展成果的重要环节。

（2）资源捕获与供需匹配

新质生产力的提出与发展要素的更迭是由内到外的发展需求。进一步开放与规则对接是深化改革开放与高水平发展的现实要求。这就要重新审视内部发展的壁垒。改革开放在更高层面与基层社会都对中国政府提出了更高的治理要求。构建弥合型制度，再从文化、认同、制度、利益共享上做到自上而下的资源流通。为人民服务、经济发展是道德政府的现实需求，也是道德权利稳固的重要指标。中央政府对地方政府的放权，涉及财权、事权、人事权的划分。中央政府对地方政府财权事权的比重决定了地方政府的活力，也决定了中央政府与地方政府的搭配模式。平台直面企业普遍存在“合适的园区找不着、租不到”等痛点、难点，建设空间撮合、融资牵线等功能，该平台还是一名“牵线员”。平台一站式金融服务功能板块已完成 2.0 版建设，并且实现上线运行，企业信用线上精准画像，实现企业融资需求线上申请、线上测额，线上放款（500 万元以内），已有 8 家银行（六大国有银行、农商行、微众银行）上线，提供 90 多个金融产品供企业选择，接下来将分批次对宝安区其余 26 家合作金融机构开放。目前正在打造 3.0 版，将为企业定制专项融资产品，提供贷款贴息申请渠道和融资成果多维度分析功能。平台还考虑与银行定制符合宝安区企业特色的专项融资产品，为成功融资的企业发放贷款利息补贴，为企业提供从融资需求、融资对接、贷款发放到贷款利息补贴的一站式、全链条金融助企服务，打造线上金融服务的“快车道”。

5. 平台赋能：AI 与大数据的广泛应用

（1）数据驱动 AI、区块链

宝安区政府以区块链、网络与 AI 为工具，推动平行化社会治理模式的构建。实现流程建设数字化，转意识、转方法、转模式，企业办事少用人。宝安区为更好地服务群众和企业，在意识、模式和方法上全面向数字化转型，构建企业全要素的数字空间。服务对象数字化，构建全区 1500 项要素的企业数字画像，梳理 733 项企业标签，构建 256 项要素的政策画像，梳理 124 项政策标签；办事流程数字化，完成政策申报条件的数字化拆解，企业画像和政策画像在流程上逻辑关联，实现政策匹配精准推送；办事规则数字化，减少人工参与规则流转，实现 1 万余件政策审批流程的“秒批”，让企业“少填、少报、快速兑现”，提高部门审批效率。《宝安区政务人工智能实验室“新数据、新治理、新应用”三年行动计划》是深圳市宝安区政务改革的重要举措，它标志着宝安区政府公共数据治理正式迈向 AI 时代，同时为落实“高效办成一件事”和全国政务人工智能的发展提供了有益借鉴。《宝安区政务人工智能实验室“新数据、新治理、新应用”三年行动计划》大力推动数字政务与 AI 技术相结合，实现“即问即批”“高效办成一件事”，助力宝安区高质量发展。

（2）AI、区块链驱动业务

宝安区的“新数据、新治理、新应用”。“新数据”是指构建 AI 精准数据资源体系，大规模建设数据元件和数据产品，搭建公共数据服务门户，实现服务申请、服务授权、应用监测管理闭环；“新治理”是指大规模使用 AI 开展数据治理工作，包括六种联接治理、导则治理、安全治理三个方面，实现跨业务场景数据的最大化关联，推动治理工作标准化、规范化，确保数据产品使用可溯、去向可查、行为留痕；“新应用”是指以“数据要素 +AI”重新定义应用，对业务对象、规则、流程进行全面数字化，形成数据驱动 AI、AI 驱动业务闭环，打造“数据飞轮”，为挖掘公共数据要素价值、助力推进基层政府治理体系和治理能力现代化提供有力支撑。2023年5月17日，亲清政企服务直达平台上线第四批专精特新“小巨人”企业奖励项目，将项目申报时间、资质标准等政策信息数字化录入。平台运用沙盘推演，结合政策画像和企业画像，分析出匹配专精特新“小巨人”企业标签的企业名单，通过站内信和短信，将政策精准推送给企业法人和经办人。

（3）新型治理：数据飞轮赋能平行治理结构

实现数字治理智能化，智能咨询、智能匹配、智能审批、智能评估，企业办事不等人。实现智能平台可视化，让数据可见、流程可视、结果可查，企业办事不找人。宝安区亲清政企服务直达平台深化 CIM+ 企业服务应用，基于宝安区全时空新型地理服务平台（宝安区 CIM 平台），构建 CIM+ 企业数据一张图、CIM+ 政策审批一张图、CIM+ 产业空间一张图等应用场景，实现企业资金、诉求等数据可见，办事流程节点透明可视，办事结果、状态等明确可查。宝安区 CIM 平台被评为中国互联网协会数字孪生技术应用工作委员会 2023 年数字孪生城市典型案例。《宝安区政务人工智能实验室“新数据、新治理、新应用”三年行动计划》顺应数字时代政务服务改革的趋势，推动政务服务由人力服务型向数字服务型转变、由经验判断型向数据分析型转变，让办事流程最优化、办事材料最简化、办事成本最小化，有利于为企业和群众提供更多泛在可及、智慧便捷、公平普惠的政务服务，实现“高效办成一件事”落地见效。《宝安区政务人工智能实验室“新数据、新治理、新应用”三年行动计划》是深圳市宝安区政务改革的重要举措，它标志着宝安区政府公共数据治理正式迈向 AI 时代，同时为落实“高效办成一件事”和全国政务人工智能的发展提供了有益借鉴。

（四）研究贡献、局限及展望

1. 理论贡献

以权力—利益网格分析框架对基层平台的结构性创新作出分析。改革开放视角下，规则制度持续对接对市场改革形成倒逼机制，计划型资源分配、关系型资源分配、市场型资源分配在多维关系空间中并存。这种资源分配并存的情况对深化改革既是机遇也是挑战。对计划、秩序的持续探索，发挥政府与市场的双重优势是改革开放的应有之义。

对中国的市场与资源调配如何有序地、稳定地进入新格局作出研究。经济发展视角下，将资源配置权交给市场，由内向外地形成竞争性、择优性、替代性的倒逼。需要从上至下围绕人民作出一系列政策调整，这些调整对基层治理提出新要求。

2. 研究启示

基层治理平台关乎民心、关乎民意，是联系群众的重要桥梁和纽带。自下而上的需求需要我们紧密联系群众、依靠群众。为人民服务的宗旨贯穿始终。基层平台的结构性创新就是一个重要的联系方式。权利共享对应服务型政府与为人民服务的功能性契合，将为人民服务的宗旨贯穿整个社会。

基层平台的结构性创新与持续性改革正在为进一步深化改革打下坚实基础。在权力与利益关系中，中国正形成共建、共享、共利、共治的新型格局，市场与资源调配如何有序地、稳定地进入新格局？围绕为人民服务作出的一系列政策调整，对基层治理提出怎样的新要求？

基层平台以互联网、AI、区块链为触手，正在重塑政府与市场、社会、个人的关系。其中既有发展要素替换的角色、权力的重塑，也有制度对接背景下规则的结构性倒逼对政商关系、权力利益制度结构的重塑。无论是自上而下的改革还是自下而上的需求，无论是由内而外的发展需求还是自外向内的规则倒逼，都对改革开放提出了新的要求。

3. 研究局限及展望

本文存在有待探讨的问题。首先，分析框架内部肌理有待进一步细化、理论化。缺乏对该框架内在理论逻辑与实践肌理进行更为复杂的串联式或循环往复的结构性分析。其次，本文对基层平台的现实性动机及其策略性动态调整和内在逻辑分析也有欠缺。最后，在案例中，对于企业服务中心及其关键行动者有待进一步深入调研。

参考文献

[1] 石羚．形成亲清统一的新型政商关系[N]．人民日报，2023-07-19(4)．

[2] 周飞舟．以利为利：财政关系与地方政府行为[M]．上海：上海三联书店，2012.

[3] Pearson Margaret M. China's New Business Elite：The Political Consequences of Economic Reform[M]. Berkeley：University of California Press，1997.

[4] Dickson Bruce J. Who Consents to the Beijing Consensus？ Crony Communism in China[Z]. Washington Consensus versus Beijing Consensus Conference，2009.

[5] 黄冬娅．在体制内游说：政策过程中的政商关系研究[M]．香港：香港三联书店，2023.

[6] Wank David L. Private Business，Bureaucracy，and Political Alliance in a Chinese City[J]. The Australian Journal of Chinese Affairs，1995(33).

[7] Guthrie Douglas. Dragon in a Three-piece Suit：The Emergence of Capitalism in China[M]. Princeton：Princeton University Press，2001.

[8] Yang Mayfair Mei-hui. The Resilience of Guanxi and Its New Deployments：A Critique of Some New Guanxi Scholarship[J]. The China Quarterly，2002，170(1).

[9] Gao Yongqiang.Corporate Political Action in China and America：A Comparative Perspective[J]. Journal of Public Affairs，2006，6(2).

[10] He Yuangiong，Zhilong Tian ，Yun Chen. Performance Implications of Nonmarket Strategy in China[J]. Asia Pacific Journal of Manage，2007(24).

[11] Foster Kenneth W. Embedded within State Agencies：Business Associations in Yantai[J]. The China Journal，2002(47).

[12] Nevitt Christopher E.Private Business Associations in China：

Evidence of Civil Society or Local State Power [J]. The China Journal, 1996 (36).

[13] Unger Jonathan. Bridge': Private Business, the Chinese Government and the Rise of New Associations [J]. The China Qupfterly, 1996 (147).

[14] 罗党论，刘晓龙 . 政治关系、进入壁垒与企业绩效：来自中国民营上市公司的经验证据 [J]. 管理世界，2009 (5).

[15] 于智超 . 市县投资：下沉区域经济发展与投资逻辑 [M]. 上海：上海远东出版社，2024.

[16] Weder Beatrice. Model, Myth, or Miracle ? Reassessing the Role of Governments in the Bast Asian Experience [M]. Tokyo: New York: United Nations University Press, 1999.

[17] Max Weber. Essays in Sociology [M]. Translated by H Gerth and C W Mills. New York: Oxford University Press, 1978.

[18] Blau Francine D, Marianne A Ferber. The Economics of Women, Men, and Work [M]. Englewood Cliffs, NJ: Prentice-Hall.Blau, 1992.

[19] Bian Yanjie, John R Logan. Market Transition and the Persistence of Power: The Changing Stratification System in Urban China [J]. American Sociological Review, 1996 (61).

[20] 习近平 . 高举中国特色社会主义伟大旗帜　为全面建设社会主义现代化国家而团结奋斗：在中国共产党第二十次全国代表大会上的报告 [M]. 北京：人民出版社，2022.

[21] Tsai Kellee S. Capitalism without Democracy: The Private Sector in Contemporary China [M]. Ithaca, N.Y: Cornell University Press, 2007.

第二章

数智时代的现代化产业体系建设

一、引言：数智技术、经济价值与现代化产业体系建设

陈　翘　喻　理[①]

数智化浪潮正以前所未有的速度席卷全球，深刻影响着传统产业结构的优化与现代化产业体系的建设。随着全球化竞争的加剧和新一轮技术革命的推进，产业格局正在被重塑，数智技术成为推动经济发展的新引擎。工业和信息化部等八部门发布的《关于加快传统制造业转型升级的指导意见》强调，要“加快数字技术赋能，全面推动智能制造”。国务院印发的《“十四五”数字经济发展规划》进一步明确了数字经济的战略地位，指出数字经济是继农业经济、工业经济之后的主要经济形态，并且强调了数字经济发展速度之快、辐射范围之广、影响程度之深前所未有，正推动生产方式、生活方式和治理方式发生深刻变革。从智能制造到智慧城市，从云计算到物联网，这些技术不仅改变了生产方式和生活方式，也为产业的转型升级提供了新的动力。

数智化不仅是技术的革新，还代表了一种全新的思维方式和商业模式。在制造业，智能制造系统通过集成传感器、机器学习和大数据分析实现了生产过程的自动化和智能化，提高了生产效率和产品质量，降低了成本。在服务业，数智化技术的应用使得服务更加个性化和便捷，智慧城市的建设则通过物联网技术实现了城市管理的智能化，提高了城市运行的效率和居民的生

① 陈翘，深圳大学中国经济特区研究中心博士研究生，主要研究方向：数字经济、创新经济。喻理，深圳大学中国经济特区研究中心助理教授、硕士生导师，主要研究方向：数字经济、发展经济、劳动经济。

活质量。然而，数智技术赋能现代化产业体系建设的过程中也面临着诸多挑战。技术发展与产业需求的脱节、产业链的安全与稳定性、区域与行业发展的不平衡等问题都亟须解决。技术发展与产业需求的脱节可能导致资源浪费和市场机会的错失；产业链的安全与稳定性问题可能危及整个经济的健康发展；区域与行业发展的不平衡可能导致社会不公和经济分化，影响社会的稳定与和谐。因此，在数智化的背景下，如何有效借助数智技术推动产业转型升级，构建具有国际竞争力的现代化产业体系，成为中国当前亟须解决的重大问题。

（一）数智时代背景下现代化产业体系建设现状

数智技术的迅猛发展正成为推动创新的新引擎，它通过促进产业主体的转型、产业结构的升级、价值链的重塑以及产业生态网络的构建，持续地推动着现代化产业体系的发展。

一方面，产业体系数智化的总体发展较快。随着数字经济的蓬勃发展，其在全球 GDP 中的比重持续增长，已成为推动经济增长的重要引擎。根据国际数据公司（IDC）的预测，到 2025 年，全球数据总量将达到 175ZB，其中约 10% 的数据将被分析和利用，能够产生巨大的经济价值。该预测不仅揭示了数据量的爆炸性增长，也表明了数据作为一种新生产要素的重要性。人工智能、大数据、云计算等技术在制造业、服务业等多领域的深度应用，不仅提高了生产效率，还通过数据要素的融合，深化了产业间的价值链渗透，形成了创新链、产业链和价值链的深度融合，催生了新的商业模式和产业形态。[1] 数智技术的应用推动了个性化定制、智能制造和远程服务的实现，为企业带来了新的增长点，并为产业体系的现代化提供了基础支撑。同时，产业生态网络的发展将企业、科研机构、金融机构等组织和资源要素有机结合，形成了相互依存、系统共生的网络关系，推动了产业间的协同联动和价值共创。

另一方面，重点行业的数智化实践取得突破。智能制造和工业互联网的兴起推动了制造业的数字化转型。通过引入先进的传感器、机器人和自动化系统，制造业的生产效率得到显著提升，同时成本大幅降低。制造业数智化转型不仅强调了数字技术的应用，还强调了生产流程的优化和供应链的智能化，使得制造业能够更快地响应市场变化，提高产品质量和生产灵活性。[2]智慧农业的发展，通过精准种植、自动化设备和物联网技术，提高了农业生产的效率和可持续性。[3]例如，通过无人机进行作物监测和精准施肥可以减少资源浪费，提高作物产量。此外，智慧农业还涉及利用卫星图像、气象数据和土壤传感器等技术，对农作物的生长环境进行实时监控，从而实现精准农业管理，提高作物产量和质量，同时减少对环境的影响。线上平台与智能服务的融合，推动了新业态、新模式的发展。[4]例如，电子商务、在线教育、远程医疗等服务业的数字化转型，为用户提供了更加便捷和个性化的服务。这些服务的数字化不仅提高了服务效率，降低了成本，还扩大了服务的覆盖范围，使得偏远地区的居民也能享受高质量的服务。此外，数字化还为服务业带来了新的商业模式，如共享经济、平台经济等，这些模式通过优化资源配置，提高了资源利用效率。[5]智慧城市建设通过集成智能技术提高了城市管理效率和居民生活质量；远程医疗服务普及使偏远地区居民也能享受优质医疗服务；在线教育发展为人们提供了更灵活、便捷的学习方式。

（二）数智技术赋能现代化产业体系建设的路径

1. 数据赋能

在数智化时代，数据资源的采集、存储、分析和应用成为提升产业链管理效率和决策精准度的关键。数据被视为“新石油”，其价值在于能够为企业带来深刻的洞察力和决策支持。通过大数据分析，企业可以更好地理解市场需求，优化产品设计，提高生产效率。[5]例如，零售企业通过分析消费者购买数据，可以预测流行趋势，及时调整库存和营销策略，从而在激烈的市场竞争中占据优势。制造业企业通过收集生产线上的数据，可以实时监控设备状态，预防故障发生，减少停机时间，提高生产线的稳定性和效率。

数据赋能不仅提高了企业的响应速度和运营效率，还为企业带来了创新的商业模式和价值创造的机会。[6]在金融领域，通过分析大量的交易数据，金融机构能够更准确地评估风险，开发新的金融产品和服务。在医疗领域，通过分析患者数据，医疗机构能够提供更精准的治疗方案，提高治疗效果。数据赋能的实质是将数据转化为信息，将信息转化为知识，将知识转化为决策，最终实现价值的创造和增长。

2. 智能化升级

以人工智能为核心的智能化设备和生产流程的优化是推动产业升级的重要途径。智能化升级涉及机器学习、深度学习、自然语言处理等人工智能技术的应用，这些技术能够提高生产自动化水平，减少人为错误，提升产品质量。[7]在制造业中，智能化升级可以通过机器人自动化生产线、智能检测系统等降低人工成本，提高生产效率和产品一致性。例如，自动化的焊接机器人可以在保证焊接质量的同时大幅提高生产速度，降低人工成本。在服务业中，智能化升级可以通过聊天机器人、推荐系统等提升客户服务体验，降低服务成本。例如，银行和保险公司通过部署智能客服系统，能够提供24小时不间断的客户服务，同时降低人力成本。智能化升级不仅改变了生产和服务的方式，也为产业带来了新的增长点和竞争优势。在物流行业，通过使用无人驾驶车辆和智能分拣系统，可以大幅提高物流效率，降低运输成本。在能源行业，通过智能化的能源管理系统，可以优化能源分配，提高能源利用效率。

3. 平台化生态

产业链上下游的协同发展和资源共享平台的构建是实现产业生态化发展的关键。平台化生态通过整合各方资源，促进信息流通和协同创新，提高整个产业链的效率和响应速度。[8]例如，供应链管理平台可以连接供应商、制造商、分销商和零售商，实现库存和物流的优化。这种平台化不仅可以减少库存积压，降低成本，还可以提高供应链的透明度和灵活性，使企业能够更快地响应市场变化。创新平台可以连接研发机构、企业、投资者，促进技术转移和商业化。这种平台化生态不仅降低了企业的交易成本，还促进了产业的创新和可持续发展。在农业领域，政府或相关机构通过构建农业信息服务平台，可以为农民提供市场信息、种植指导和技术支持，提高农业生产效率和产品质量。在教育领域，教育机构通过在线教育平台，可以为学生提供更多样化的学习资源和个性化的学习路径，提高教育的普及率和质量。

（三）数智技术赋能现代化产业体系的风险与挑战

1. 技术发展与产业需求的脱节

一方面，技术研发投入不足或方向与实际需求不匹配导致技术成果转化率低。这种现象在许多企业中普遍存在，特别是中小企业，它们往往缺乏足够的资源来投入研发，或在研发方向上缺乏准确的市场洞察，导致技术发展与市场需求不同步。另一方面，中小企业缺乏数智化转型的资金与技术支持，难以跟上产业升级的步伐。这不仅限制了企业的发展潜力，也影响了整个产业的竞争力和创新能力。

2. 产业链的安全与稳定性不足

核心技术依赖进口导致供应链脆弱，在全球贸易保护主义和单边主义上升的背景下尤为突出。外部市场的冲击会加大国内市场压力，影响产业结构升级和经济稳定增长。此外，数据安全与网络攻击风险增加，这些对产业链的安全与稳定性构成了威胁。网络安全挑战及趋势表明，不断变化的攻击手段、不断演进的 IT 环境是网络安全面临的主要挑战，新技术的兴起也给攻击者带来了新的机会。

3. 区域与行业发展的不平衡

数字鸿沟导致区域间发展差距拉大，传统行业转型困难，部分劳动力难以适应新技术需求。这些问题需要通过政策引导和技术支持来解决。数字鸿沟的存在阻碍了农村劳动力利用互联网获取多样化就业信息，数字化技能缺失使他们难以利用便捷的数字信息渠道寻求更多的非农就业机会。由于数字化技术和资源应用意识及应用能力相对欠缺，广大农民对数字经济参与程度不足，缺乏足够能力将数字化技术、设备和服务转化为实际生产力，无法通过增加自身就业机会提高收入，成为数字化经济浪潮中的相对受损者，进一步拉大城乡收入差距。此外，数字鸿沟还会导致不同教育水平家庭之间收入差距进一步扩大，导致“弱势更弱”。

（四）政策建议

1. 加强技术创新与产业融合

为了应对数智时代的挑战，首先需要加大对关键核心技术研发的支持力度，推动产学研深度融合。政府可以通过提供研发补贴、税收优惠等激励措施，鼓励企业增加研发投入，同时加强与高校和研究机构的合作，促进科研成果的转化。此外，鼓励企业加快数智化转型，通过政策与资金扶持形成示范效应。这意味着政府需要出台具体的扶持政策，如提供数智化改造的专项资金支持，降低企业转型的门槛和风险。通过树立行业标杆和成功案例，可以激励更多的企业跟进，形成良好的数智化转型氛围。

2. 构建安全与稳定的产业链

提升本土核心技术与设备的自主研发能力，强化供应链风险管理与应急预案建设，是构建安全与稳定产业链的关键。为了减少对外部技术的依赖，政府和企业需要共同投资核心技术的研发，培养本土的技术创新能力。同时，企业需要建立更加灵活和多元的供应链体系，以应对全球市场的不确定性。通过建立风险评估和应急响应机制，企业可以更好地应对突发事件，保障产业链的稳定运行。此外，加强国际合作，推动供应链多元化，也是提高产业链抗风险能力的重要途径。

3. 缩小区域与行业间的数字鸿沟

实施区域协调发展战略，支持中西部地区基础设施与技术培训，针对传统行业推出针对性的转型支持政策，如职业技能培训与技术改造补贴，是缩小数字鸿沟的有效途径。政府需要加大对欠发达地区的支持力度，通过基础设施建设，提高这些地区的网络覆盖率和信息化水平。同时，提供技术培训和教育，提升当地居民的数字技能，增强他们适应数智化时代的能力。对于传统行业，政府可以通过提供技术改造补贴、税收优惠等措施，鼓励企业进行技术升级和转型，帮助其适应新的市场需求。

4. 完善产业治理与国际合作

优化产业政策环境、推动数字经济与实体经济深度融合、积极参与国际标准制定与技术合作、提升全球影响力是完善产业治理与国际合作的重要措施。政府需要制定和完善相关法律法规，为数字经济的发展提供良好的政策环境。同时，推动数字技术与传统产业的深度融合，通过数字化改造提升传统产业的竞争力。在国际层面，积极参与国际标准的制定，可以提升国家的话语权和影响力。通过技术合作和交流，可以引进国外的先进技术和管理经验，促进国内产业的技术进步和创新。

参考文献

[1] 李果，白云朴. 人工智能应用如何影响制造企业创新绩效？[J]. 财经论丛，2024（11）.

[2] 陈明生. 人工智能发展、生产方式变化与全体人民共同富裕的实现[J]. 马克思主义研究，2024（9）.

[3] 张耘堂. 智慧农业的技术伦理风险与治理[J]. 自然辩证法研究，2024（9）.

[4] 张鹏，马俊，董绍增，等. 人工还是智能？AI时代电商在线客服策略选择[J]. 管理评论，2023（11）.

[5] 姚加权，张锟澎，郭李鹏，等. 人工智能如何提升企业生产效率？——基于劳动力技能结构调整的视角[J]. 管理世界，2024（2）.

[6] 孙元，吴梅丽，苏芳. 基于技术资源的创新生态系统演化及价值共创过程研究：以科大讯飞为例[J]. 南开管理评论，2024（11）.

[7] 郑景丽，王喜虹，张雪梅. 人工智能如何影响劳动收入份额：基于产业结构与企业升级的机制探讨[J]. 南开经济研究，2024（4）.

[8] 马鸿佳，林樾，苏中锋，等. 人工智能可供性、智能制造平台价值共创与制造企业数字化转型绩效[J]. 中国工业经济，2024（6）.

二、重点产业集群："产业 + 科技"驱动新行政区的加速发展

周玉萍 ①

摘　要：深圳市光明区加快培育新质生产力，注重提升数字化智能化水平，以科技创新引领产业升级。本文从数字产业化、产业数字化两个维度入手，从基础设施、科研机构、企业和集群、服务平台等四个方面进行观察，对光明区的数字化智能化情况进行全面深入调研。分析发现，光明区数字化智能化建设成效显著，有效驱动新质生产力发展，强劲推动经济高质量发展。抓住科技创新这个"牛鼻子"，把数字化智能化创新落到产业上，刻画出了光明现代化产业体系建设的新生态。

关键词：光明区　重点产业　数字化智能化　新质生产力

（一）引言

新质生产力的核心要义在于，以科技创新驱动生产力向先进质态跃升。[1]从经济学角度来看，新质生产力代表生产力的跃迁，是以科技创新为主的生产力，是摆脱了传统增长路径、符合高质量发展要求的生产力，是数字时代更具融合性、更体现新内涵的生产力。在全球产业链重塑的大背景下，我国强调积极发展新质生产力，构建以国内大循环为主体、国内国际双循环相互促进的新发展格局。其中，现代化产业体系是构成新质生产力、构建新发展

---

① 周玉萍，深圳市光明区科技创新服务中心与深圳大学联合培养创新实践基地博士后，主要研究方向：世界经济学、产业政策等。

格局的基础。

当前世界正处于第四次工业革命的浪潮之中，新一轮科技革命和产业变革深入发展，加快建设以实体经济为支撑的现代化产业体系，离不开数字化转型和智能化升级。习近平总书记指出，“发展数字经济意义重大，是把握新一轮科技革命和产业变革新机遇的战略选择”。[2]数字化智能化是基于大数据、5G、区块链、云计算、物联网、人工智能（AI）等新一代信息技术的应用而产生的经济活动，一方面作为新质生产力的代表自身正处在快速发展阶段，另一方面作为先进技术手段和路径能够有效推动传统产业向新兴产业转型升级，是实现新质生产力发展的重要引擎。

根据中国信息通信研究院发布的《中国数字经济发展研究报告2023》，数字经济的发展具体包括四大部分，分别为数字产业化、产业数字化、数字化治理、数据价值化。在20国集团（G20）中，数字经济有一个简单的定义，是以数字化的资产为基础，包括数字产业化和产业数字化。简言之，数字产业化是将信息通信产业作为原始产业做大做强，产业数字化是指传统产业借助数字技术实现产出增加和效率提升。

光明区加快培育新质生产力，注重提升数字化智能化水平，取得了一系列成绩。基于“鹏城云脑”网络智能重大科技基础设施（以下简称“鹏城云脑Ⅲ”）、国家超级计算深圳中心二期（以下简称“超算二期”）等重大项目建设，数字化赋能光明区重点产业。依托人工智能与数字经济广东省实验室（深圳）（以下简称“光明实验室”）等科研机构，推动产学研高效转化。大力推动制造业数字化转型，制定并出台制造业数字化转型配套政策工具包，打造华星光电、联想和欣旺达“数字化智能工厂”“智慧工业园区”等一批示范项目。聚焦重点产业关键环节，积极招引国内外龙头企业。前瞻布局数字化服务平台，以先进数字化平台、软硬件产品和服务指导多产业数字化转型和智能化升级进程。

（二）光明区概况

2018年9月，光明区挂牌成立，成为深圳市最年轻的行政区，同时布局 99 平方千米光明科学城作为大湾区综合性国家科学中心先行启动区和核心承载区，肩负起了建成世界一流科学城和深圳北部中心的使命。光明区位于深圳市西北部，区位优势显著，地处广深港发展中轴，不仅是广深科技创新走廊的重要节点，也是粤港澳大湾区的核心区域之一。

光明科学城致力于提升原始创新能力，聚焦信息、生命、新材料三大学科领域，布局 24 个重大科技创新载体，其中包括合成生物研究重大科技基础设施（以下简称“合成生物大设施”）、鹏城云脑Ⅲ、超算二期等 9 个重大科技基础设施，引进了深圳湾实验室等一批前沿交叉平台，拥有中山大学深圳校区、深圳理工大学等研究型高校，为综合性国家科学中心、粤港澳大湾区国际科技创新中心的建设提供有力支撑。

光明区注重发展实体经济，产业基础扎实，先进制造业和现代服务业发展能级不断提升。光明区坚持贯彻新发展理念，以绿色化、创新性和智能化为方向，以科技创新为引领，围绕创新链布局产业链，积极构建以智能产业、新材料产业、生命科学产业为优势主导，以特色服务业为支撑保障的“3+1”现代产业体系。对标深圳市“20+8”产业集群 2.0 版部署，结合光明科学城发展建设的任务要求，光明区进一步优化细化产业布局，“3+3+1”产业集群发展体系上线，即加快发展 3 个战略重点类产业集群（生物医药、高端医疗器械、人工智能），做大做强 3 个优势引领类产业集群（超高清视频显示、高性能材料、智能传感器），培育发展合成生物等未来产业集群，加速打造核心产业集聚发展格局、构筑新质生产力。

（三）基础设施：高速网络和超强算力提供先进支撑力

从生产要素的作用方式来看，基础型数字经济表现为与数字信息基础设施建设相关的产业，如以 5G、互联网等为代表的网络基础设施建设，以数据中心等为代表的信息服务基础设施建设等。[3] 光明区重视强化基础支撑，加快完善基础设施体系。光明科学城九大设施将全部面向全球科研机构、企业、个人开放共享，为国内外科研工作者提供大型科研物质条件。

1. 打造多元融合算力基础设施

算力是发展数字经济和人工智能的基础。随着通用人工智能、数字孪生等新一代信息技术发展，数据要素价值凸显，算力设施不可或缺。光明区同时拥有智算和超算两类大设施，在算力基础设施布局上具有先发集聚优势。加快推动鹏城云脑Ⅲ与超算二期项目建设，提供智能与超级算力有机融合的智能计算服务以及面向大规模科学计算的服务。基于鹏城云脑Ⅲ和超算二期等重大项目建设，探索建设“大模型赋能中心”，数字化赋能光明区超高清视频显示、高端医疗器械、生物医药等产业。

鹏城云脑Ⅲ作为深圳市唯一列入国家重大科技基础设施“十四五”规划清单的大科学装置，将助力解决新一代网络通信等国家战略需求以及“AI for Science”等重大核心科学问题。项目已于2022年12月10日正式动工。建成后，算力规模将达16000P，是目前华为深圳鹏城云脑算力规模的16倍。该设施项目单位为鹏城实验室，通过引入鹏城实验室，落地新型分布式科研基础设施“光明科研大脑”，积极对接科研院所需求，构建不同学科的科研数据共享与计算中心，从而打通与国内外科研院所的连接渠道。超算二期旨在充分发挥国家超级计算深圳中心的资源优势，建成世界一流的超级计算机系统。超算二期机房楼主体结构现已全部完成。项目成立了E级机研制指挥部，统筹规划E级机研制项目的设计、实施工作。建成后的新一代E级超级计算机将实现大规模科学计算、工业计算、专业大数据处理及智能超算创新服务。

光明区在布局算力之初，更多是为了科研服务，近年来随着大模型的发展，算力赋能产业发展的优势进一步显现，基于算力共享服务，结合AI发展，光明区将进一步布局“AI+交通”“AI+医疗”以及“AI+工业”等领域。

2. 共享未来产业大科学装置

合成生物大设施是规模最大、自动化水平最高、应用范围最广的全球首个合成生物科技基础设施，被誉为“生物铸造工厂”。该项目于2018年由深圳市政府投资建设，中国科学院深圳先进技术研究院为建设牵头单位，华大生命科学研究院、深圳第二人民医院参与建设，落地光明区。2021年

1月主体建筑封顶。2022年底，合成生物大设施的用户检测平台、合成测试平台、设计学习平台和综合试验平台等四大平台搭建及市场化运营有序完成。2023年11月合成生物大设施正式投入使用。据深圳先进院合成所副所长、合成生物大设施总经理袁海介绍，该设施旨在建设一个针对人工生命体智能化设计及自动化制造的基础大平台，集“云端实验室”和“智能实验室”于一体，包括设计学习、合成测试、用户检测三大平台，不仅对学术界开放，也对产业界开放。

合成生物大设施引入了智能制造理念，基于智能化、自动化设备，构建合成生物研究装置，实现生物元器件、复杂网络、人工细胞等的合成、组装、测试，能够大幅缩短实验周期，提高研发效率，为合成生物学研究提供强有力的支撑。以菌种实验为例，通常一个研发项目需要筛选几十万甚至上百万菌种，相较于传统人工筛选一个月仅能筛选1000个菌种，通过合成生物大设施一周即可完成筛选，有效带动基础科研事业的整体跃升。此外，各实验室里的机械臂可将生物试剂和样品精准放进微孔板，科研人员只需下单，智能机器人就能把所需的物料配送至自动化功能岛区。

3. 探索高速网络基础设施建设

瞄准国际人才科研需求，光明科学城在全国率先开通连接世界的国际“信息高速公路”，打造高层次人才跨境互联网服务站，开展保障数据跨境传输安全管理试点，促进科研信息和学术数据高效安全共享。国际互联网数据专用通道覆盖范围东至光明科学城，南至光明区边界，西至龙大高速、茅洲河，北至深莞边界。借助专用通道，科研机构、企业面向国际的互联网访问和信息交互均可由专用通道覆盖的各产业园区直接通达国际互联网出入口，极大地提升了跨境互联网访问效率。2023年12月，光明科学城国际互联网数据专用通道正式开通运营。经实测，专用通道带宽达220Gbps，丢包率降至1%以下，网络时延平均减少约20%，网络性能将达到国内一流水平。2024年，光明区提出实施数字底座强基工程，加强科学城数据互联互通，推动不少于20家科研机构和企业接入光明科学城国际互联网数据专用通道，促进科研要素高效流通，赋能“数字湾区”建设。

（四）科研机构：数字产业化释放强大驱动力

依托光明实验室等科研机构，光明区推动产学研高效转化，孵化培育一批人工智能初创企业。

1. 光明实验室概况

光明实验室为省政府批准筹建的第三批广东省实验室之一，由广东省政府统筹规划及顶层设计，经市政府批准已设立为事业单位，深圳市政府主导建设、运营与管理，由深圳大学牵头建设，并落户光明区。

实验室面向人工智能与数字经济的重大战略需求，以支持实现国产化算力“真替真用”、加快形成以 AI 为引擎的新质生产力为牵引，优化布局“算力支撑应用落地，应用拉动算力建设”的内循环驱动的科研体系。实验室致力于打造人工智能与数字经济全链条创新平台、数字经济区域开放产学研合作平台、创新人才聚集和培养基地、核心技术成果转化和孵化平台。围绕区块链与金融科技、智能传感与精准医疗、机器学习与智能系统、泛在感知与智慧城市等四个方向，实验室面向重大应用场景提炼科研任务，以科研任务带动科研攻关、成果转化和产业培育，促进国产化 AI 算力生态熟化，支撑鹏城云脑Ⅲ等国产算力基座建设。目前光明实验室已全面投入使用，预计到 2024 年底，实验室科研人员将达到 200 名。

2. 科研成果丰硕

光明实验室主要科研团队的重点研究方向包括“卫星遥感 +AI”的碳汇平台、工业元宇宙、柔性计算、优视摄影、智慧城市等。黄惠教授领衔的城市三维创新团队的研究成果“低成本高保真无人机自主采集和三维重建技术”入选 2022 世界人工智能大会 SAIL 奖 TOP30。李清泉教授泛在感知团队参与的“国家速滑馆动态高精度施工测量关键技术及应用”项目，荣获 2021 年度测绘科学技术奖一等奖。实验室执行主任于非院士的中文专著《智能简史——从大爆炸到元宇宙》正式出版，其提出的“智能定义和量化评价问题”入选 *Science*（《科学》）智能计算领域十大科学问题。

关于智慧城市领域，光明实验室研发的“光明·政务大模型”是一款基于广东政务服务网、光明区政府在线和光明数据发布等多方数据源的人工智能政务服务助手，旨在为民众提供便捷的政府信息查询和咨询服务。这一创新工具应用于政务服务咨询、政策法规咨询等领域，不仅减轻了政府的工作压力，而且有助于优化用户体验，促使民众更加便捷地获取信息，促进政府与民众间的互动与合作，为政府数字化转型贡献智慧。区块链作为解决生产关系问题的关键技术，也是光明实验室的关注重点。光明实验室获批 2022 年度国家重点研发计划区块链重点专项指南 2.4“安全弹性的区块链网络关键技术（共性关键技术类）”项目。通过研究运用区块链核心技术，开展分布式数据建模，实验室推出了面向金融服务业及其他行业的区块链平台，目前已应用于交通系统。

3. 产业合作活跃

光明实验室联合科研院所、龙头企业，打造国产算力生态新工具，优化国产 AI 开发框架，发展新一代 AI 技术，以构建多场景新型 AI 产业应用生态为目标，聚焦“核心 + 牵引”两大主线科研任务“国产 AI 算力生态建设”“依托国产算力的多模态 AI 技术与应用生态建设”开展科研工作。推动实验室与大数据系统计算技术国家工程实验室、国家深圳超算中心、深圳大学、深圳职业技术学院、深圳计算科学研究院、深圳市大数据研究院、深圳市人工智能与机器人研究院、深圳金融科技研究院、深圳市智慧城市通信有限公司、深圳市国电科技通信有限公司、微众银行、平安科技（深圳）有限公司、腾讯、华为、元戎启行、富士康、新华三集团、维珍妮国际（集团）有限公司、深圳科力远大数据产业发展有限公司等多元主体合作共建谋发展。

（五）企业与集群：产业数字化打造新质生产力

光明区强调推动科技和产业融合发展，构建产业与科技互促双强型“新生态”。支持企业做创新的主角，激发企业发展内生动力和创新活力，加快现代化产业体系建设。光明区深刻把握数字化智能化发展趋势，围绕产业数字化、数字产业化的战略方向，大力推进制造业“上云用数赋智”，推动工业互联网、人工智能与制造业深度融合，加快形成产业链上下游和跨行业融合的数字化生态体系。

1. 政策引领制造业数字化转型

2023 年 8 月,《光明区关于推动制造业高质量发展的若干措施》印发实施，政策专章支持“加速制造业数字化转型”，提出四项政策并给予相应奖励或补贴：支持网络基础设施升级改造，支持企业软硬件数字化升级，打造数字化转型示范项目，加强数字化转型公共服务平台建设。关于智能产业领域，作为深圳市智能传感器全产业链示范区，光明区积极响应“加快打造人工智能先锋城市”的号召，聚焦打造智能传感器“中试熟化与产业示范区、产业集聚发展先锋区、核心技术重要策源地”，在深圳市率先出台专项扶持政策。2023 年 3 月，光明区发布了《关于支持智能传感产业集群高质量发展的若干措施》，从重大项目、提升创新能力、支持企业扩大规模等方面给予智能传感器企业强有力的支持。

2. 多维度发力打造智能产业集群

光明区工业生产实现较快增长。2024 年上半年，光明区规模以上工业增加值增长 12.0%，战略性新兴产业增加值增长 12.2%，占 GDP 的 61.0%，是经济发展新增长点。其中，网络与通信产业增长 14.9%，智能终端产业增长 30.4%，超高清视频显示产业增长 25.9%。光明区超高清视频显示产业集群规模已超千亿级，形成全产业链条，新能源、高端医疗器械等产业实现 500 亿级规模，华星光电、迈瑞医疗、联想、贝特瑞、欣旺达、创维光伏等一批龙头企业助推产业上下游聚链成群。

光明科学城人工智能集聚区现已形成。人工智能新技术不断涌现，正在加速赋能千行百业，成为新质生产力的重要引擎。2024 年 8 月，深圳十大人工智能集聚区发布，光明科学城人工智能集聚区榜上有名，将以光明科学园片区、明湖智谷片区为基础，以光明实验室等为支撑，高水平建设国产人工智能生态创新中心和人工智能赋能新型工业化示范区。目前，光明区人工智能领域相关企业已有 70 余家，产值规模超 600 亿元，到 2025 年智能产业规模将达 1400 亿元。其中，光明区正在聚力打造全国最大智能传感器产业集群，成为发展新质生产力的鲜活样本。

作为感知信息和采集数据的重要手段，智能传感器已成为各行业数字化转型、实现“中国智造”的核心。近年来，智能传感产业生态在光明区蔚然成势，已集聚智能传感器研发制造企业近 140 家，包括欧菲光、柯力传感、航天智控等 15 家上市企业及关联实体，美思先端、诺安智能、迈睿智能等 13 家“专精特新”和“小巨人”企业，2023 年产值规模超 140 亿元。2024 年 7 月，光明区智能传输及感知器件产业集群被认定为广东省中小企业特色产业集群，涌现了大量创新性强且极具竞争力的优质产品，在全国处于领先地位。光明区已落地市级 50 亿元规模智能传感器产业基金。加快打造大湾区智能传感新型产业社区——明湖智谷[①]。在深圳市率先按照“两级平台、四级应用”体系建立区级 CIM 平台，实现光明全域三维可视化呈现，形成可实时感知的数字孪生科学城底板，将在包括明湖智谷在内的重点片区加强应用场景开发，打造“CIM+BIM”综合应用示范。

创新链方面，光明区正在打造异质异构硅基光子芯片工艺平台、高端科研仪器研究中心等 5 个创新平台，布局建设市级项目、大湾区首条产能 3000 片的 8 英寸 MEMS 中试线，可为企业突破光电子芯片技术“瓶颈”提供关键支撑，实现从工艺研发、中试到小规模量产的无缝对接，加速成果产业化进程。围绕 MEMS 中试线布局建设了建发特色产业园、欧菲光产业园等智能传感器专业园区，为中试线重点项目落地建设提供空间保障。

“朋友圈”方面，光明区的发展动能越来越强劲，“智能传感 +”创新应用生态加速构建。中国传感器与应用技术大会永久落户光明，定于每年 11 月召开。深圳市智能传感行业协会于 2023 年 12 月举行了入驻仪式。2024 年 8 月，中国传感器与物联网产业联盟大湾区分联盟在光明揭牌落地。

---

① 明湖智谷作为粤港澳大湾区首个以智能传感上下游企业为主导的新型产业社区，致力于构建“先进智造园区 + 科技产研街区”全链条智造产研空间的产业社区，规划提供优质产业空间约 200 万平方米，可承载智能传感器制造、封测、设计等多环节产业化需求，目前正在加快建设。该项目有关负责人表示，项目全面建成后，将形成智能传感器和精密仪器设备产业集群，年工业增加值超过 32 亿元，年工业总产值超过 137 亿元，提供就业机会超过 7.1 万个。

国家智能传感器创新中心副总裁、中国传感器与物联网产业联盟副秘书长朱佳琪表示，深圳市本身是智能传感器产业大市场所在，其中光明区就聚集了大量的应用端企业，对传感器企业有着天然的吸引力，随着相关配套资源的完善，行业有望迎来更快速的发展。

3. 加快推动制造业企业转型升级

光明区实施“灯塔工厂”计划，支持头部制造企业建设智能生产线、数字车间和无人工厂，探索建立联合创新和示范创新机制，带动更多制造企业实现数字化转型。依据制造业数字化转型配套政策工具包，打造华星光电、联想、欣旺达“数字化智能工厂”“智慧工业园区”等一批示范项目。

（1）华星光电

ADC 系统引领智造升级。TCL 华星研发建成被誉为“质检大神”的 ADC 系统，缘于研发者对学习算法、大数据应用的深刻理解。该系统涵盖模型训练平台、推理平台和资源调度平台三大模块，全面实现算法模型自主学习、自主建模。通过高精度图像处理和分析，ADC 系统能够准确识别液晶面板表面的微小瑕疵，识别准确率提升 12%、检测效率提升 4 倍、人力资源效能提升 500%。ADC 系统已从实验室走向生产线，全面覆盖 TCL 华星 9 间智能工厂，每年可创造数千万元价值，为企业带来了显著的效益和效率提升，引领“中国制造”转型升级风向标。

智能创新助力可持续发展。TCL 华星与格创东智联手，倾力打造智能云平台、物联网平台、工业智能应用。当前，TCL 华星深圳、惠州、武汉等基地已实现研发、生产和运营数据共享，可更好地完成各产业间的网络协同、集约化生产管理目标，打造形成显示面板行业网络协同智能制造新模式、新标准。基于云的设计、供应、制造和服务环节的组织、协同优化，TCL 华星完成了上下游企业的数据串联。

（2）联想南方智能制造基地

联想南方智能制造基地（以下简称“基地”）作为深圳市重大项目，于 2020 年开工建设，2022 年 8 月开始进行试产，2023 年 5 月实现规模投产。联想集团将联想南方基地称为联想全球智能制造的“母本工厂”，行业领先智能绿色标杆工厂。基地生产产品品类超过 50 种，研发生产近 10 万种配置，涵盖台式机、个人工作站等传统业务，同时承载智能模块、智能终端等各类新兴智能孵化业务，将实现智能产品年产 1600 万台以上，全面达产后预计年产值超 500 亿元，带动上下游企业提供数十万就业岗位。相关负责人介绍，基地是具有千万级产能的智能生产基地，是联想集团和光明区政府共同推进的科技创新的服务中心和赋能中心。

基地共拥有九大高自动化率标杆线和十二大智能制造系统，其智能控制平台是处于国内领先水平的离散制造行业运营平台，可实现全球多园区运营。通过智慧工艺系统和自动排产系统的调度，来自不同客户、不同订单的产品在同一条产线上实现兼容，不同产品作业精准实现无缝切换。据了解，在基地，10 台以下的订单占比在 60%以上，通过自动化与数字化的深度融合，柔性敏捷生产彻底解决了传统制造业无法满足个性定制需求和快速交付的难题。联想 LME 数字化转型办公室负责人表示，传统制造业需要 10~20 天才能满足的定制化需求，现今在先进制造或智能制造体系下，一两天就可以实现订单交付。在应对高度定制化产品和短交付周期的挑战下，数字化转型能够有效提升供应链的效率和灵活性，保证产品质量和服务水平以满足客户需求和市场变化。

联想全球制造与工程、联想创投联合发起“光明计划”，旨在发挥联想集团链主企业优势，从智能制造、智造方案、资源协同三大板块促进中小企业快速发展，助力建设先进科技产品的制造产业集群。“光明计划”自 2023 年 5 月发布至今，已有 10 余家联想创投被投企业及科技企业加入或在规划加入，其企业及产品主要涉及领域有机器人、智能 IOT 硬件、工业控制等。在此过程中，基地可凭借其自身特点发挥作用，即所有最先进的智能制造技术都在基地率先应用，将形成可复制的智能制造方案并对外赋能，作为智能制造和科技创新服务的孵化中心，推动产业链的创新发展。

（3）欣旺达

欣旺达以“锂离子电池智能制造数字领航示范项目”成功入选工业和信息化部 2023 年新一代信息技术与制造业融合发展示范名单，成为深圳市首家入选的“数字领航”企业[①]，也是电池行业唯一一家上榜企业。欣旺达于2021年首获“国家级智能制造示范工厂”称号，2023年成为新能源行业首家通过智能制造成熟度评估四级的企业。此次成功入选工业和信息化部“数字领航”企业，意味着欣旺达成为中国企业数字化转型的先锋标杆，为我国制造业转型升级提供先进经验和实践思路。

近年来，欣旺达以智能制造、工业互联网为主攻方向，围绕智能生产链、智能研发链、智能供应链三条价值链，构建了“三维一体”的端到端数字化体系，以数智化驱动业务发展，打造了国家级智能制造示范工厂。通过自主开发3C消费类电池和电动汽车电池电芯、模组及电池包相关生产装备、激光焊接设备，构建欣旺达自动化生产基础；全面运用数字孪生、仿真、物联网（IOT）、大数据、5G应用等技术，实现工厂的智能化生产；通过智能生产链、智能研发链、智能供应链构建成工业互联网架构，实现生产规划、设备运营、研发设计、供应链管理的信息化、数字化转型。欣旺达将智能制造能力辐射到产业链上下游环节，带动其数字化转型，助力企业提质降本增效，推动更多的企业从“制造”走向“智造”。

4. 大力引进数字经济龙头企业

光明区建立健全以产业链需求为导向的招商机制，聚焦智能传感、超高清视频显示、新材料、高端医疗器械、新能源等优势产业，瞄准关键核心环节开展精准招商，打造重点领域优势产业链。2023年，光明区成功引进世界500强项目12个、国企项目19个、上市公司项目27个、优质外资项目33个。

（1）高端医疗影像设备先进制造基地项目

同为世界500强企业，国药集团携手GE医疗在光明科学城投资50亿元，打造高端医疗影像设备先进制造基地项目。作为首个央企控股的医疗影像设备合资企业，未来将与深圳医学科学院、深圳湾实验室等合作共建联合创新基地，推进智慧医疗创新成果产业化落地。国药通用合资公司副总经理

---

① “数字领航”企业被称为中国版“灯塔工厂”，是国家在制造业领域树立的发展“旗帜”，是目前国家智能制造领域最高荣誉。

表示，初期合作产品主要是CT和超声等高端医疗设备领域系列产品，未来将逐步导入核磁共振成像、AI辅助分析及其他影像产品。

（2）德融宝中国总部及全球竞争力中心项目

针对智能传感器产业重点领域、关键节点，光明区聚焦强链补链。2023年4月，德融宝中国区总部、德融宝传感器科技（深圳）有限公司揭牌。德融宝是目前全球最大的智能传感器产业数字平台，与光明区签署了中国总部及全球竞争力中心落地合作协议。其在光明区落户后，可为全球传感器企业在深圳市开展“分布式”科研创新提供数字化赋能，并为资源流动、技术协同和信息共享提供有力支撑。

（3）中阿智能产业创新合作项目

光明区科发集团与本奥米尔控股集团有限公司（以下简称“本奥米尔集团”）将共同发起设立中阿智能产业股权投资基金，完善光明区科技金融业态，建设智慧园区。本奥米尔集团成立于2002年，是阿拉伯联合酋长国阿布扎比酋长国最具影响力的综合性企业集团之一。本奥米尔集团的业务版图涵盖旅游、房地产、建筑工程、金融、航空等多个领域，实力雄厚。光明云谷与本奥米尔集团将立足光明科学城，打造集研发办公—交流展示—应用示范—市场放大于一体的全过程服务支撑链条，共同推动中阿智能产业的高质量、跨越式发展。与本奥米尔集团合作“基金+园区+孵化器+产业”的创新项目，有望打造全球领先的智能产业孵化平台，助力光明加快打造智慧标杆城市。

（六）服务平台：数字化方案构建产业链竞争力

光明区开展产业链竞争力提升行动，支持数字化平台共建共享，推动服务商与传统产业需求精准对接，推动产业链大中小企业融通发展，提升产业链现代化水平。2023年6月，光明区与西门子工业软件达成战略合作。作为世界500强企业、工业软件龙头企业，西门子工业软件在光明区布局西门子工业软件深圳研发中心（以下简称“研发中心”）及光明科学城数字化工业创新中心（以下简称“创新中心”），打造西门子工业软件粤港澳大湾区首个研发机构。2024 年 1 月，研发中心、创新中心正式启用，位于光明凤凰广场。作为创新服务平台，其面向光明区医疗器械、电子信息、新能源、装备制造等重点产业，创造了与全球龙头企业合作提供全面集成的云平台与数字化服务模式，为本地产业发展提供专业的数字化解决方案，同时为粤港澳大湾区更多产业的数字化转型提供强有力支撑。西门子工业软件大中华区副总裁表示，落户光明区最主要是看中了该区近两年的快速发展，尤其是智能传感器产业的汇聚与发展，集中了一批有实力、高成长性的工业企业。“这些都是西门子工业软件的客户或潜在客户，对西门子工业软件各项业务的开展非常重要。”

创新中心将引入西门子全球领先的数字孪生与工业互联网技术，面向行业提供全面集成的云平台与数字化服务，并通过合作伙伴的引入、产学研合作等打造 Xcelerator 数字化创新生态系统。创新中心还将支持光明区构建面向重点行业的，集技术体验、研发服务、工程服务、制造服务、教育培训与创业加速于一体的综合性科技创新服务基地。西门子的重要合作伙伴 ALVA Systems 参与了创新中心的建设工作，将增强现实（AR）技术与新能源、装备制造等诸多工业数字化解决方案相融合，为企业人才培养和产业转型升级提供新动能；将 AR 技术与先进生产线设备相融合，让企业轻松实现对生产设备的虚实互控；赋能智慧园区建设，从服务能力和人才培养等方面为区域经济发展注入新活力。

研发中心从西门子发展理念以及数字化转型战略切入，聚焦医疗器械、新能源、高端装备等数字化解决方案，引领企业实施数字化转型升级。其中，高端医疗器械创新实验室面向医疗器械行业客户，支持智能器械创新产品的正向研发、医疗器械快速原型设计以及 3D 打印，支持互联护理，可以有效地帮助光明区医疗器械企业实现高质量、高效率、有弹性的器械制造。研发中心为企业数字化研发创新和生产制造提供所需的包括仿真测试、数字化制造、生产规划、产品生命周期管理（Product Lifecycle Management，PLM）、电子设计自动化（Electronic Design Automation，EDA）的软件技术支持以及专业实施服务。

此外，西门子数字化工业集团下辖的全资子公司四方维（Supplyframe）

作为全球领先的电子产业信息服务提供商，与西门子 Xcelerator 工业软件平台共同打造完整的全球传感器供应链体系。通过打通国内外产品数据库，建设便捷高效的传感器智能选型平台，从产品推广、品牌建设和市场开拓等多维度助力国内传感器企业的全球化进程，促进传感器产业链上下游合作。

（七）结语

通过对基础设施、科研机构、企业和集群、服务平台等多个维度进行深入调研了解不难发现，光明区的数字化智能化水平正在快速提升，科技与产业深度融合，高端制造业加快集聚，数字产业化和产业数字化成效显著，创新驱动新质生产力发展，强劲推动经济高质量发展。抓住科技创新这个“牛鼻子”，把数字化智能化创新落到产业上，刻画出光明区现代化产业体系建设的新生态。接下来，光明区持续聚焦国际网络环境优化、超算智算优势集聚、数据要素价值挖掘、孪生科学城综合应用场景开发等重点工作，坚持统筹推进、数据赋能、集中攻坚、先行示范，实施数字底座强基、数据要素赋能、应用场景共建、数字规则引领、数字生态营造“五大工程”，高质量发展重点产业，高标准建设智慧城市，将对现代化产业体系构建、新质生产力发展产生强劲稳定的牵引作用。

参考文献

[1] 王廷惠 . 把握发展新质生产力的主攻方向 [EB/OL] .（2024-05-16）.http：//www.xinhuanet.com/politics/20240516/1da83dfe6b3a4a5ca9080424a5c8b294/c.html.

[2] 习近平 . 不断做强做优做大我国数字经济 [J]. 求是，2022（2）.

[3] 罗来军 . 以数字经济赋能高质量发展 [EB/OL] .（2024-02-27）. http：//www.xinhuanet.com/politics/20240227/97dc69d4fff34377b808284e0e371db3/c.html.

三、深圳财政政策：支持数字能源发展的先行先试

刘红艳　傅卓荣[①]

摘　要：数字能源对加快能源绿色低碳转型、推进新型能源体系建设、加快发展新质生产力具有重要意义，财政是支持数字能源发展的重要抓手。本文以深圳财政为研究对象，分析了财政助推数字能源发展的过程。研究发现，财政围绕支持重点方向、资助方式以及绩效和数字化管理三大方面助推数字能源发展。具体体现为：财政支持聚焦关键环节、重点项目，提升政策精准度，充分发挥市场在资源配置中的决定性作用；资助方式上，主要通过税收优惠政策、专项直接资助、政府引导基金、财政金融协同等多元化扶持手段，深化财金联动，坚持有为政府与有效市场相结合；实施全链条绩效管理，提高财政资金使用效益，推动财政数字化管理，建设专项资金统一管理平台。本文对数字化背景下财政推进数字能源发展实践具有启示作用。

关键词：财政政策　数字能源　财金联动　有为政府　有效市场

（一）引言及综述

习近平总书记在中共中央政治局第十二次集体学习时强调，能源安全

① 刘红艳，深圳市财政发展综合保障中心与深圳大学联合培养创新实践基地博士后，研究方向：气候投融资、气候金融。傅卓荣，男，深圳市财政局经济建设处处长，研究方向：宏观经济形势分析、财税理论与政策。

事关经济社会发展全局，积极发展清洁能源，推动经济社会绿色低碳转型，已经成为国际社会应对全球气候变化的共识。随着新一轮科技革命和产业变革的深入发展，我国政府高度重视数字经济发展，持续促进数字技术和实体经济的深度融合。数字经济必将成为未来一定时期的经济增长新动能。[1]在数字技术的浪潮下，能源行业迎来深刻变革，正迈入数字技术与能源产业深度融合的数字能源新时代①。数字能源有助于加快能源绿色低碳转型、提升能源利用效率，推进新型能源体系建设，实现经济的可持续发展；同时，对快速提升能源产业核心竞争力、培育壮大经济发展新动能、加快发展新质生产力具有重要意义。

数字能源的目标是实现一场深刻的社会变革，在这一过程中，实施能源革命、推进能源数字化转型、构建新型能源体系均离不开政府的规划引领。财政是国家治理的基础和重要支柱，是政府实施宏观调控和促进国民经济平稳运行的制度保障，也是信息化数字化智能化时代坚持与时俱进、发挥财政关键职能、推动数字能源发展的重要工具和抓手。因此，在“数字中国”、“双碳”目标等国家战略的激励下，数字技术与能源行业的深度融合是必然趋势②，在此背景下，探索财政如何支持数字能源是推动能源高质量发展和建设新型能源体系过程中迫切需要解决的问题。

历史上的工业革命均是通信技术与能源技术的结合，进而引发重大的经济转型。[2]已有学者从提高电力生产效率、能源效率、配置效率等角度分析了数字化与能源的融合机理。具体而言，数字化可以提高企业生产效率，解决新旧能源比例失衡问题。[3]人工智能、5G 等数字技术能够提升新

---

① 根据《深圳数字能源白皮书》，数字能源是能源数字化智能化的具体形态，指能源企业应用新兴数字技术如物联网、大数据、人工智能等优化能源生产、传输、交易和消费环节的资源配置能力、安全保障能力和智能运营能力，从而实现能源企业数字化智能化生产、数据化信息化管理，以及能源行业智慧化发展形态。

② 随着数字技术不断进步，数字能源应用范围不断扩大，智慧电厂、智能电网、数字煤矿、智能油气田等应用场景不断涌现，深圳腾讯、华为、中兴通讯等企业推出了数字能源、智慧能源平台、智慧电力系统等产品。数字能源是大势所趋，可以实现能源基础设施“发—输—配—储—用”各环节可视可管可控的智能管理，为深入推进能源革命提供了新的解题思路。

能源的发电量与利用效率，增强新能源供电的稳定性和安全性。[4]技术进步对通过提高能源效率以改善能源贫困局面具有显著的正向影响。[5]数字技术为可再生能源并网发电与峰值调配提供技术支持，缓和不同区域能源资源禀赋不同的局面，具有收入分配的普惠效应。[4]数字化还可以强化传统部门对高碳领域的监管和优化能源资源配置。[6]同样地，佘群芝和吴柳论述了数字技术在碳减排方面的作用机制。[7]关于财政支持数字能源发展方面的研究总体上较少，已有部分研究分析了财政政策通过缓解企业的融资约束、推动技术研发、完善数字基础设施建设的激励等机制作用于数字能源的发展。闻岳春和黄庆成指出，财政补贴主要通过缓解能源企业的融资约束解决自身的资金问题，以此加大企业的技术研发投入，促进能源行业的数字化水平的提高。[8]段宏波和汪寿阳基于系统集成评估模型，实证分析了财政可以激励企业数字化转型，推动绿色低碳技术的研发。[9]曾皓认为，税收激励和财政激励互为补充，税收政策通过作用于企业的相关环节促进了能源企业的数字化转型。[10]卫舒羽和肖鹏基于理论和实证分析认为，财政政策通过提高能源企业研发投入的作用机制促进能源行业数字化转型。[11]卢福财等提出应积极落实财政政策、完善数字化基础设施建设、加强数字化人才的培养等。[12]

基于已有文献，财政支持数字能源发展方面的实践和理论研究总体较少，本文以财政为视角，以理论阐释为前提，以深圳市为例，采用案例研究方法，探究财政如何支持数字能源发展这一核心问题。研究发现，财政通过充分发挥“有为政府与有效市场”的作用，支持数字能源的重点领域和方向，采用税收优惠、直接资助和引导基金等财政金融协同方式，注重绩效管理和数字化财政建设三大环节推动数字能源发展，拓展了财政与数字能源的研究边界。本文的结论为数字经济背景下财政政策助力能源数字化转型、加快实现高质量发展提供了借鉴和启示，具有一定的实践指导意义和参考价值。

（二）理论分析

1. 充分发挥财政支持数字能源的基础作用

财政具有资源配置、收入分配、调控经济等职能。第一，财政不仅直接将财政资金、税收优惠及各项财税资源配置于数字能源领域，也通过政府调整、政府激励和政府引导等作用撬动更多的社会资源向数字能源领域积聚，解决因数字能源行业特征引发的市场失灵问题，以达到资源的优化配置和充分利用。第二，财政资金来源于财政收入，财政对数字能源的资金支持直接体现为对社会收入的再分配。财政对数字能源行业的重点、关键、短板领域以及资金相对欠缺环节的资金支持方向，充分体现出财政缩小数字能源发展过程中领域之间、环节之间和微观企业之间差距的分配效应。第三，财政调控经济的职能主要通过实施特定的财政政策支持数字能源的发展，以此带动经济增长目标的实现。数字能源依托大数据及人工智能等技术加速能源产业转型升级，促进生产力的发展。财政支持数字能源的发展正是生产关系对生产力适配性的重构，是从生产关系层面促进经济增长的重要体现。

2. 以“有为政府 + 有效市场”支持数字能源

数字能源行业的特征决定了需要配套的政府财政为企业发展创造良好的宏观政策环境，推动社会生产力的进步与社会经济发展范式的变革，同时要在数字能源的发展过程中强调推动“有为政府与有效市场”更好结合，充分发挥市场在资源配置中的决定性作用。庇古福利经济学指出，外部性会扭曲市场要素的价格和配置，导致资源配置难以达到帕累托最优。能源数字化是一种具有正外部性的经济活动，技术创新过程中可能出现的信息外溢存在被其他主体“搭便车”的风险，会明显削弱企业数字技术创新研发的动力。加之数字能源（如智能电网基础设施建设[①]、设备更新换代、信息技术投入等）面临高额的初始投资，数字能源相关技术创新（如物联网、大数据、人工智能等）面临的不确定性大等，均会导致市场投资者的积极性不高，政府通过一定的激励手段引导资金的流向成为必要。

但是，财政支持应该是阶段性的，而非长期性的，扶持政策长期化会导致相关企业形成对财政补贴无效率的依赖预期，不利于提升能源产业市场

① 习近平总书记在中共中央政治局第十二次集体学习时指出，要适应能源转型需要，进一步建设好新能源基础设施网络，推进电网基础设施智能化改造和智能微电网建设，提高电网对清洁能源的接纳、配置和调控能力。

竞争力。[13]具体而言，对于市场主体尚未发育成熟的数字能源产业，政府在其发展起步阶段仍需通过划拨优惠土地等物质资源和给予财政拨款、财政贴息、税收返还等货币性资源，提供数字能源企业发展初期所需的资金支持，降低企业产能成本，并带来较大的盈利优势，促进产业有序发展。待扩张成熟后，传统鼓励供给侧的政策难以引导需求和技术的同步成长，可能会引发产能过剩现象，此时财政支持应考虑股权投资或适时退坡，保持企业市场化竞争的自主动力，充分发挥“有为政府和有效市场”的作用。

3. 支持数字能源统筹兼顾稳增长与防风险

新冠疫情发生以来，我国经济下行压力明显增大，必须坚持稳中求进的总基调，通过实施积极的财政政策和稳健的货币政策保持经济平稳发展。但是，稳经济的同时要防风险，我国现代化建设与经济社会发展面临的外部环境变化复杂，对能源独立与能源安全提出了更高的要求。在新能源存在间歇性、波动性等特征导致发电稳定性较差的情况下，财政通过注入确定性来化解经济社会中存在的各种不确定性和公共风险，[14]支持数字化转型来保障能源供应的稳定性，赋予电网调度和安全技术相关能力，提升电力系统对大规模风光储等可再生能源的接纳能力，化解能源安全带来的风险，确保能源安全与低碳转型并行不悖。与此同时，中国经济高质量发展需要稳定持续的能源动力，能源保供压力依然艰巨，需要坚持“先立后破”的原则，通过提升企业生产运营全流程的数字化水平提高传统能源行业成本效率①，增加新的利润空间，推动改变传统能源领域的商业模式。统筹新能源和传统能源的数字化，兼顾稳经济与防风险。

4. 数字能源加速财政数字管理新变革

数字财政与能源数字化转型之间相辅相成、相互促进，是政府和市场协同推动数字能源发展的重要体现。第一，数字财政建设有利于提高政府公共服务能力，[15]在推进数字财政建设实践过程中，建立专项资金补贴申报、

---

① 通过可控智能平台、能源数据融合分析与智能建模等数字化、智能化共性技术研究，推动火电智能化升级，引领能源产业转型，持续提升系统效率、可靠性和灵活性。

政府采购平台和系统能够为能源数字化转型提供渠道和支撑，提高能源行业数字化转型的程度和效率。第二，以数据要素、智能化信息化技术为主要特征的数字经济时代是倒逼财政数字化建设的客观环境，[16]企业作为技术创新的关键主体，在能源数字化转型过程中，相关数据信息的联通、交流与数据共享能够进一步推动数字财政建设进程。第三，数字财政和能源企业数字化相互促进，能够产生强大的发展合力。加强财政数字化系统和平台的建设与能源企业信息系统的对接可以更好地发挥政府支持数字能源行业的重要作用。二者协同联动所产生的海量数据及催生的技术创新在数字化转型过程中释放更大的效用，推动能源转型目标的实现。

（三）研究设计

1. 研究方法

本文采用探索性单案例研究方法。主要原因如下：第一，本文研究聚焦财政如何通过有为政府与有效市场的结合支持、助力数字能源行业的发展，这一研究问题尚未被现有文献探讨和解答，属于探索性问题和“How”型问题范畴，适合采用案例研究方法；第二，与多案例研究相比，单案例研究方法可以对财政支持、助力数字能源发展的路径过程进行较为深入的描述和剖析，有利于发现典型案例的相关做法，具有一定的启发性。

2. 案例选择

本文按照典型性原则，选择深圳市财政作为财政政策支持数字能源行业发展的案例研究对象，主要理由有以下三点：

第一，当前深圳市新型能源体系加速构建，数字经济蓬勃发展，创新源泉活力涌动，深圳具备发展数字能源、建设数字能源先锋城市的基础和条件。例如，建成城市级“虚拟电厂管理平台”，建成全国首个“光储充放一张网”，建设世界一流“超充之城”，新型能源体系建设初见成效；拥有腾讯、华为、中兴通讯等一批实力强劲的本土企业，数字经济核心产业增加值已破万亿元；已举办“国际数字能源展”“深圳国际低碳城论坛”等具有行业风向标意义的展会论坛，搭建了国际合作交流平台。

第二，数字能源在深圳实践已取得明显成效。一是深圳市依托全国领先的数字技术优势，推动了数字技术在能源的产、供、储、销四个环节的应用①，提升了城市能源数字化智能化水平。二是着力打造“电力充储放一张网”，促进源网荷储一体化和多能互补发展。截至2023年上半年，深圳“一张网平台”（1.0）已接入全市17万个充电桩、5100个5G储能基站等资源。三是2022年8月成立国内首家虚拟电厂②管理中心。截至2023年上半年，虚拟电厂已接入容量超过150万千瓦，实现最大可调节负荷能力超30万千瓦，提升新能源消纳能力和深圳供电可靠性及稳定性。四是建设“超充之城”，全面提高了电动汽车充电效率。

第三，深圳市高标准落实《财政部关于支持深圳探索创新财政政策体系与管理体制的实施意见》，深化财政改革创新，实施积极财政政策，发展新质生产力。深圳市加快构建目标明确、导向清晰、精准高效的财政政策体系，印发《深圳市财政支持碳达峰碳中和的实施意见》，系统确定了产业结构优化升级、重点行业领域绿色低碳转型和低碳科技创新研发等重点支持方向。频出“财政＋金融”组合拳，统筹用好引导基金、专项资金、政府采购等政策，有力支撑实体经济和产业发展。持续优化市政府投资引导基金体系，积极撬动社会资本和金融资本，助力深圳国际风投创投中心建设。按照每个产业集群至少配备一只支持基金的原则，设立新能源等产业基金，加快项目投资。探索“引导基金＋专项资金”联动互补，坚持“有为政府与有效市场”相结合，支持数字能源的发展。

---

①　产供环节如深圳大鹏新区LNG园区数字化建设、华为数字能源智能光伏逆变器技术在屋顶光伏系统中的应用，储能环节如比亚迪CubeT28储能产品技术在比亚迪大唐华银耒阳电化学储能电站的应用，电网环节如输电线路通道的三维数字化全覆盖和无人机巡视全面覆盖，消费环节如深圳龙岗国际低碳城对华为智能光储和能源管理云一体化的应用。

②　虚拟电厂是一座基于能源互联网技术的看不见的电厂，通过将电网中大量散落的可调节的电力负荷整合起来，加入电网调度，不仅能实现有效削谷填峰，还可以提供电力辅助服务，增强电网安全性。

3. 资料收集

本文在案例资料的收集上主要采取人员访谈、档案资料收集以及其他公开资料检索等方式，提高案例研究的信度和效度。首先，主要对深圳市财政局相关负责人和核心员工进行非正式访谈，了解财政支持新能源及数字能源行业进展等情况。其次，与行业主管部门深圳市发展改革委进行电话交流，了解深圳市数字能源行业的基本情况等，提升获得内容的全面性。最后，为保证资料获取的多样性，避免访谈中的资料收集偏差，本文同时通过其他渠道收集了相关数据资料，以对访谈内容进行验证。主要包括处室交流资料、研究报告、领导讲话材料等，以及深圳市人民政府官网、深圳财政局官网，深圳财政发布的公众号、新闻报道、行业研究报告和公开发表的论文等。通过以上一、二手资料的收集和整理，使它们相互佐证为研究提供支撑。

（四）案例分析与发现

1. 财政支持有关数字能源现状分析

数字中国建设已纳入国家顶层规划，国家围绕数字能源已出台相关政策。例如，2024 年 3 月，国家能源局发布《关于加快推进能源数字化智能化发展的若干意见》，推动数字技术与能源产业发展深度融合，加强传统能源与数字化智能化技术相融合的新型基础设施建设。深圳市已出台数字能源的相关政策，如 2022 年先后出台《深圳市虚拟电厂落地工作方案（2022—2025 年）》《深圳市虚拟电厂精准响应实施细则》；2024 年 6 月，经深圳市政府同意，深圳市发展改革委印发《深圳市支持虚拟电厂加快发展的若干措施》，进一步挖掘分布式资源调节潜力，打造源网荷储高效互动新型电力系统，更好地推动虚拟电厂加快发展。2024 年 6 月，经深圳市政府同意，深圳市发展改革委印发《深圳市数字能源先锋城市建设规划（2024—2030 年）》，围绕科技创新、能源转型、场景拓展、产业升级和协同治理等方面明确了重点工作任务，旨在树立数字能源行业风向标。

此外，深圳市出台了光伏、电化学储能、氢能、天然气贸易等补贴政策，为发展数字能源行业、建设数字能源先锋城市提供了前提和基础。例如，《深圳市关于大力推进分布式光伏发电的若干措施》《深圳市支持电化学储能产业加快发展的若干措施》《深圳市氢能产业创新发展行动计划（2024—2025年）》《关于支持开展天然气贸易助力打造天然气贸易枢纽城市的若干措施》《深圳市促进安全节能环保产业集群高质量发展的若干措施》等。深圳市已形成石油、天然气、新能源综合发展的多元化能源供应格局，“新三样”产品出口全国领先，智能光伏逆变器、锂离子储能等技术全球领跑，新型能源体系建设初见成效。

2. 财政支持数字能源发展的重点领域与方向

深圳市抢抓政策机遇，在支持数字能源推进工作中，坚持保障重点，聚焦重点行业、重点领域。根据《深圳市发展和改革委员会专项资金管理办法》，专项资金支持战略性新兴产业领域主要包括创新能力建设、前沿领域中试、关键技术和重大装备研制、新产品新技术产业化应用示范推广、市场准入认证、产业配套服务体系建设等项目。具体而言，第一，根据《深圳市虚拟电厂落地工作方案（2022—2025年）》等文件要求，市发展改革委起草了《深圳市支持虚拟电厂加快发展的若干措施》，其中财政补贴措施聚焦于强化关键设备产品有效供给和提升充换电设施车网互动水平等方面。例如，支持虚拟电厂关键技术研发，围绕重点领域建设一批重点实验室、企业技术中心、工程研究中心，经评审给予单个项目最高不超过1000万元支持；鼓励虚拟电厂关键设备规模化量产，推动虚拟电厂关键核心设备产业化进程，经评审给予单个项目最高不超过1500万元支持。第二，根据《深圳市支持电化学储能产业加快发展的若干措施》，有关数字化与储能相互融合的财政扶持主要集中在示范应用方面。一是稳步拓宽先进储能项目示范应用范围。支持电网侧、用户侧储能项目，探索大数据中心、5G基站、充电设施（含多功能智能杆）、工业园区等储能融合发展新场景。对先进的储能示范项目给予一定的支持。二是拓展以新型储能为主体的“电力充储放一张网”的商业模式，强化“智能化设备＋场景化应用”高效协同，针对储能等场景开展智能化改造示范，对符合条件的项目按规定给予一定支持。

厘清政府与市场的边界，充分发挥市场机制作用，实现资源有效配置。尽管数字能源行业的正外部性、技术创新性、收益不确定性等特征决定了该行业需要一定的财政扶持，但是，必须充分发挥市场在资源配置中的决定性作用，科学界定市场和政府的边界，区分适合市场化方式支持和确需财政资金投入的领域。产业起步阶段，政府补助能带来新型产业盈利优势；[17] 在规模扩张后，对于在市场化条件下可以实现盈亏平衡的，建议优先通过市场化运作维持企业市场化竞争的自主动力。为打造全球数字能源先锋城市，深圳市加快建设世界一流“超快充之城”，旨在为市民带来“一杯咖啡，满电出发”的“超快充”体验。在充电设施的支持上，财政积极配合主管部门在市场培育期给予一次性建设补贴，形成一定产业规模后，通过政府引导市场优化资源配置，发挥产业基金的带动作用，与社会协同撬动更多社会资本投入充电桩建设。深圳市充电设施建设已通过科学布局、综合运用广告投放、车位经营、维修保养、配套娱乐等多种盈利来源方式实现了投资收益的盈利和可持续。截至 2023 年底，深圳市已建成投用新能源汽车超充站 161 座、车网互动站 70 座、综合能源补给站 30 座、充电桩 28 万个，营业收入逐步实现稳步增长。

3. 财政支持数字能源的资助方式

深圳市财政运用税收优惠政策、专项直接资助、政府引导基金、财政金融协同等多元化激励性手段，支持相关业务主管单位实施创新能力建设、应用示范推广、配套服务体系建设等项目，具体内容如下。

（1）税收优惠政策

深圳市财政局会同市税务局贯彻落实现有促进绿色低碳发展的税收优惠政策以及新能源和清洁能源车船等税收优惠政策。一是研发费用加计扣除政策为深圳市数字能源企业创新发展增添了动力。欣旺达① 在新能源汽车领

---

① 欣旺达 1997 年成立，历经 27 年，已发展成为全球锂离子电池领域的领军企业，形成了 3C 消费类电池、电动汽车电池、能源科技、智能硬件、智能制造与工业互联网、第三方检测服务六大产业群，并致力于为社会提供更多绿色、快速、高效的新能源一体化解决方案。

域不断加大研发投入，在动力电池技术上成功研发全球首款量产“闪充电池”。2022 年享受研发费用加计扣除接近 5 亿元，2023 年以来享受出口退税已超 3 亿元。贝特瑞新材料作为全球行业领先的锂离子电池正负极材料供应商，已推进数个重大研发项目，累计研发投入过亿元，已享受研发费用加计扣除数千万元。二是企业所得税优惠。税收优惠政策助力深圳市战略性新兴产业发展，相关企业享受高新技术企业所得税税收优惠，减轻企业经营负担，进一步提升了企业研发创新水平。此外，2024 年 7 月，财政部和国家税务总局发布的《关于节能节水、环境保护、安全生产专用设备数字化智能化改造企业所得税政策的公告》规定，企业在 2024 年 1 月 1 日至 2027 年 12 月 31 日发生的专用设备数字化、智能化改造投入，不超过该专用设备购置时原计税基础 50% 的部分，可按照 10% 比例抵免企业当年应纳税额。应纳税额不足抵免的可向以后年度结转，最长不超过 5 年。深圳市数字能源企业将充分落实国家税收优惠政策，将专用设备数字化、智能化改造情况纳入税收优惠支持范围，有效降低企业税负，提升企业盈利能力。

（2）专项直接资助

按照深圳市发展改革委专项资金操作规程，专项资金从申报到资金拨付的主要环节包括组织开展扶持计划申报、项目受理和初审、专家评审、现场核查、部门审核、征求各单位意见、编制资助扶持计划、委务会审议、委党组会审议、专项资金扶持计划公示及下达、对列入计划的项目逐项批复、专项资金资助资金拨付等。主要资助方式包含事前事中分阶段资助和事后资助两种方式。其中，事前事中分阶段资助方式包括市级工程研究中心、市级产业技术公共服务平台、前沿领域中试、重大科技基础设施关键技术和设备研发、重大装备和关键零部件研制等；事后资助方式包括国际市场准入认证、新技术新产品示范应用推广、高端论坛和展会、创新创业活动等；项目通过验收后资助包括产业化事后补助、融资贴息等。

基于此，为激发企业科技创新的积极性和主动性，充分发挥企业在研发投入、科研组织和成果转化中的主体作用，虚拟电厂的关键技术研发、关键核心设备产业化、提升充换电设施车网互动水平以及有关数字化智能化储能项目示范应用等具有正外部性的项目均可通过事前事中分阶段进行资助；

“国际数字能源展”“深圳国际低碳城论坛”等具有行业风向标意义的展会论坛均通过事后资助方式予以补助。从补贴金额来看，2023—2025 年虚拟电厂预计资金总需求 3 亿元，储能预计资金总需求 5 亿元，深圳市发展改革委战略性新兴产业有关新能源和节能环保领域 2024 年安排 0.7 亿元预算资金，其中涉及数字化的优化构建储能商业模式 0.3 亿元，具体包括电源侧储能、电网侧储能、数据中心备用电源、5G 基站备用电源和户用储能等在内的建设运营以及包括虚拟电厂、共享储能、储能大数据等在内的市场服务等重点领域链条。

（3）政府引导基金

政府引导基金由政府出资设立，吸引各种社会资本参与，具有金融的杠杆扩大效应，是地方政府缓解融资约束和引导实体产业发展的重要经济政策。[18] 地方财政支出有限，政府引导基金能最大化地方财政支出收益，已成为众多国家普遍使用的一种促进区域发展的政策工具。[19] 同时，政府引导基金作为天然的耐心资本，也能以更长的时间跨度匹配产业发展周期，解决长期、高风险创新项目的资金期限错配问题。在地方政府财政紧约束紧平衡的形势下，为坚持“有效市场和有为政府”更好结合，发挥市引导基金的引导性和战略性，助力新能源行业迅速形成优势和长板，根据深圳市政府工作安排和部署，深圳市财政局按照“一集群一基金”方案分批设立投资基金，引导金融资本投早、投小、投长期、投硬科技，推动其优先投向本地项目，在数字能源领域开辟新赛道。与此同时，深圳市建立产业引导基金体系联席会议机制，积极组织召开市引导基金联席会议，研究有关基金事项的落实情况，更好地支持优质企业和项目落地。通过建立健全项目遴选机制、提升行业主管部门以及基金管理机构的专业能力和专业水平、健全深圳市“募、投、管、退”的相关制度、建立工作进展月报机制等不断完善和优化引导基金的管理工作。

根据《深圳市人民政府办公厅关于印发深圳市促进绿色低碳产业高质量发展若干措施的通知》，深圳市财政加大绿色投融资支持力度，在绿色低碳领域研究设立产业基金。截至 2024 年上半年，市引导基金在新能源和节能环保领域投资金额已超百亿元，通过股权投资的方式撬动社会资本，助力新能源之都建设。投资细分领域包括智能电网、氢能、储能、风能等，其中，围绕“储能总部研发中心、新型储能高端制造中心、多场景示范验证中心和全球储能优质产品及方案供给中心”四个中心战略部署，设立储能基金和鹏储时代产业基金。在此基础上，数字能源行业可充分用好现有专项基金资源，为数字能源重点领域和关键核心技术环节提供长期稳定可持续的“耐心资本”资金支持，解决数字能源资金的期限错配问题。

（4）财政金融协同

深化财金联动，优化投资环境，构建“基金+”招商引资模式，举办产业投资人大会，引入高质量金融资源“活水”赋能产业发展。综合运用以奖代补、贷款贴息等方式，分类施策对储能产业项目进行财政支持。以财政金融协同的方式研究协鑫、德方纳米等重大项目招商引资财政支持方案。除此之外，秉持落户奖励、贡献奖励、用地支持、人才奖励等大财政理念建设安托山数字能源总部经济集聚区，推动华为数字能源、中创引航等综合智慧能源领军企业集聚发展。其中，华为数字能源已拥有1600多件专利，智能光伏逆变器出货量连续6年全球第一。同时采用建筑光伏一体化（Building Integrated Photovoltaic，BIPV）技术，将安托山总部基地打造成集光伏发电、储能、直流配电、柔性用电于一体的净“零碳”智慧园区。深圳市通过用好“财政+金融”工具，构建财金相互支撑、相互促进的协同联动机制，撬动更多金融资本投向相关数字能源行业。

4. 财政支持数字能源的管理方式

（1）绩效评价管理

在财政紧约束紧平衡的大背景下，为不断提升财政资金使用效益和政策实施效果，确保财政投入的有效性，深圳市财政将全链条绩效管理深度融入预算管理全过程，全力优化事前、事中、事后管理链条，对重点项目实行全周期跟踪问效。具体而言，一是严控事前绩效评估关口，业务主管部门在部门预算编制阶段会向市财政部门报送专项资金绩效目标，该绩效目标作为专项资金预算执行、项目运行跟踪监控和绩效评价的依据。二是资金使用过程中，依托直达资金监控系统，监督预算执行中的资金使用效率，强化对重点资金绩效目标的事中动态监控。三是定期组织业务主管部门对专项资金逐个项目、逐条政策进行梳理，重点关注政策措施实施效果，对绩效情况较好的项目优先保障，对低效无效资金和项目统筹收回或不予安排，常态化开展财政专项资金优化清理。此外，在市引导基金方面，考虑引导基金的长远发展，市主管部门主要从政策效应、经济效益和管理效能等方向选取合适的绩效评价指标体系，强化绩效考核，建立符合深圳市相关产业的考核评价机制。

从部门履职绩效情况来看，经济效益方面，能源数智化升级提速，建成全球首个“光储充放一张网”，建成城市级“虚拟电厂管理平台”，实时可调负荷达 50 万千瓦，提升新能源消纳能力；生态效益方面，首届国际数字能源展在深圳市成功举办，共有 407 家国际数字能源龙头企业参加此次展会，聚焦全球数字能源领域前沿技术和实践，加强数字能源生态各相关方的交流合作，构建数字能源生态体系。

（2）财政数字化管理

为提高财政数字化水平，推动市级财政专项资金项目申报、受理、审核、储备、公示、资金拨付、监督管理等环节实现数据同步和全链条管理，建立财政专项资金全链条监管和信息共享机制，深圳市财政专项资金统一管理平台已于 2023 年 12 月上线试运行，截至 2024 年 7 月底，统一平台总访问量约 15 万次。统一管理平台已完成包含专项资金申报等主业务管理功能以及包括监督等辅助功能的建设，逐步成为对外服务市场主体申报专项资金、对内服务政府部门实施监管的综合性一站式平台。深圳市财政陆续统筹推进和指导部门纳入统一平台，强调统一平台的重要性，提高各部门的工作认识。数字化的发展推动着能源行业的数字化转型，同时推动着财政数字化工作的进步，二者相互促进、相互协调，数字能源行业将依托专项资金一体化管理平台提升转型的效率。

（五）研究结论与实践启示

1. 研究结论

财政如何通过坚持有为政府与有效市场相结合支持数字能源行业的发

展，是深圳市政府需要长期研究和解决的问题。本文以深圳市财政为例，从三个方面阐述了深圳市财政支持数字能源的相关做法。一是坚持保障重点，聚焦数字能源关键技术攻关、平台建设、应用示范、服务体系等重点领域。充分发挥市场主体作用，对于在市场化条件下可以实现盈亏平衡的，建议通过市场化运作。二是在财政资助方式上主要通过税收优惠政策、专项直接资助、政府引导基金以及财政金融协同等多元化扶持手段，深化财金联动，助力数字能源发展。三是实施全链条绩效管理，提升财政资金使用效益和政策实施效果。建设专项资金统一管理平台，推动财政数字化工作提质增效。

2. 实践启示

第一，厘清政府与市场的边界，明确支持的重点领域和范围。一是数字能源行业的特征决定了其需要一定的财政支持，同时要科学界定市场和政府的边界，区分适合市场化方式支持和确需财政资金投入的领域。对于财政投入效益不高、市场竞争充分或者能够实现投入收益平衡的领域，应充分发挥市场在资源配置中的决定性作用，不纳入财政资金支持的范围。二是提高支持数字能源的政策精准度，聚焦数字能源发展的关键环节、痛点、难点，支持清洁能源、节能环保及传统能源中，具有较强外溢效应和正外部性的数字能源技术研发应用的关键领域。着重聚焦亟须财政扶持的重点企业和中小企业，特别是对该类企业的能源数字化开发应用、关键技术攻关领域等给予资金支持，补齐产业发展短板，打破发展困境。

第二，分类施策，根据发展阶段调整财政支持手段。能源数字化转型初期，数字技术升级、研发创新、设备更新、专业人才的引进等方面均面临巨大的资金压力，尤其是中小型的数字能源民营企业，尚处于发展初期和培育阶段，面临的融资约束相对更大，应采取直接提供资金补贴和办公用地的形式给予支持。对表现优异的企业可根据市场化原则，通过设立的政府引导基金以股权投资的方式进行扶持，帮助其快速成长。在发展阶段，对于研发难度较大、投入较多并已具备一定市场竞争能力的企业，一般性资金补贴边际作用相对较低，可选择提供税收优惠、实验室用地等手段进行支持。在成熟后，企业已经具备盈亏平衡的能力，实现可持续经营，此时财政要适时退坡，促使企业自主积极地探索市场，提高自身的竞争力和创新能力。

第三，发挥财政金融政策联动作用，拓宽资金来源。在财政紧平衡背景下，在统筹用好各级各类专项资金、财政奖补政策的基础上，发挥好引导基金的带动作用，积极对接已有的新能源产业基金，扶持一批优质企业、落地一批行业龙头、建设一批创新载体。后续还可依托推动政府与社会资本合作、发挥好碳市场交易机制、发行专项债券等健全多元化投融资机制；充分利用绿色低碳货币政策，支持创新碳减排支持工具，采用将符合条件的数字能源行业的绿色债券、绿色贷款纳入合格抵押品范围等方式激励和引导地方商业银行为数字能源行业提供信贷支持，组合使用财政补助、专项债、引导基金、社会资本及货币金融等多种政策工具，打破数字能源研发资金困境，解决传统能源企业数字化转型成本难题。

第四，加强财政绩效管理，提升数字化管理水平。实行专项资金全周期绩效管理机制，切实提高财政资金使用效益。强化预算绩效目标在预算安排中的前置作用；监督执行中的资金使用效率，对于目标完成率较低的政策，业务主管部门积极查找具体原因并对政策条款予以调整。关注实施效果，常态化开展专项资金优化清理。运用先进数字化技术为财政改革提供科技支撑，建立高标准推进重点产业发展的专项资金管理统一平台，全力打造数字财政，强化数据资源整合共享，推进政府公共服务能力提升。后续，在数据要素方面，加强财税大数据与金融大数据及平台的共用共享共建，为实体经济转型提供强大的数据支撑。完善数字基础设施建设，加强对数字化人才的激励措施等。

参考文献

［1］樊轶侠，徐昊．财政助力数字经济高质量发展：核心机理与经验启示［J］．改革，2020（8）．

［2］里夫金．第三次工业革命：新经济模式如何改变世界［M］．张体

伟，孙豫宁，译.北京：中信出版社，2012.

［3］吴明宸.数字化转型助力电力行业实现双碳目标［J］.数字经济，2022（4）.

［4］伍心怡，何爱平.数字技术助推中国现代能源体系构建：赋能机制、现实问题与实现路径［J］.经济问题探索，2024（1）.

［5］杨丹，邓明艳，刘自敏.提高能源效率可以降低相对贫困吗？：以能源贫困为例［J］.财经研究，2022，48（4）.

［6］张杰，付奎，刘炳荣.数字经济如何赋能城市低碳转型：基于双重目标约束视角［J］.现代财经（天津财经大学学报），2022，42（8）.

［7］佘群芝，吴柳.数字经济发展的碳减排效应［J］.经济经纬，2022，39（5）.

［8］闻岳春，黄庆成."有形之手"能够助力企业数字化转型吗？——基于政府补贴视角［J］.征信，2022，40（12）.

［9］段宏波，汪寿阳.中国的碳中和：技术经济路径与政策选择［J］.管理科学学报，2024，27（2）.

［10］曾皓.区位导向性政策促进企业数字化转型吗？——基于国家数字经济创新发展试验区的准自然实验［J］.财经论丛，2023（4）.

［11］卫舒羽，肖鹏.税收优惠、财政补贴与企业研发投入：基于沪深A股上市公司的实证分析［J］.税务研究，2021（5）.

［12］卢福财，秦玥，徐远彬.企业数字化转型对全要素能源效率的影响：基于专业化分工的视角［J］.当代财经，2023（11）.

［13］陈少强，李默洁.财政政策支持能源绿色低碳转型：挑战和应对［J］.财政科学，2023（1）.

［14］刘尚希.新经济数字化金融化趋势与财税体制改革：以构建确定性应对新趋势下的不确定性［J］.地方财政研究，2021（4）.

［15］赵斌，柯勰，宋丽，等.财政支持企业数字化转型研究［J］.地方财政研究，2023（3）.

［16］张家鹤.支持数字经济发展的财政政策研究：以辽宁为例［J］.地方财政研究，2024（5）.

［17］周亚虹，蒲余路，陈诗一，等.政府扶持与新型产业发展：以新

能源为例［J］. 经济研究，2015（6）.

［18］吴超鹏，严泽浩 . 政府基金引导与企业核心技术突破：机制与效应［J］. 经济研究，2023，58（6）.

［19］郑星梅，潘峰华，张旭晨 . 区域发展视角下的政府引导基金研究进展及展望［J］. 地理科学进展，2023，42（7）.

四、光明科学城：综合性国家科学中心高科技成果转移转化体系

苏琦惠 ①

摘　要： 本文对科技成果转移转化全链条、全生态进行梳理分析，结合光明科学城科技成果转移转化现状，厘清光明科技成果转移转化的现实条件、需求和存在问题，通过剖析北京、上海、西安等地在科学研究、概念验证、技术交易、小试验证、中试验证、产业化空间承接等成果转化关键环节布局的先进模式案例，结合光明科学城综合性国家科学中心定位和建设任务，明确光明科学城打造科技成果转移转化体系的重点建设内容，提出要从顶层机制设计入手，强化资源统筹，推动政府、高校科研机构、科技企业等各类社会主体参与光明科学城科技成果转移转化体系，形成有组织的科技成果转化工作运转模式的策略建议。

关键词： 科技成果转化　光明科学城　科技创新　综合性国家科学中心

（一）引言

党的二十届三中全会《决定》明确："深化科技成果转化体制机制改革，加强国家技术转移体系建设。"科技成果转移转化是落实创新驱动发展战略的重要举措，是打通科技与经济之间通道的重要任务，是破解科技成果

① 苏琦惠，深圳市光明区科技创新服务中心与深圳大学联合培养创新实践基地博士后，概率论与数理统计博士，主要研究方向：科技成果转化、四链融合创新。

与市场需求“两张皮”的有效措施。当今全球颠覆性创新加速涌现对打通原始创新到产品应用的高效转化通路提出了迫切要求，打造完备的科技成果转移转化体系已迫在眉睫。

我国将科技成果转移转化提升到国家科技实力重要体现的战略高度，《中华人民共和国促进科技成果转化法》《关于印发促进科技成果转移转化行动方案的通知》《实施促进科技成果转化法若干规定》《促进科技成果转移转化行动方案》等系列法律法规、文件的出台，构成了从修订法律条款、制定配套细则到部署具体任务的科技成果转移转化工作“三部曲”。随后，各地陆续出台促进科技成果转化的相关政策文件，其中，广东省人民政府办公厅印发《关于进一步促进科技成果转移转化的实施意见》等多项法规文件，从多个方面系统提出加快科技成果转移转化的路径举措：支持企业与高校、科研院所联合设立研发机构或技术转移机构，共同开展研究开发、成果应用与推广、标准研究与制定等；鼓励企业牵头、政府引导、产学研协同，面向产业发展需求开展中试熟化与产业化开发，提供全程技术研发解决方案等。

2020 年，深圳市出台《深圳经济特区科技创新条例》，对成果转化设立专章，旨在鼓励各类创新主体建立科技成果转化合作机制，拓宽合作领域和渠道，提高科技成果转化水平。2023 年，《深圳经济特区光明科学城发展促进条例》正式出台，围绕科技成果落地难、转化率低的普遍性难题，为促进光明科学城科技成果向现实生产力转化提出多项制度措施。

光明科学城作为粤港澳大湾区综合性国家科学中心的核心承载区，日益成为大湾区以科技创新带动产业创新的主战场，肩负打造世界一流科学城的使命，被赋予组建国际技术转移转化中心等科技成果转化服务平台，布局和建设概念验证中心、中试基地和中试产线的重任。同时，光明科学城在前端基础研究与应用基础研究领域汇集了国内外领先水平的重大科技基础设施、高校、科研机构集群，在后端围绕生命科学、信息、新材料等重点领域育成了一批优质企业，科技创新链条“两端强、中间弱”问题日益凸显，亟待构建有效的科技成果转化链条，助力“大国重器”沿途下蛋，强化产业创新活力，推动产业链向价值链高端化跃升。本文从“科学研究—概念验证—

小试验证—中试验证—产业化”全链条查找薄弱环节和缺失要素，明确光明科学城打造科技成果转移转化体系的主要建设方向。

（二）科技成果转化链条分析

根据熊彼特创新理论和技术创新的双螺旋结构（技术进步和应用创新），技术创新过程需要一条完整的创新链条，完整的创新链条是从基础研究、应用研究到技术开发和产业化应用、规模化发展的全过程。国内外很多学者从不同角度出发对创新路径的模式进行分析，Bennett 和 Copper 认为技术创新和市场导向之间呈负向关系；[1] 雷小苗和李正风从技术创新链知识传递和转化的路径角度提出了现象导向型的正向路径和市场导向型的反向路径；[2] 周路明根据创新活动所处创新链演进方向的变化规律提出了自上而下的基础科研引领型创新路径和自下而上的市场导向型创新路径。[3]

在具体实践中，高校和科研机构的实验室成果经过筛选和概念验证转化为有市场应用价值的技术成果，再以自主或合作转化的方式进入试验性生产和产业化环节的路径虽是过去几十年间中国倡导的自主创新的主流模式，但是从效果来看，这一路径没有完全达到预期的目的，反而产生了所谓“两张皮”的问题。在技术稳定期，市场拉引式的需求导向特征会更明显。在技术变革期，尤其是出现重要技术突破的时候，从高校、科研机构溢出的新科研成果会促使新商业模式的产生，乃至产生一个全新的产业。由于深圳市早期高校、科研机构、重大科技基础设施等基础科研资源薄弱，这一路径未畅通实施，但这一路径在北京、上海等科技资源重地，已通过探索试验取得佳绩。北京生命科学研究所将内部基础研究成果经过筛选孵化培育了国内知名新兴药企百济神州，成功将基础研究成果转化为市场畅销的产品新药泽布替尼（第一个在美国获批上市的中国本土自主研发抗癌新药），实现了中国原研新药美国上市零的突破。科技成果转移转化的全链条及核心要素分布见图 1。

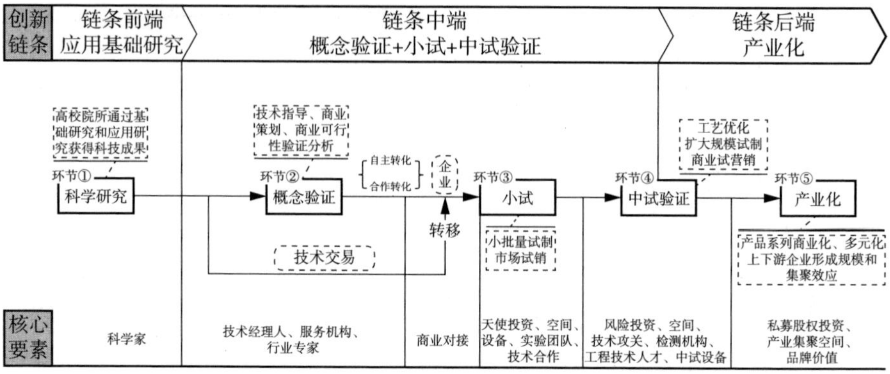

图 1　科技成果转移转化的全链条及核心要素分布

无论哪种路径，科技成果转化的核心都离不开科学研究、概念验证、技术交易、小试验证、中试验证、产业化六个环节。科学研究是科技成果转化的源头，一般是指在发现问题后，经过分析找到可能解决问题的方案，并利用科研实验和分析等手段对相关问题的内在本质和规律进行研究，为创造发明新产品和新技术提供理论依据，或获得新发明、新技术、新产品。科学研究应具备一定的条件，如需要一支合理的科技队伍、必要的科研经费、完善的科研技术装备，以及科技试验场所等，这一环节通常由高校院所来完成。概念验证是判别科学研究成果是否进行商业化开发的首个市场验证环节，即对科技成果进行技术指导和商业策划，实施商业化可行性验证分析，从中进行最小可行产品研发、产品有效性评估，并进行商业模式设计，实现对科技成果技术和经济的可行性评估验证，最终遴选有商业价值的项目进行原型开发，将技术产品原型投递给“先锋”用户试用，跟踪搜集市场反馈，实现产品迭代升级。该环节的核心功能是原型开发和市场验证。小试、中试验证基于概念验证的原型产品进入试生产流程。小试环节提供小批量产品试制、试营销，紧接着进入中试验证环节，通过该环节对实验室工艺进行验证和优化，保证生产工艺具有稳定性和可操作性，产品合格率达标，同时扩大试生产规模，验证批量可生产性，综合考虑生产的安全性和经济性，确保生产质量管理成本达标，产出质量稳定的产品。该环节的核心功能是技术工艺优化和性能稳定化。产业化经小试、中试验证，产品批量生产性能稳定、工艺优化、良率提升、成本可控，方可进入大规模生产的产业化环节，进一步提升市场份额和品牌影响力，将获得的更丰厚资金回报投入新产品的开发，逐渐形成多元化的产品和业务结构。规模扩大的同时，产业地位不断提升，逐渐形成上下游联动的产业集群。技术交易是逆向创新路径中以市场交易契约为基础的关键环节。既为成果方寻找合作企业，也为技术难题寻找解决方案，即寻找成果需求者或难题解决者。在技术交易过程中，常涉及技术评估，需要分析科技成果的市场价值及商业机会，准确界定企业的技术难题，遵循相关市场交易规则达成合作。通常将技术交易前的商业对接（有针对性地寻找目标企业或成果供给方）及评估分析均视为技术交易服务。

（三）区域代表性案例及启示

1. 概念验证中心——西安交通大学概念验证中心

（1）依托高校内部设立概念验证中心

西安交通大学国家技术转移中心作为全国首个高校概念验证中心，依托国家技术转移中心建设，是一种在大学内部运行，促进大学科研成果商业化的新组织模式，是代表西安交通大学从事技术转移、成果转化的综合服务机构。我国概念验证中心首先在西安交通大学兴起，通过提供种子资金、商业顾问、创业教育、孵化空间等对概念验证活动进行个性化的支持。西安交通大学利用高校学科优势和实验室资源，为初创企业提供实验室平台、测试验证等技术服务；通过课程、讲座、学术交流大会等形式，为全体师生提供创业教育与培训；还借助高校、科研机构内部的技术专家组建技术咨询小组，为项目提供技术辅导，利用校友资源成立商业化团队，给予商业化辅导，开展项目产业化评估、技术验证等成果产业化相关服务。高校利用自身的复合型背景资源，即“基础资源 + 优质团队”，通过校友资源、学校的品牌影响力等方式获得种子资金，从而成为集资金、咨询、技术服务于一体的科技成果转化基地。

（2）提供“微种子”基金服务

西安交通大学国家技术转移中心专注于生物及环保、新材料等方向的微种子概念验证基金服务，以小额早期科技投资及专业管理为主，投资额度属于微种子范畴，一般单笔 10 万 ~20 万元。西安交通大学拥有专业学科领域、科研平台、技术支持等众多有利资源，因此利用高校的品牌影响力和先天优势，推动学校和企业合作，助力企业提升知名度，对接天使投资，获得融资支持，设立种子基金。该中心成立以来，已经协同西安市碑林区环大学创新产业带联合发起“西安微光创业孵化基金（1000 万元）”，并从社会融资 150 万元，与陕西科控集团及西安科技金融中心达成初步意向，共同发起第一只西安交通大学概念验证微种子基金，募资额度 1000 万元，为大学早期研究成果提供资金支持。

对光明科学城的启示：一是概念验证中心可依托区内高校设立的技术转移中心运营建设。充分利用光明区内高校资源和创新平台，集中科研机构的优势力量设立高校技术转移办公室，充分发挥区内高校，如中山大学（深圳）、深圳理工大学等优势资源，由概念验证中心针对早期项目组织筛选和推荐，组建商业化团队提供咨询、技术成果商业化验证、商业可行性评估等服务。二是概念验证中心可支持区内知名高校与区内创新型企业开展合作，探索建立“校企合作”新模式，设立非营利性质的概念验证微种子基金。光明区可利用区内高校优势条件，依托校友资源带来的社会影响力和学科优势带来的品牌影响力，积极推动企业投资与社会募资，设立非营利性质的概念验证微种子基金，通过提供微种子概念验证基金、商业顾问、创业教育、技能培训等服务，对早期项目进行筛选和扶持，支持和培育一批早期项目从实验室走向市场。

2. 技术交易平台——国家技术转移东部中心

国家技术转移东部中心（以下简称“东部中心”）于 2014 年 11 月获科技部批复落户上海市，2015 年 4 月 23 日正式揭牌，2018 年与上海技术交易所共同发起成立上海国际技术交易市场。东部中心作为中国技术转移转化体系中的先行先试单位，目前已经在全球 30 个国家建立了技术转移转化渠道，以长三角为核心建立了 20 个国内分中心。

（1）综合性功能定位

东部中心集技术交易、孵化引导、国际对接等多种功能于一体，提供转移转化平台，着力引进技术转移服务机构，整合各类服务资源优势，以优质技术服务众多国内成长型企业。已搭建线上平台上海国际技术商城，依托平台内部建设科技成果数据库、技术交易服务平台，分别提供专利收录、查询、智能引导技术转移及披露、申请、发布、意向登记、保证金划转、资格审核、合同审批、公示、归档等 21 项线上运营服务。东部中心承接了“国家技术转移人才培养基地”的建设与运营工作，为培育技术经纪人提供良好的平台。通过海外分中心网络建设，积极开展技术转移工作全球化布局，把国际先进的技术转移到国内、转移到上海市，再把上海市优质科技成果带出国门，沿着“一带一路”辐射出去，已设立美国波士顿、英国伦敦、以色列等 10 个国际分中心，并与美国麦道国际、新加坡南洋理工技术转移中心、麻省理工学院（MIT）等机构达成合作。

（2）政府主导建设

东部中心是由科技部和上海市政府共同推进设立的区域性技术转移平台，由上海市科委直属事业单位——上海市科技创业中心间接全资控股的上海东部科技成果转化有限公司承担其建设运营，建设模式为“市科委直属事业单位 + 下设国有投资机构（上海高新技术投资管理有限公司）”共同建设。上海市先后出台《上海市促进科技成果转化条例》《上海市建设闵行国家科技成果转移转化示范区行动方案（2018—2020 年）》《上海市促进科技成果转移转化行动方案（2021—2023 年）》等文件，为东部中心提供功能型平台建设、科技成果信息库建设以及鼓励开展价值评估、技术交易服务等政策支持。东部中心以上海市湾谷科技园为核心，辐射国际、国内技术转移市场渠道，构建“政府指导 + 公司管理 + 市场运作”的综合服务体系，初步形成集技术交易、国际合作、技术经纪人培育于一体的技术转移运营模式。因此，政府资源是实现平台、技术、政策整合的强力支柱，为科技成果转移转化打开便捷的通道。

上海东部科技成果转化有限公司股权结构见图 2。

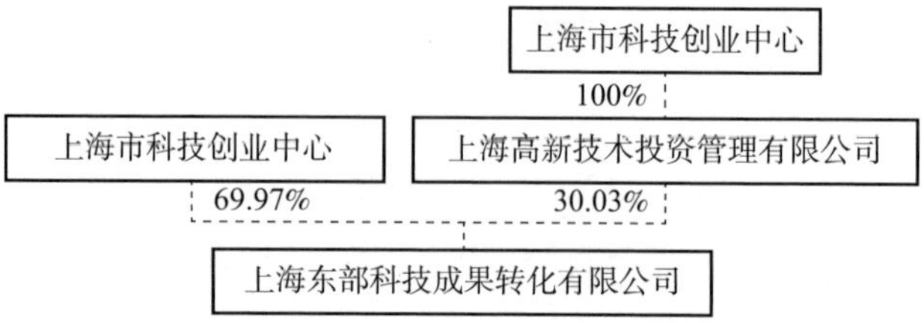

图 2　上海东部科技成果转化有限公司股权结构

对光明科学城的启示：一是利用深圳打造全球技术交易枢纽的前景优势，以国家技术转移南方中心光明分中心的名义搭建实体技术交易服务中心。二是立足光明科学城实际，发挥政府主导作用，联合国有投资机构，为搭建实体技术交易服务中心提供政策支持、优质平台、公共资源等基础服务，为建设市级技术交易平台提供强大的基础数据资源。三是依托技术交易平台开展技术转移人才培训服务。

3. 中试验证平台——苏州纳米城 MEMS 中试平台

（1）依托工业园区建设

苏州 6 英寸微纳机电制造（Micro-Electro-Mechanical System，MEMS）中试平台位于苏州工业园区苏州纳米城——全球最大纳米技术应用产业综合社区，是国内首个专注于 MEMS 的专业研发与代工平台，平台依托苏州纳米城建造，建设资金均来自苏州市及江苏省的财政投入。平台拥有超净场地、厂务配套设施、研发实验室、公共服务设施等场地共 16000 平方米。依托的工业园区苏州纳米城按照“总体规划、分期开发、逐步细化”的理念开发、建设与管理，是一个集“创新研发、工程化中试、小规模生产、成果转化、专利运营、产业服务、总部办公、会议展示、综合配套”等产业功能于一体的产业综合社区。

（2）政府主导出资建设

MEMS 中试平台依靠政府主导“国有企业 + 基金”共同出资组建，由江苏省财政厅及苏州工业园区管委会下设间接或直接控股国有企业共同出资，其投资主体架构见图 3。平台以小批量代工模式运作，衔接生产前后端需求，采用市场化、全开放的运作模式。政府的支持为园区提供了完整的资源服务体系，因而 MEMS 能够共享苏州工业园区苏州纳米城的各种创新和产业要素。

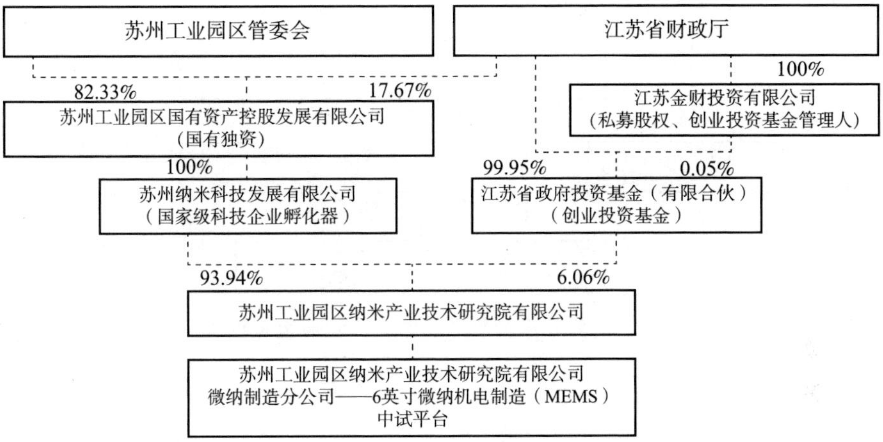

图 3　MEMS 中试平台投资主体架构

对光明科学城的启示：一是中试平台围绕园区产业领域建设，园区产业为中试平台集聚中试需求和配套资源。有园区产业基础的领域可以由政府主导出资面向产业建设，具体出资模式借鉴“国有企业 + 基金”的组合。二是中试验证平台具有较强的行业通用特性和专用特性，专用性较强的领域不能依托园区建设，如人工智能、新型显示材料领域。

4. 成果转化专业园区——苏州生物医药产业园

（1）国有企业主导建设

苏州生物医药产业园（BioBAY）是苏州工业园区重点发展生物医药产业的创新载体，总规划规模约 339.85 万平方米，已建成建筑面积约 122.8 万平方米。园区由苏州工业园区管委会与江苏省财政厅下设国有企业和投资机构共同出资组建的国有企业——苏州工业园区生物产业发展有限公司负责开发、建设及运营，具体出资构成见图 4。园区具有集聚效应，形成了创新药研发、高端医疗器械、生物技术三大重点产业集群，已聚集信达生物、基石药业、百济神州、亚盛医药、再鼎医药、和记黄埔、中国抗体、康宁杰瑞等 430 余家生物医药高科技创新企业。园区发挥核心产业的带头作用，将生物医药产业作为“一号产业”，日益成为我国生物医药领域高端资源集聚度最高、顶尖人才最青睐、优秀企业最活跃、优质成果最丰富、产业生态最卓越的国际一流生物医药创新园区。

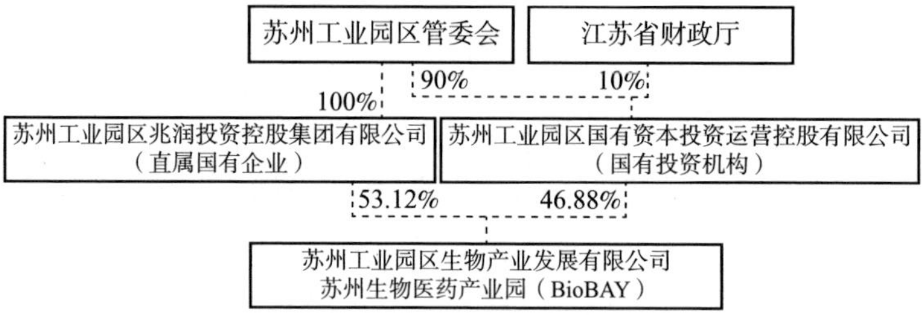

图 4　苏州生物医药产业园运营公司出资构成

（2）组建公共服务体系

园区紧盯产业前沿提前谋划相应的配套服务，不断完善从研发到产业化的生态链条。形成了由公共技术服务平台、开放实验室、创新运营服务平台构成的三大公共服务体系，建设了药物分析测试、生物医药实验、抗体专业技术服务等公共技术服务平台；开放实验室由实验室、工程中心等开放平台组成，重点开展企业产品共性及关键技术的研发，鼓励高校与企业联合共建；园区运营主体苏州工业园区生物产业发展有限公司专门成立苏州百拓生物技术服务有限公司，为生命健康领域企业提供药品、保健品成分分析、理化性质分析、微生物检测、设备设施验证等生物技术服务，以及试剂耗材采购、人员技术培训、生物材料国际物流平台和生物医药众创空间等单项或成套服务。

对光明科学城的启示：一是光明专业园区可由国有企业与国有投资集团共同出资建设，依托现有国有空间，打造科技成果转移转化的首个空间试验田，引导社会力量参与园区建设，提供成果转化、产业化空间保障。二是在光明科学城产业转化区范围内发挥园区核心产业优势，合理进行产业布局筛选，打造专业化园区。三是注重发挥政府主导作用，搭建完善的成果转移转化公共服务体系，为成果转化提供坚实的硬件基础。

5. 转移转化专业人才——北京技术市场协会

北京技术市场协会（以下简称“协会”）是北京市科委指导、北京技术市场管理办公室管理下于1992年由北京地区科研院所、高等院校、民营科技机构、各类企业、技术转移机构、社会团体等单位和个人自愿联合组织发起成立的具有法人资格的行业性社会团体。协会依托首都技术转移先天优势和集群优势，积极探索社会组织开展技术转移人才培养模式，推进了技术转移人才体系建设，提升了技术转移机构专业化和市场化能力。

（1）建立管理标准

目前，北京的技术转移转化体系专业人才队伍建设处于国内领先水平。早在2008年，北京技术市场管理办公室就与北京工业大学软件学院合作，分4批共培养了161名软件工程（技术转移方向）工程硕士；2015年协会与北京大学创业训练营合作，建立了首家“京津冀”技术转移人才实训基地；2018年，协会推动建立了技术经纪人“京津冀三地互认”机制；2019年10月，北京市人社局和北京市科委出台了《北京市工程技术系列（技术经纪）专业技术资格评价试行办法》，正式增设技术经纪专业职称，为技术转移转化人才设置了正高级职称、副高级职称、中级职称和初级职称；在北京市科委指导下，协会于2019年联合北方技术交易市场、中国技术交易所等9家单位，共同发布了国内首个技术转移服务人员职业规范团体标准——《技术转移服务人员能力规范》，从服务人员范围、职业能力、评价等九个方面进行规范，对从业人员的职业道德、知识与技能、教育、培训与工作经历等提出规范化要求。

（2）开展“专业化+综合化”培训

协会建立技术转移专业人员“初级、中级、高级+继续教育”四级培养体系，针对不同等级、不同行业领域设置基础理论、操作实践两个模块培训课程。协会逐步完善技术经纪人培训制度，制定技术经纪人培训标准和培训大纲，不断优化培训形式和考试等工作。为满足技术转移人才对专业化、市场化、国际化等知识的需求，协会先后对培训教材、培训形式及培训导师进行改革，先后编制了《技术经纪人培训教程》《京津冀技术经纪人培训教程》等，并依托国家技术转移基地、孵化器、高校开展专业领域技术转移人才培训，为高新技术企业、科技园区、新型研发机构、孵化器等机构中从事技术转移的工作人员，以及未来有意愿从事相关工作的在校大学生等群体定期开展培训活动，引导从业人员逐步掌握技术转移综合知识并提升技术转移综合实践能力，帮助合格的技术经纪人走上成果转化、技术转移的主战场。

对光明科学城的启示：一是借鉴北京技术转移服务人员职业规范团体标准——《技术转移服务人员能力规范》，建立区内技术转移服务人员职业规范团体标准，根据标准规范区内技术经纪（理）人的培养、服务机制，依托高校资源建立“学历教育＋职业教育＋继续教育＋创新教育”四位一体的技术转移人才培养体系；依托高校或第三方人才培养机构，联合区内成果转化示范企业，开设实践培训课程，有针对性地分等级、分行业领域培养成果转移转化体系专业人才，培养高级技术经理人的知识产权资本化、高价值专利运营能力及国际技术转移服务能力。二是推进技术转移人才专业化、高端化、职业化发展，畅通技术经纪（理）人的职业通道，倒逼市级层面出台技术经纪专业技术资格评价办法，增设技术经纪专业职称，推动建立大湾区技术经纪人互认机制，确保技术经纪（理）人突破发展“瓶颈”。

（四）光明科学城科技成果转化现状

近年来，光明区锚定世界一流科学城和深圳北部中心奋斗目标，以大湾区综合性国家科学中心先行启动区建设为总牵引，强化创新主体科技成果产出及转化能力，探索构建光明科学城科技成果转移转化体系。在此过程中，各类创新主体自主创新能力大幅跃升，产业链、创新链深度融合，科技成果转移转化成效显著增强。2022 年，光明区全社会研发投入首次突破 100 亿元大关，研发投入强度保持在 7% 以上，建成市级以上各类科技创新平台 196 个，推动市级首批概念验证中心落户光明区，国家高新技术企业数量突破 2000 家。2023 年，光明区技术合同认定登记成交额约 47 亿元，较 2022 年全年成交额增长超 90%。

1. 顶层设计框架初步搭建

一是推动立法建立体制机制保障。推进出台全国首部科学城专项法规《深圳经济特区光明科学城发展促进条例》，以专章形式围绕促进科技成果转化，提出“推动光明科学城组建国际技术转移转化中心等科技成果转化服务平台，吸引国际高端科技成果在光明科学城落地；布局和建设概念验证中心、中试基地和中试产线”等具体工作要求。

二是强化科技创新政策引领。印发《深圳市光明区关于促进科技创新发展的若干措施》，从原始创新策源、成果产业化、技术交易等方面推动优质科技成果产出与转化，促进科技成果与产业发展融汇互通。

三是实施职务赋权改革试点。开展赋予科研人员职务科技成果所有权或长期使用权试点改革，推动深圳湾实验室、中山大学附属第七医院纳入全市首批科技成果赋权改革试点单位，有效激发科研机构和科研人员转化动力。

2. 科研创新资源加速集聚

一是重大科技创新载体加速推进。合成生物研究、脑解析与脑模拟、材料基因组三大科学装置投入运营，自由电子激光科学装置开工建设，鹏城云脑Ⅲ、超算二期正加快建设。深圳湾实验室和深圳医学科学院一体化建设顺利实施。光明生命科学大数据中心面向合成生物、脑解析与脑模拟两大设施及科学城相关平台等轻量型计算和存储需求开展试运营测试。深圳计量技术创新院永久场地加快建设。南方科技大学光明高等研究院、中兵智能创新研究院（深圳）等一批项目陆续进驻，兰州大学深圳研究院已落地注册，即将启动场地装修。

二是核心技术攻关能力持续提升。支持区内高校、科研院所、科技企业等各类创新主体围绕产业化过程中关键核心技术“瓶颈”开展技术攻关，2023年，牵头或参与国家、省、市科技计划项目超200个，全区10个项目荣获深圳市科学技术奖，中山大学·深圳荣获全区首个深圳市自然科学奖。2024年，依托星源材质、TCL华星光电、赢合科技，相关项目新增3项国家科学技术奖。

三是企业创新主体地位不断增强。支持辖区企业与高校、科研院所深化科技交流，加大研发投入，通过建设企业创新平台等方式持续提升企业自主创新能力。2024年，新增广东省纳米抗体工程技术研究中心等市级及以上创新平台27个，累计达196个。2023年，光明区有效期内国家高新技术企业总数达2151家，较2018年实现翻番，“专精特新”企业增至751家、“小巨人”企业56家，入选“2023年全国工业百强区”。2022年，光明区企业研发投入95亿元，占比超82%。

3. 转移转化平台载体日益完善

一是围绕重大创新载体建成一批科技成果育成孵化平台。国家生物制造产业创新中心获批建设，将围绕生物制造产业关键共性技术，对外开展生产工艺高通量开发、跨尺度生物多模态验证、中试放大等技术服务。支持深圳湾实验室联合卫光生物建成深圳湾实验室生物医药创新中心、南方科技大学光明高等研究院联合高瓴资本建成科技成果孵化中心。全国首创“楼上创新楼下创业”综合体，建设深圳市工程生物产业创新中心，为合成生物初创企业提供“拎包入住”的共享实验平台及智库支撑，吸引落地47家企业，估值224.6亿元。打造全国首个“拎脑入驻”型专业孵化赋能平台，深圳市脑科学技术产业创新中心构建企业家与科学家“左邻右舍”模式，已吸引近50家企业进驻，估值超100亿元。

二是围绕重点产业打造一批概念验证中心及中小试基地。推动建设精密仪器设备、神经系统疾病干预技术等2家概念验证中心及TCL华星光电中小试基地，并获市级认定，对接联想、欣旺达等创新主体，引导其根据企业自身战略发展需要建设概念验证中心及中小试基地，为产业上下游提供专业转化服务，有效畅通科技创新成果向概念产品验证试制和中试成熟产品放大生产的转化路径，培育发展新质生产力。

三是围绕转化全链条推动布局线上转化对接平台。联合深交所科交中心建立工作专班，强化资本与市场联动机制，建成光明科学城专区，推动深圳湾实验室等10余家单位上线科技成果、技术专利近百项，展示科研团队信息。

4. 转移转化支撑体系逐步优化

一是强化专业空间保障。形成“众创空间—孵化器—产业园区”的科技成果孵化育成空间体系，建成31个区级及以上众创空间、科技企业孵化器，其中国家级众创空间1个，打造高标准科技创新产业园28个。光明留学人员创业园累计引入企业130家、海归人才70余人，培育国家高新技术企业 29 家、“专精特新”企业 10 家、规模以上企业 2 家；深港澳科技成果转移转化基地在孵初创型科技企业 40 家，已培育国家高新技术企业 4 家、科技型中小企业 12 家，辅导在孵企业获得国家、省、市级赛事荣誉 20 余项。建成光明银星合成生物产业园、天安云谷一期、卫光生命科学园二期等专业化园区，光明科技金融大厦建成启用，智衍创新大厦等 7 处创新型产业用房完成回收工作，为各类科技成果落地提供创新承载空间。

二是健全金融服务体系。搭建种子基金、天使基金、产业基金、市场化投资基金等梯次接续的基金体系。设立光明科学城种子基金作为深圳市科技创新种子基金首批区级种子基金，储备战略科学家（深圳湾实验室＋倚峰资本）、生命科学种子基金（蓝海资本）、波士顿种子基金（国泰创投）等项目 7 个。落地参与总规模 75 亿元的合成生物、脑科学及生物医药 3 只市级产业基金，推动光明区引导基金出资设立 13 只子基金，实缴规模超过 70 亿元，各子基金累计投资项目超过 120 个，助力优质科技成果转移转化。

三是引育转移转化人才团队。积极对接深圳恒程创新、南部知光等技术转移转化服务机构，组织开展多场技术经纪人培训，着力打造一批既懂市场又懂技术的复合型人才，目前光明区内技术经纪人已累计超 150 人，为行业提供技术评估、科技咨询、技术对接、专利培育等专业服务，推动科技成果加速流向产业市场。

四是营造科技成果转化氛围。高规格举办光明科学城大会，围绕科技攻关、产业发展、合作交流三大板块专设平行论坛。高标准举办合成生物、脑科学与脑健康等重点产业领域论坛，积极参与中国国际高新技术成果交易会、中国国际人才交流大会等重大科技交流活动，打造专业化、高端化科技产业交流平台，有效推动科技成果双向对接。

（五）存在问题及对策建议

1. 存在问题

一是科技成果源头供给能级有待提升。光明科学城重大创新平台、大院大所合作项目大多处于建设或筹建阶段，虽取得一定成效，但围绕国家战略需求布局实施的重大科技项目较少，科研成果产出数量和质量有待提升。高校院所科研评价机制导致大部分科研成果不“接地气”，企业“用不上”，技术与产业匹配度不高。

二是科技成果转移转化平台布局有待加强。光明科学城缺少科技成果转移转化专业机构，对精准服务技术供需双方的支撑力不足，科技成果资源有效共享存在壁垒。虽已逐渐布局概念验证中心、中小试基地，但尚未全面覆盖“8+5”重点产业领域，在科技成果概念验证、商业化开发、中试熟化等方面提供的专业化服务仍需完善。

三是科技成果转移转化人才队伍有待强化。企业、高校院所内从事成果转移转化的人员较少，无法全面掌握市场需求及动向、科技创新规律等，很难做到精准供需匹配。参与区级举办的技术经纪人培训的主要为高校、科研机构或企业技术人员，专职从事科技成果转移转化的人员较少。市场中复合型技术转移人才数量较少且水平参差不齐，细分领域的优秀技术经纪人更是凤毛麟角，无法全面满足光明科学城科技成果转移转化的迫切需求。

2. 对策建议

一是完善产学研高效协同机制。高效统筹科研机构等各类优势资源，协调上、中、下游的创新链关键环节，促进核心、基础、共性技术与产业链的深度融合，提高关键核心技术攻关能力和科技成果转化效率。持续完善“基础研究 + 技术攻关 + 成果产业化 + 科技金融 + 人才支撑”的全过程创新生态链，探索“揭榜挂帅”“赛马制”等方式遴选重点项目，鼓励支持企业牵头与科研院所共建创新联合体，共同开展重点项目技术突破，不断推动产学研互促互强、协同创新。

二是提升关键核心技术攻关能力。积极融入国家、省、市重大科技攻关布局，支持区内高等院校、科研机构、科技企业等各类创新主体承担或参与各级重大科技攻关项目，强化科研项目的成果转化导向，催生一批高质量重大科技成果。支持区内创新主体与国际机构、国际组织、国际高校等增强对接，谋划发起或参与国际大科学计划，着力提升光明科学城的国际竞争力。

三是推动转化服务平台建设。市区联动积极探索“政府引导 + 市场主导”模式，打造集信息发布、技术交易、概念验证、中试熟化等公共服务于一体的转移转化平台。联合深圳证券交易所科技成果与知识产权交易中心高质量完善光明科学城专区建设，推动科技成果加速流向产业市场。

四是建设一批概念验证中心、中小试基地。支持区内各类创新主体布局建设一批概念验证中心、中小试基地，推动高校建成“高校技术转移办公室（科技处）+ 概念验证中心”一体化成果孵育体系。鼓励生命科学领域企业搭建 CRO/CDMO 科研转化平台，充分发挥精密仪器设备概念验证中心等已建成概念验证中心、中小试基地以及企业创新转化平台的对外服务效能。

五是探索建立技术研发联合体。支持区内龙头企业与高等院校、科研院所建立联合实验室或研究院等创新联合体，围绕行业共性技术、关键核心环节开展产学研合作，以攻克满足国家战略需要、行业发展需要等共性核心技术为目标，开展研究开发、成果应用与推广等活动。鼓励区内龙头企业联合产业链上下游企业，以及高等院校、科研院所等共建产业技术创新联盟，开展技术创新、标准创制、成果推广应用等工作，探索利益共享、知识产权运营的有效机制与模式。

六是引育专业服务机构。加快培育引进一批专业化、市场化、国际化的科技成果转移转化服务机构，持续对接一批专业知识产权咨询、代理、运营服务机构，支持开展知识产权、技术交易、科技评估、技术投融资、信息咨询等专业服务。鼓励区内高等院校、科研机构、卫生医疗单位等创新主体设立“事业化管理 + 市场化运营”的新型专业化技术转移转化机构，探索应用研发、技术转移、创业孵化、创业投资相互融合的新兴服务模式。

七是培育壮大高水平人才队伍。加大对国内外高水平创新团队、顶尖科学家、技术经纪人的招引和培育力度，联合国内知名成果转移转化专业服务机构定期开展技术经纪人培训活动。鼓励中山大学（深圳）、深圳理工大学等区内高等院校开设成果转化、技术转移等相关课程，培养高层次科技成果转移转化人才。

八是构建粤港澳大湾区成果转化枢纽。借鉴长三角地区联合成果转化模式，从空间保障、金融支持、人才奖励等多角度构建大湾区成果转化枢纽，辐射带动大湾区“基础科研—应用研究—成果转移转化—产业化”技术供给资源集聚转化，推进深港澳科技成果转移转化基地空间拓展，提供“众创空间—孵化器—加速器”全套孵化培育服务，支持港澳科技创新成果在光明科学城实现产业化。形成对接全球市场需求、各地资源活跃交互、科技成果快速转化的创新生态。

参考文献

［1］王华．市场导向与技术创新模式的关系研究［J］．改革与战略，2011（5）：54–56.

［2］雷小苗，李正风．市场导向型基础研究：反向路径下的技术创新逻辑［J］．科技管理研究，2020（21）：1–6.

［3］周路明．深圳经验：市场导向的技术创新［J］．清华管理评论，2011（3）：54–61.

五、深圳航空：基于深度学习的民航收益提升与服务优化路径

康　正[①]

摘　要：传统的航空公司收益管控在人工智能背景下面临新的挑战，如何借助人工智能算法定价实现收益提升是客运航空公司在高质量发展过程中亟待解决的现实问题。然而，作为企业重大战略问题与典型新质生产力之一，以深度学习架构为代表的人工智能设计在企业中的实际应用效果相关的学术讨论十分有限。本文采用案例研究方法，探究深度学习算法在深圳航空的应用效果。研究发现，基于深度学习算法的人工智能自动定价有效提升航线收入的同时节省了人力成本。同时，基于深度学习算法的人工客服呼入量预测较人类观察员手动估计有显著准确度提升，对人工客服接通率的提升与人工客服员排班管理产生积极影响。

关键词：人工智能　深度学习　算法定价　收益管理　服务管理　民用客运航空

（一）问题提出

人工智能浪潮下，如何科学合理使用相关算法与手段，以进行收益提升与服务优化，是民用航空企业实现战略目标的重要手段，是民航企业高质

---

① 康正，深圳航空有限责任公司与深圳大学联合培养创新实践基地博士后，主要研究方向：微观经济学、计量经济学以及人工智能计算。

量发展的重要支撑。民航收益管理的重要性是民航客票产品特征所致，如无特殊天气等不可抗力因素，航班修改、取消受限，额外成本高企。与此同时，航班产品本身可变动量较小，换机型、换机组都可能产生高昂的额外成本。因此，民航收益优化最直接的手段便是优化机票价格，以此为基石推动航班排布。

但是，随着旅客消费观与消费者结构不断变化，加之来自廉价航空及高铁的冲击逐渐明显，竞争形势日渐复杂。民航客票作为一类严格的时效性商品，控制价格时具有以下销售难点：一是无法在航班起飞前两小时内或起飞后售票；二是产品销售不佳时，若考虑降价卖票，需考虑是否会有超售风险（航班总售票量大于飞机容量）；三是产品销售火爆时，若考虑提价卖票，又需考虑是否在涨价后销售受阻。

同时，因为各种因素冲击，如航班延误、航班取消以及不定时促销活动等，客服中心人工服务的呼入量在不同日期、不同时段波动较大，且旅客咨询的业务内容各不相同，需拥有对应能力的客服员方可协助。因此，如何准确判断未来某一时段的各业务人工呼入量，对于客服中心至关重要，可有效减少客服员冗余或不足的问题，提高人工客服平均接通率。

已有文献对深度学习算法在客运民用航空领域及其类似领域的应用进行了深入的探讨。例如，张魁等剖析了深度学习算法在航空器零件维修领域的应用；[1] 李千千等阐释了深度学习算法在预测航班不正常延误情况中的应用。[2] 过往文献对预测的研究大多仅停留在过往数据的基础上，仅近年来在旅游管理业涌现出一些基于当前时刻未来销售数据的预测模型。不可否认的是，客运航空业的未来销售数据对于中短期客流预测至关重要，其重要性包括但不限于对一些未观测到的影响因素或突发状况的模型修正。

基于此现状，本文采用单案例研究方法，选取深圳航空作为案例研究对象，探究深度学习算法如何助力航空公司经营，提升收益及优化服务等核心问题。研究发现，深度学习算法在客运航空企业中的应用可以有效提升客运航空公司收益，降低人力成本，尤其对于那些竞争形势复杂、人力管控困难的航线。同时，深度学习算法在客运航空企业中的应用可以有效减轻客服中心人工客服员班期排布的压力，优化管理效率，提升服务效率，提高客服热线人工服务接通率。

（二）文献综述

鉴于深度学习算法已在学界活跃数年之久，深度学习在民用航空数个相关领域应用的文献不在少数。例如，深度学习算法在飞机维修中的应用[1]、深度算法在预测航班不正常中的应用[2-3]、深度学习在民航相关文本分析中的应用[4]等。同时，针对民航旅客乘机需求量的预测研究亦不在少数。[5]

同时，深度学习算法在类似领域（时间敏感性商品）收益优化中的算法优化定价策略，也有少数文献有所提及，如基于深度强化网络的高铁动态优化定价器策略[6]，以及基于深度学习制定了一套航班舱位控制系统[7]。但是，这些文献仅限于提出算法并进行仿真实验，还未出现实地检验算法应用效果的案例。因此，本文关于收益管理中的深度学习算法定价实地试验案例分析，可以极大地拓展当前文献中提到的策略与算法。

深度学习在民航领域人工客服呼入量预测相关研究，过往文献中并未提及。不限领域的客服相关的研究在中文文献中仅有一些综述类[8]，或一些情感分析与自然语言处理等方向的研究[9]。这可能是由于可开展定量分析的相关数据在各企业中较为敏感，难以获取。因此，本文关于服务优化中的深度学习呼入量预测实地试验案例分析，可以补全当前文献中缺失的部分。

（三）研究设计

1. 方法选择

本文研究的问题适合采用单案例研究方法。[10]案例研究方法适合对新兴领域开展探索性研究或在成熟领域引入新视角进行分析，特别是揭示复杂现象内部的过程机制。本文旨在人工智能与深度学习算法介入下讨论客运航空公司航班收益提升这一经典问题，剖析算法思路与应用效果。

2. 案例选择

本文选择深圳航空作为案例进行研究。作为主要国有航空公司之一，该案例有以下特点：一是典型性。作为深耕大湾区的主要国有航空公司，深圳航空拥有约 800 条航线与 200 架飞机，均位于全国前列，体量可观，其旅客群体与航点、航线情况复杂，几乎覆盖全国所有省份，有充足的研究价值。二是适配性。深圳航空面临许多依靠人力难以解决的问题，如对于复杂竞争航线的评估定价，又如客服员有限的情况下如何排班保证最大平均接通率等。因此，深度学习算法在此有广阔的应用空间。三是数据可获得性。笔者兼任深圳航空博士后研究员，获取一手数据较容易，也可随时获知各部门的现状与努力方向，作为机制中的原因或结果加入分析。

3. 数据收集

本文在案例资料的收集上主要采取人员访谈、参与式观察及生产数据直接提取等方式，形成数据的“三角验证”，提高案例研究的信度和效度。[11] 案例数据收集渠道见图 1。

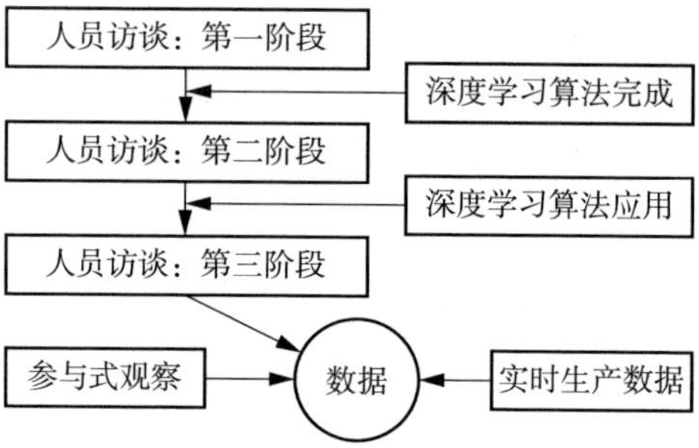

图 1　案例数据收集渠道

（1）人员访谈

对深圳航空的人员访谈分为三个阶段：第一阶段（2023 年 9—11 月）采取半结构化访谈方式，受访者包括深圳航空营销委员会领导及各科室主要负责人，目的在于了解深圳航空当时的深度学习及其他算法在日常工作中的应用程度等。第二阶段（2024 年 5—6 月）访谈在第一阶段基础上，选取具有代表性和启发性的网络收益部与客户服务中心主要负责人、核心员工进行半结构化访谈和非正式交流，进一步了解深度学习算法在这些核心部门的需求迫切程度等。在深度学习算法进入应用后，进行了第三阶段（2024年7—9月）访谈，对上述第二阶段的核心部门负责人与核心员工进行了半结构化访谈，重点了解深度学习算法在这些部门实际生产生活中的应用情况与应用效果。为保证访谈数据的有效性和准确性，研究团队在每次访谈前拟定访谈提纲并提前发给受访对象，并在访谈过程中依据具体访谈内容进行提问和开放式拓展，提升访谈内容的全面性。

（2）其他数据资料

本文收集了其他数据资料，以对访谈内容进行“三角验证”。其中包括：参与式观察数据，如领导讲话资料、相关创新项目的审批进度等；生产数据直接提取，包括全航线及全行业航班价格、销量、收益数据等，以及客服中心人工服务实际呼入量等。上述数据可有效验证人员访谈中相关人员发言的准确性与可靠性。

4. 数据分析

本文在研究过程中逐渐发现，一些概念在已有理论中有所涉及，但并未被应用于解释深度学习算法在航空公司收益提升与服务优化路径中的应用效果。因此，本文并未采用逐级扎根编码提炼构念的方式，而是采取内容分析导向编码。具体分析分为三个阶段：一是抽取人员访谈数据中的构念，基于各应用场景多重因素，选择结果并整理数据，组成第一重定性分析；二是根据第一重定性分析结果，使用参与式观察数据与实时生产数据进行交叉验证，组成第二重定性＋定量验证；三是建立框架呈现案例分析结果。

（四）案例分析与发现

针对“深度学习算法如何在航空公司中有效应用”，本文在前期第一轮人员访谈中发现，在收益管理部门中，如定价、航线排产等岗位在面临复杂市场环境时压力较大，且手动管控时人员水准参差不齐，商业逻辑与策略侧重各不相同。因此，公司只能选择离散化管理，针对不同航线与不同核心员工，采取不同管理策略。深度学习算法可有效解决此类问题，得到部门领导欣赏并应用于航线管控中。同时，客户服务中心在人工客服员排班时面临对客服电话人工服务各业务呼入量估计不够精准的问题，导致科学排班困难，难以应对各种环境变化所带来的呼入量变化，如航班延误、航班取消、特殊事件等。如此，客服中心领导对于应用深度学习进行更精准的呼入量预测拥有较大兴趣。因此，本文研究主要在网络收益部价格决策业务及客户服务中心客服电话人工服务呼入量预测业务中展开。深度学习算法应用试点及结果见图 2。

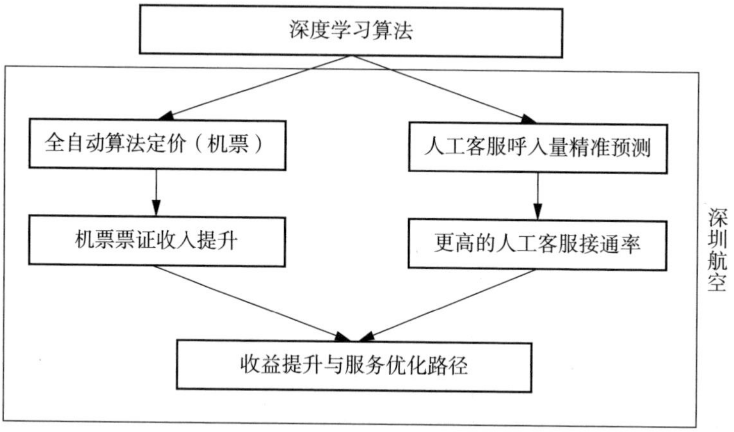

图 2　深度学习算法应用试点及结果

1. 深度学习算法在机票价格决策中的应用效果

（1）战略情境：追求“最大收益提升”

网络收益部选取若干试点航线，使用深度学习算法操控取代传统人工操控，以测试算法效果。试点航线普遍收益不及深圳航空航线平均水平，但起降地至少有一个位于人口大城，有充足的市场潜力，同时面临较为复杂但较为稳定的竞争环境。所有试点航线航距处于 1000~2000 公里，并且不位于地面交通主干道上，可在一定程度上忽略高铁所致竞争。同时，这些试点航线原本人工操控时的航线员与深圳航空航线员平均水平相仿。如此，试点航线试验结果如证明深度学习算法成功提升了航线收益，则其对于公司其他航线有可观参考价值。

（2）深度学习算法策略、定价逻辑及初步应用效果

此试验中所使用的深度学习算法属于混合神经网络一类（深度强化网络），基于航班的起飞日期时间特征、销售窗口时间特征、细化竞争环境等内外部因素建模，预测每航班每销售窗口的价格——销量曲线，然后应用线性规划算法进行最优定价输出。同时，在运行中不断加入实时生产数据进行强化学习，调整模型。根据网络收益部领导所述，深度学习算法定价较人工手动定价更为激进，更看重起飞前临期收益。所以在多条试点航线上，大量机票销售时间距离起飞更近，起飞低客座率风险更大。但是，根据访谈结果，网络收益部领导与核心员工初步判断算法定价较人工手动定价表现更佳，收益更高。同时，深度学习算法在时刻劣势航班与复杂竞争航班中表现尤为突出。

（3）交叉验证与命题提出

算法效果的验证不仅考量人员访谈的结果，还考量参与式观察数据与实时生产数据。深圳航空现已立项采购或租赁高级人工智能服务器，以供深度学习算法大规模运行。这证明深圳航空认可网络收益部领导与员工的判断，认为深度学习算法应用有效。同时，实时生产数据表明，试点航线平均每航班收入较 2023 年同期提升约 1.5%，其中时刻劣势航线与复杂竞争航线收入提升 1.7%～1.8%。同时，作为控制组的非试点航线较 2023 年同期有所下降。由此，交叉验证成立，本文提出命题 1：深度学习算法在客运航空企业中的应用可以有效提升客运航空公司收益，降低人力成本，尤其对于那些时刻劣势航班或竞争形势复杂，因而人力管控困难的航线。

2. 深度学习算法在客服电话人工服务呼入量预测中的应用效果

（1）战略情境：追求“精准预测”

客户服务中心人工客服员数量有限，且人工执行呼入量预测难度较大，尤其对于小时级人工客服员排班影响较大。呼入量预测不准会导致两类困局：一是客服员数量排班失衡。这会导致客服中心出现闲时较多客服员空置、忙时客服员不足、人工客服接通率过低的问题。二是客服员业务排班失衡。这会导致有时负责某些业务项目的客服员空置，而负责某些业务项目的

客服员不足。为解决这两类问题，第一阶段访谈中，客服中心领导对于深度学习算法的精准分业务分时呼入量预测较为感兴趣。

（2）深度学习算法策略、预测逻辑及初步应用效果

此试验中所使用的深度学习算法属于卷积神经网络一类，以每日航班量及日期特征为基准因素，以航班变动量、取消量、营销及特殊活动放票量等因素为波动因素，纳入模型考量，预测每日每时段每业务分类的客服热线人工服务呼入量。第三阶段人员访谈中，客服中心领导与核心员工均表示排班难度得到极大缓解，接通率有所上升。

（3）交叉验证与命题提出

算法效果的验证不仅考量人员访谈的结果，还考量参与式观察数据与实时生产数据。参与式观察数据表明，深圳航空正在推动基于深度学习呼入量预测系统的人工客服员全自动排班系统，以充分利用深度学习所带来的红利。同时，实时生产数据表明，预测结果较为准确，尤其是对于常旅客、贵宾客户呼入量准确度接近 100%，接通量占呼入量的平均比例有所提升。由此，交叉验证成立，本文提出命题 2：深度学习算法在客运航空企业中的应用可以有效减轻客服中心人工客服员班期排布的压力，优化管理效率，提高服务效率，提高客服热线人工服务接通率。

（五）研究结论与管理启示

1. 研究结论

综上，本文采用单案例研究方法，对深度学习算法在航空公司收益提升与服务优化路径上的应用效果展开探索性分析。深圳航空的实验案例表明，深度学习算法在上述两个领域有较好的应用效果，有一定推广价值。

2. 管理启示

一是合适的深度学习算法在收益管理中应用效果较为出色，至少可以延伸应用至多数国内航空公司航线。与此同时，管理者在算法应用初期应充分尊重模型计算结果，不过多干预，以免模型策略不能顺利实施。综合而

言，许多航线有临近上客倾向，许多旅客在航班起飞当天或提前一天方才买票。然而，人工航线操控员鲜少意识到这点，因为对于机票、车票等强时效性的商品，传统的收益管理策略倾向于线性销量分布，在远期压低价格获取预售销量，近期方才提价。因此，深度学习算法应用于机票售票业务可在一定程度上颠覆传统收益管理方法，在风险更大的同时，也有机会获取更大收益。

二是合适的深度学习算法在服务优化中应用效果较为出色，可以继续沿用并不断调整模型，加入更多可能影响人工座席呼入量的特殊事件，推广至更多同业航空公司。当前学界基于深度学习技术的预测算法已趋于成熟，虽然最精准的算法不具备数学上的可解释性，但精准的算法无疑会为企业服务优化注入新活力。

参考文献

[1] 张魁，陈新锋，王征亚. 基于深度学习的民航维修记录自动识别技术[J]. 中国民航飞行学院学报，2022（4）.

[2] 李千千，田勇，万莉莉，等. 基于深度可分离注意力网络的机场网络因果时延关系探究[J]. 交通运输工程与信息学报，2024（5）.

[3] 王捷，周迪，左洪福，等. 结合 Word2vec 和 BiLSTM 的民航非计划事件分析方法[J]. 合肥工业大学学报（自然科学版），2024（7）.

[4] 刘晓琳，宋营营，李卓. 基于增强逐点图卷积网络的民航短文本组合分类方法[J]. 北京航空航天大学学报，2024（1）.

[5] 俞嘉慧，吴薇微，刘鹏，等. 基于时间注意力图卷积的民航旅客需求预测[J]. 北京交通大学学报，2022（5）.

[6] 毕文杰，陈功. 基于深度强化学习的高铁客票动态定价算法[J]. 计算机应用与软件，2024（4）.

[7] Shihab Syed A M，Peng Wei. A Deep Reinforcement Learning Approach to Seat Inventory Control for Airline Revenue Management[J]. Journal of Revenue and Pricing Management，2022，21（2）.

[8] 孙克，鲁泽霖. 人工智能在电子商务中的应用发展趋势研究 [J]. 贵州社会科学，2019 (9).

[9] 王一海. 基于深度学习的电子商务语音客服中的客户情感研究 [J]. 电子器件，2020 (5).

[10] Eisenhardt, Kathleen M, Melissa E Graebner. Theory Building from Cases: Opportunities and Challenges [J]. Academy of Management Journal, 2007, 50 (1).

[11] Yin Robert K. Case Study Research: Design and Methods [M]. Sage, 2009.

第三章

数智时代的金融支持与风险管控

一、引言：基于数字场景的金融需求与支持模式

王淑婷　陈红泉[①]

数字场景的快速发展催生了全新的金融支持需求。随着大数据、人工智能、区块链等技术的广泛应用，经济活动从传统的物理场景转向由数字技术驱动的虚拟空间，这种转型对金融资源的支持提出了更高的要求。

数字场景改变了企业、消费者和平台之间的互动模式，推动融资进程向多样化和实时化发展，从而催生了金融支持的新需求。一方面，数字场景的普及使资金需求更加碎片化与动态化。在数字场景中资本需求频率更高、周期更短。数字平台和中小型科技企业需要大量的流动资金，以支持研发、用户获取和市场扩展等活动，其高成长性和高不确定性决定了传统金融支持难以适应。因此，需要开发能够更迅速适应变化、支持多种小额融资需求的金融工具。另一方面，数字场景的发展带来了新的风险管理需求。数字场景的快速变化和数据驱动特性增加了金融活动的复杂性和风险因素的多样性。在数字背景下，经营主体的跨区域业务扩展和数据跨境流动带来了合规性和数据安全的风险，因此，要求金融机构具备更高水平的风险识别与控制能力，促使其开发灵活的风控模型和实时预警机制，以适应新的风险环境。系统性探究数字场景对金融支持的全域影响和作用机制，不仅能够丰富现有理论研究，还能够为金融机构创新服务模式、提升风险管理能力提供有力的理

① 王淑婷，深圳大学中国经济特区硕士研究生，主要研究方向：数字经济、产业经济。陈红泉，深圳大学中国经济特区研究中心讲师，主要研究方向：金融理论与实务、特区经济。

论支持。

（一）数字场景下金融支持的典型现象

在数字场景的迅速发展下，金融支持的需求和模式表现出显著的碎片化、动态化特征，对风险管控的要求也显著提高，催生出经济活动中新的典型现象，为金融支持的模式创新和风险管理带来了深远影响。

一方面，数字场景下的金融需求呈现更高的碎片化和动态化。在数字平台和科技驱动的创新经济体中，企业的融资需求往往是短周期、多频次且灵活多变的，尤其是电子商务和共享经济平台中的中小企业和个体经营者，通常面临高成长性和高不确定性的双重压力，需要在资金周转和业务扩展上获得快速的流动性支持。这类企业在用户获取、技术研发、市场推广等方面对资金的需求频率较高，且规模不一，往往无法依靠传统的抵押贷款来满足自身的资本需求。因此，“小额、分散、高频”的数字场景融资需求成为一种普遍现象。[1]为应对这一需求，金融机构通过提供供应链金融、场景化信贷、快速审批的小额贷款等产品来满足市场需求。[2]移动支付平台与金融机构合作，通过网络渠道推出了线上小额贷款产品，满足商家在库存采购、业务扩展方面的资金需求。[3]这些产品以其灵活便捷的特点，迅速为数字场景中的企业提供了资金支持，满足了传统金融难以覆盖的融资需求。此外，数字场景下的消费者表现出更高的即时性和个性化需求，进一步推动了金融服务的碎片化。移动支付、虚拟钱包和“先买后付”等消费模式的普及，显著降低了金融服务的进入门槛，使消费者可以在任何时间、任何地点完成支付和信贷操作，[4]特别是在电商平台和在线零售领域，“先买后付”这一模式迅速普及，为消费者提供了更灵活的支付方式，满足了消费需求的多样化和即时性。[5]“花呗”“借呗”“京东白条”等消费信贷产品使消费者以分期偿还的方式进行即时购买，不仅提高了消费者的购买力，还推动了电子商务的快速发展。[6]随着消费者需求的碎片化加剧，传统的消费信贷方式无法满足其多样化的资金需求，催生了个性化、快速响应的金融产品，[7]印证了数字场景推动金融支持满足市场碎片化、动态化要求的发展逻辑。

另一方面，数字场景的快速变化和数据驱动特性对金融风险管控提出了更高的要求，使得数据驱动的风控成为新趋势。平台经济和数字金融活动跨区域、跨境的特点，使得金融风险不仅来源于市场波动，还涉及数据合规、跨境监管等新的挑战。以跨境支付体系为例，由于涉及多个国家和地区的资金流动和信息传递，金融机构在处理跨境支付时需要符合多重合规要求，并确保交易安全。[8]这种高度复杂的交易结构增加了金融机构在反洗钱、数据隐私保护等方面的风险。为了适应这一变化，金融机构趋于采用基于大数据和人工智能的风控模型，通过实时监控交易数据、分析用户行为数据来识别和预警潜在风险。[7]我国商业银行引入机器学习、区块链、自然语言处理等技术进行反欺诈监测，实时检测异常交易行为，以保障平台的资金和数据安全。[9]这种数据驱动的风险管理模式不仅使金融机构能够及时响应风险变化，还增强了其在复杂数字环境中的风控能力。

（二）数字场景推动金融支持机制变革的理论机制

数字场景的快速发展推动金融支持机制深刻变革，主要通过驱动金融机构采取精准资源配置策略、提高信息传递与决策效率、转变风险控制方式三个重要途径更有效地满足市场中碎片化、动态化的资金需求，应对复杂的风险管理挑战。

第一，数字场景下的融资活动因碎片化、动态化需求驱动金融机构采取更精准的资源配置策略。在传统经济活动中，资金需求往往集中而稳定，金融机构通过标准化的金融产品来满足大多数企业的融资需求。然而，在数字场景中，融资需求高度分散、变化频繁，并符合“长尾效应”的特征。[10-11]大量中小企业特别是科技型初创企业，需要频繁、短期的小额资金支持其创新研发、用户获取和市场扩展。[12]这种“长尾需求”催生了金融市场的细分机制：金融机构引入人工智能和大数据技术，通过分析不同企业的业务规模、资金需求和风险状况，推出更加灵活的金融产品，以满足小额、分散的融资需求。支付宝的“网商贷”、微信的“微粒贷”等基于数据分析的线上小额贷款产品，为数字经济中的长尾企业提供了定制化的资金支持，快速响应它们的融资需求。这种方式不仅使金融资源的配置更为精准，也使金融机构能够在小额、频繁的交易中捕获收益，从而在高频的资金需求中实现盈利。[13]

第二，数字场景中的动态化需求对信息传递和实时决策提出了更高要求，金融机构通过“动态定价”的方式提高了信息传递和决策效率。由于信息不对称问题的广泛存在，传统模式下的贷款审批往往依赖于企业的财务数据和历史信用记录，审核流程相对冗长，难以及时响应快速变化的需求。在数字场景中，企业和消费者的行为数据实时产生并汇集于平台，为金融机构的决策提供了重要信息支撑。基于这些动态信息，金融机构可以实时评估企业或个人的信用情况、调整贷款额度和利率，确保资金需求的动态性得到及时的满足。[14-15] 在线金融平台能够基于用户的消费行为、支付历史等实时数据进行贷款利率的灵活调整，以反映当前市场的供需状况和风险水平。通过动态定价，金融机构能够更有效地达成市场出清，提高金融支持的效率，进一步满足数字经济环境下的资金需求。

第三，数字场景的高频变化和数据依赖性驱动了金融机构风险管控方式的深刻变革。尤其在跨区域、跨平台的数字经济活动中，面临操作风险、数据泄露等风险隐患，导致金融系统的风险因素更多元化且动态化。因此，金融机构在风险管理中逐渐从静态的传统风控转向了数据驱动的“动态风控”机制，通过实时的数据监控和智能算法，识别、评估并预警风险。[16] 金融机构通过大数据和机器学习技术构建反欺诈模型，实时检测交易数据和用户行为的异常情况，在识别出潜在风险时即时预警并采取相应措施。这种机制在“预期效用最大化”原则下，对风险和收益进行更精准的权衡，确保资源配置在达到最优效果的同时，保障金融机构的稳健性。动态风控不仅增强了金融机构的风险应对能力，还使金融服务更加安全、可靠，满足了数字场景中快速变化的风险管理需求。

（三）数字场景下金融支持变革潜在的风险

随着数字场景的深入发展，金融支持的风险结构和管理方式面临着前所未有的挑战。数字场景不仅增加了传统金融活动的风险复杂性，还带来了新的数据安全风险、系统性和合规性风险。正确把握和认知数字场景下金融支持中的潜在风险，不仅是数字金融生态发展的重要前提，也关乎整个金融体系的稳健性。

第一，精准资源配置高度依赖企业和个人的多维度数据，使得数据安全与隐私保护面临严峻挑战。首先，金融机构在收集和分析用户行为数据、交易记录、社交信息等海量数据时，不仅面临数据泄露的技术风险，还要面对数据使用边界模糊、用户隐私保护不足等问题，特别是在跨平台数据整合过程中，数据的分散性和异构性增加了信息安全管理的难度，一旦发生数据泄露，不仅损害用户权益，还可能引发系统性金融风险。其次，精准资源配置策略可能导致“数据垄断”和“数据歧视”问题。掌握海量用户数据的大型平台在金融资源配置中具有天然优势，而缺乏数据积累的中小金融机构在竞争中处于不利地位，这种数据资源的不均衡分布可能加剧金融市场的垄断程度。最后，在追求精准配置的过程中，过度依赖数据分析可能会忽视传统信用评估体系的价值，特别是在数据质量不佳或模型设计存在偏差的情况下，可能造成资源错配，甚至引发局部性金融风险。在高频交易和快速决策的环境下，这种资源错配的风险会被进一步放大，对金融稳定性构成潜在威胁。

第二，动态定价机制虽然提高了金融机构信息传递和决策的效率，但在实际运行中面临诸多风险挑战。首先，动态定价机制容易引发市场波动和价格失真。在高频交易环境下，价格调整的即时性可能导致市场反应过度，尤其是当定价算法对市场信号产生过度反应时，可能引发价格的剧烈波动。这种波动不仅影响市场的稳定性，还可能造成资源配置扭曲，偏离资产的基本面价值。其次，实时定价决策中可能存在的系统性风险不容忽视。金融机构在追求决策速度的过程中，定价系统的稳定性和可靠性面临严峻考验。一旦核心系统出现故障或延迟，可能导致错误定价决策的连锁反应，由于金融市场互联程度日益加深，这种风险可能会迅速扩散并产生系统性影响。最后，尽管数字技术提升了信息传递效率，但市场参与者之间的信息获取能力差异显著，掌握先进数据分析技术的机构可能利用信息优势进行策略性定价，而信息劣势方可能承受不公平的价格歧视。这种信息优势的不当使用不仅损害市场公平，还可能引发道德风险。

第三，金融机构转向数据驱动的动态风控模式虽然提升了风险管理能力，但这一转变本身衍生出新的风险挑战。首先，动态风控的模型风险日益凸显。风控模型在设计过程中往往基于历史数据进行参数估计和模型训练，但数字场景中新业态、新模式不断涌现，历史数据的代表性和预测能力面临挑战。在极端市场环境下，模型的表现可能显著偏离预期，导致风险预警失效或误判。更为关键的是，当多个金融机构采用相似的风控模型时，可能形成“模型趋同”现象，在市场波动时产生群体性反应，反而加剧市场的不稳定性。其次，数据驱动的风控体系面临数据质量与实时性的双重考验。在跨市场、跨平台的业务场景中，数据标准不统一、接口不兼容等技术壁垒增加了数据整合的难度，影响风控的及时性和有效性。最后，过度依赖自动化风控可能弱化人工监督和判断的作用，在面对新型风险时缺乏必要的灵活性和适应性。

第四，监管政策滞后性与数字变革高速性的动态演变催生了复杂监管风险。首先，传统的“实体监管”模式难以适应数字金融的虚拟特征，导致监管“真空区”不断扩大，特别是在跨境金融活动中，不同司法管辖区对数字金融业务的定性和监管标准存在差异，使得金融机构面临多重监管合规压力。其次，数字技术的快速迭代引发监管规则的频繁调整，增加了金融机构的政策不确定性。区块链、智能合约等新技术在金融领域的应用往往处于现有法律框架的边界地带，使得金融机构在业务创新过程中难以准确判断合规边界。数字场景下金融业务的跨市场、跨行业属性，也使传统的分业监管框架面临挑战。同一项金融创新可能同时涉及支付、信贷、投资等多个领域，却缺乏统一的监管标准，这种监管碎片化不仅增加了金融机构的合规成本，还可能导致监管套利行为的出现。最后，随着金融科技的深度应用，新型金融风险的识别和度量方法尚未形成共识，使得监管机构在制定和执行监管规则时存在较大滞后性。这种滞后不仅影响监管效能，还可能在危机发生时限制监管机构的应对能力。

（四）政策建议

第一，构建数据驱动的精准资源配置体系，需要在提升配置效率与防范风险之间寻求平衡。首先，应建立健全数据要素市场化配置机制，通过完善数据产权界定、制定数据交易规则、搭建规范化数据交易平台等措施，促进金融机构间数据资源的有序流动与共享。在此基础上，推动建立行业数据共享机制，鼓励大型金融科技平台与中小金融机构开展数据合作，实现数据资源的均衡分布，避免“数据垄断”。其次，应加快构建多层次数据治理框架。在技术层面，推广数据“脱敏”、安全计算、联邦学习等先进技术，实现数据应用与隐私保护的统一；在制度层面，明确数据采集、加工、使用的标准规范，建立数据质量评估与责任追溯机制，特别是要建立算法公平性审查制度，定期评估资源配置模型的决策结果，防止算法偏见导致的金融排斥。最后，应构建“数据 + 传统”的混合型信用评估体系。鼓励金融机构在利用数据分析进行精准决策的同时，合理保留传统信用评估方法，通过多维度信息的交叉验证提高资源配置的准确性。

第二，优化动态定价机制的市场环境，需要从技术支撑和制度保障两个维度展开。首先，构建智能化的市场监测预警体系。通过建立价格波动监测平台，设置合理的价格波动区间和预警阈值，及时发现和干预异常的价格波动，同时引入市场微观结构分析工具，对高频交易行为进行实时监控，防范操纵市场和恶意定价等行为。其次，应加强金融基础设施的韧性建设。推动金融机构完善交易系统的容灾备份机制，建立系统故障快速响应和恢复预案，确保在极端情况下维持价格发现功能的连续性，特别是要建立跨机构的应急协调机制，防止单个机构的系统性风险向整个市场传导。再次，应健全市场信息披露制度，促进信息的公平获取。明确规定金融机构在动态定价过程中的信息披露义务，包括定价依据、调整频率和幅度限制等关键信息，确保市场参与者能够及时、充分地获取价格信息。同时，规范大数据分析等先进技术在定价中的应用，防止利用技术优势实施不当的价格歧视。最后，应推动建立跨区域监管协调机制。通过制定统一的动态定价监管标准，搭建跨区域监管信息共享平台，实现不同地区监管政策的有效衔接。鼓励金融机构在跨区域经营中采用模块化的定价策略，既保持价格发现的灵活性，又确保满足各地监管要求。

第三，加强数字场景下金融风控体系的建设，需要在技术创新与风险防范之间构建动态平衡。首先，应建立风控模型的分级评估与监管机制。通过构建模型验证标准体系，对金融机构的风控模型进行定期压力测试和有效性评估，关注模型在极端市场环境下的表现。其次，应完善数据治理标准与技术规范。推动建立统一的金融数据标准，规范数据采集、传输和处理流程，提升数据质量和可用性。鼓励金融机构采用分布式存储、实时计算等先进技术提升数据处理能力，并建立数据质量评估与追溯机制，确保风控决策的及时性和准确性。再次，应构建多层次的技术风险防御体系。要求金融机构建立完善的信息系统应急预案，定期开展系统压力测试和应急演练，提升风控系统的韧性。同时加强网络安全防护，建立安全漏洞实时监测和快速响应机制，防范外部攻击和内部威胁。最后，应推动建立“人机协同”的智能风控模式。在发挥智能风控系统优势的同时，保持必要的人工监督和干预机制，通过建立风控专家决策支持系统，增强风控体系应对新型风险的适应性和灵活性。

第四，建立与数字场景相适应的监管体系，需要推动监管理念和监管方式的创新变革。首先，探索将监管要求嵌入金融科技基础设施中，实现监管规则的自动执行和实时监测。推广监管科技应用，鼓励金融机构和监管机构共同开发标准化的监管接口和数据报送机制，提高监管效率。其次，应建立跨境协同监管机制。加强国际监管合作，推动建立数字金融领域的国际监管标准，特别是在数据流动、算法治理等新兴领域形成统一规范。同时，建立跨境监管信息共享平台，加强对跨境金融活动的联合监管。再次，应推行“监管沙盒”制度的常态化运行。通过设立创新试验区，为金融科技创新提供政策空间和制度环境，在可控范围内测试新型业务模式，并根据试点经验及时制定和完善监管规则。最后，应建立“自适应”监管框架。设计具有前瞻性和弹性的监管规则，提升监管体系应对新型金融业态的适应性。建立监管评估和反馈机制，定期评估监管政策的有效性，根据市场发展动态适时调整监管措施，实现监管政策与市场创新的动态平衡。

参考文献

[1] 张林，王燕霞，郑强 . 数字普惠金融如何影响民营企业成长 [J]. 财经问题研究，2023 (5).

[2] 夏天添，张振铎，万鹏宇，等 . 数字金融促进小微企业融资模式创新 [J]. 技术经济与管理研究，2022 (5).

[3] 谢绚丽，沈艳，张皓星，等 . 数字金融能促进创业吗？——来自中国的证据 [J]. 经济学 (季刊)，2018 (4).

[4] 张勋，万广华，吴海涛 . 缩小数字鸿沟：中国特色数字金融发展 [J]. 中国社会科学，2021 (8).

[5] 易行健，周利 . 数字普惠金融发展是否显著影响了居民消费：来自中国家庭的微观证据 [J]. 金融研究，2018 (11).

[6] 周庭芳，王耀中，熊智桥 . 数字普惠金融、居民消费与中小企业经营绩效：基于新三板挂牌企业数据的实证研究 [J]. 学术研究，2024 (10).

[7] 王诗卉，谢绚丽 . 经济压力还是社会压力：数字金融发展与商业银行数字化创新 [J]. 经济学家，2021 (1).

[8] 陈伟光，明元鹏 . 国家金融安全视角下 SWIFT 系统与央行数字货币：发展路径与逻辑关系 [J]. 经济学家，2023 (2).

[9] 车丽波 . 数字金融赋能跨境电商：理论逻辑、现实困境与发展路径 [J]. 西南金融，2024 (8).

[10] 封思贤，郭仁静 . 数字金融、银行竞争与银行效率 [J]. 改革，2019 (11).

[11] 黄倩，李政，熊德平 . 数字普惠金融的减贫效应及其传导机制 [J]. 改革，2019 (11).

[12] 刘莉，杨宏睿 . 数字金融、融资约束与中小企业科技创新：基于新三板数据的实证研究 [J]. 华东经济管理，2022 (5).

［13］贺水金，胡灵．数字金融与银行流动性创造的U型关系：基于中国173家商业银行的分析［J］．财经论丛，2022（8）．

［14］李莉莉，石广平．数字普惠金融发展能促进居民就业吗？——基于CFPS的微观证据［J］．河南师范大学学报（哲学社会科学版），2024（5）．

［15］彭澎，周力．中国农村数字金融发展对农户的收入流动性影响研究［J］．数量经济技术经济研究，2022（6）．

［16］邱晗，黄益平，纪洋．金融科技对传统银行行为的影响：基于互联网理财的视角［J］．金融研究，2018（11）．

二、深圳市安居集团保障性住房：“金融＋科技”解决大城市“夹心层”住房困难

艾　非[①]

摘　要：本文以深圳市安居集团有限公司保障性住房供应的实践案例为基础，分析了通过“科技＋金融”支持保障住房大规模建设，解决大城市“夹心层”住房问题所需面临的核心问题和可行路径。我国保障性住房供给需明确哪些群体应当纳入住房保障范畴、如何更好提供符合需求的保障性住房、如何实现资金保障3个重点问题。深圳安居主要为城市“夹心层”和企业提供可负担的保障性住房，通过完善租购住房市场供应结构适应新市民、青年人住房需求，通过探索智能建造、数字化赋能加速打造绿色、低碳、智慧的安居之所，通过打造REITs+组合融资工具实现资金有效循环，探索出了一条立足深圳实际、可推广至其他大城市“夹心层”住房保障的实施路径。本文在住房供应新机制完善、可持续性强化等方面提出了改进性意见。

关键词：保障性住房　城市“夹心层”　智能建造　公募REITs

（一）引言

住房保障，既关系民生，也关乎发展。2024年，党的第二十届中央委员会第三次全体会议审议通过《中共中央关于进一步全面深化改革　推进中

① 艾非，深圳市安居集团有限公司与深圳大学联合培养创新实践基地博士后，主要研究方向：住房政策、公募REITs等。

国式现代化的决定》(以下简称《决定》),指出我国要“加快建立租购并举的住房制度,加快构建房地产发展新模式”,并具体明确“加大保障性住房建设和供给,满足工薪群体刚性住房需求”和“支持城乡居民多样化改善性住房需求”的“保障 + 市场”双轨制的发展模式。“住房 + 保障”的发展新模式明确并扩大了住房保障的群体范围,也将住房保障和保障性住房建设提升到了前所未有的高度。

构建发展新模式需要新思路、新理论和新配套的支撑,也需解答经济新常态下的新问题。深圳市安居集团有限公司(以下简称“深圳安居”)作为深圳市国资委全资的保障性住房专营机构,对深圳市保障性住房建设进行了诸多有益探索。深圳安居成立于 2016 年,成立之初名为深圳市人才安居集团有限公司,主要为配合完善深圳市人才住房制度,通过市场化、企业化的方式建设运营出租型和出售型人才住房。2022 年后,为与国家住房体系全面接轨,原人才住房纳入保障性住房,深圳安居目标群体明确为新市民、青年人以及有住房困难的工薪收入群体等城市“夹心层”。目前,“我国房地产市场供求关系发生重大变化”,为顺利在 2029 年前完成《决定》中有关房地产行业变革的部署,需要结合经济、社会、城市发展、人口状况实际深入研究和探讨我国保障性住房行业发展面临的目标和思路。本文将结合深圳安居实践案例,探讨在经济、社会和行业变革背景下保障性住房建设运营面临的问题和可行的路径。

(二)房地产发展新模式下住房保障的对象及面临的挑战

“市场 + 保障”双轨制下,住房保障体系不仅需要为中低收入者提供保障性住房,还应当为新市民、青年人和有住房困难的工薪收入群体等城市“夹心层”提供可负担的住房。本部分主要梳理在当前环境下住房保障对象的选择以及保障性住房建设过程中可能面临的问题和挑战。

1. 住房保障对象也应包含城市“夹心层”

一个城市,青年人有希望,城市才有未来。传统的保障体系更关注保障户籍低收入者的权益（主要依靠公共租赁住房保障），但在城市高速发展、外来人口众多、房价高企的背景下，将新市民、青年人和有住房困难的工薪收入群体等城市“夹心层”纳入住房保障的范畴具有重要意义，也是促进社会包容性发展的重要标志。[1]一是个人发展层面，“租不好房、买不起房”逐渐成为大城市“夹心层”追求美好生活的主要障碍之一。过高的房价降低了城市无房居民的消费和生活水平，[2]并对劳动者流动产生明显的挤出效应，[3]不利于居民在城市稳定发展。英国、美国、法国等国家均在房价高企期间为中间群体提供了一定程度的住房支持。[4]二是企业发展层面，大城市中间群体住房保障缺失将大幅抬高企业用工成本。住房成本作为新市民、青年人最主要的生活成本，最终也会反映到企业的用工成本和人员稳定性上，高房价和保障性住房供应不足会进一步对企业人力资本积累和企业创新产出产生不利影响。[5]三是城市发展层面，保障中间群体住房基本需求是实现房地产行业平稳发展的基本要求。未来一段时间是我国住房需求剧烈变革的时期，[6]在经济新常态下，形成可覆盖城市“夹心层”的住房保障体系，让住房问题不再成为人、社会、城市发展的制约，可以在稳定经济的同时提高城市吸引力和竞争力。[7]

2023 年 9 月，国务院印发《关于规划建设保障性住房的指导意见》（国发〔2023〕14 号，以下简称国发 14 号文），明确我国将建立以公共租赁住房、保障性租赁住房和配售型保障性住房为核心的住房保障体系。其中，公共租赁住房主要保障“符合规定条件的城镇中等偏下收入住房困难家庭”，保障性租赁住房和配售型保障性住房（含之前各类可售型保障性住房）主要保障城市“夹心层”（“符合条件的新市民、青年人等群体”和“住房有困难且收入不高的工薪收入群体，以及城市需要的引进人才等群体”）住房需求。“公共租赁住房 + 保障性租赁住房 + 配售型保障性住房”的住房保障体系也是未来一段时间我国保障性住房发展的主要方向。

2. 房地产发展新模式对保障性住房提出了更高的要求

党的十九大报告和党的二十大报告均明确“加快建立多主体供给、多渠道保障、租购并举的住房制度”，上述思路也成为我国住房结构调整和住房供给侧结构性改革的重要方向。“多主体供给、多渠道保障”在保障性住房领域是指通过多元化的保障方式和供应渠道满足居民多层次的住房需求。2021 年中央经济工作会议以及后续文件中又进一步总结出“房地产新模式”，住房和城乡建设部要求“系统开展好房子、好小区、好社区、好城区‘四好’建设，打造宜居、韧性、智慧城市”。

基于上述思路，推进保障性住房大规模建设需重点回答以下三个方面的问题：一是“人”的层面，各类型群体的住房需求如何得到满足。公共租赁住房主要面向中等偏下收入住房困难家庭，租金折扣一般较大（深圳市为 3 折或 0.3 折），由于缺乏市场可行性，一般由政府以实物补贴或货币补贴的方式提供。保障性租赁住房和配售型保障性住房面向中间群体，具有一定收益，可探索“市场 + 政府”多主体快速供应。实际操作中，鉴于纯市场主体对收益率较为敏感，难以实现保障性住房大规模供应，新加坡（建屋发展局）、香港（房屋委员会）等地区均成立专门的公共住房机构从事公共住房开发。[8] 截至 2024 年 6 月，已有深圳、厦门、广州、南京等城市成立保障性住房专营机构推进保障性住房大规模快速建设。二是“房”的层面，“以需定建”要求下住房供给结构如何适配需求。在以地谋发展的大背景下，保障性住房供地选址往往在偏远地区，基础配套也相对较差。[9-10] 住建部要求明确建设“四好”房子，打造宜居、韧性、智慧城市。在新的要求下，探索通过科技赋能加速供应更加智能化、数字化的“好房子”是让人民群众实现住有宜居的必然之举。三是“钱”的层面，如何实现资金保障。保障性住房项目投资大、周期长、收益低，在房地产发展新模式下更需要创新融资渠道、争取多种类权益资金的支持。[11] 保障性租赁住房项目需长期持有获得租金收益，配售型保障性住房根据国发 14 号文和《决定》要求将积极探索实施现售制，通过创新方式多渠道获取权益资金是支持保障性住房加速建设的重要保障。

（三）探索“科技 + 金融”的保障性住房供应深圳安居实践

为贯彻落实中央“房住不炒”精神，解决超大城市住房供需失衡的突出问题，深圳市委、市政府于 2016 年出资 1000 亿元设立保障性住房专营机构——深圳市人才安居集团有限公司（2024 年 4 月更名为深圳市安居集团有限公司），致力于为新市民、青年人和各类人才提供“高品质、有温度、可负担”的安居之所。深圳安居采用政府指导、市场化运作的方式，截至 2024年6月底，累计筹建保障性住房28.5万套（间），供应12.8万套（间），约占全市的 1/3，累计服务超 8000 家企业、15 万市民。深圳安居坚持“保本微利、增供低价”的原则，初步探索出了一条以解决城市“夹心层”住房问题为目标、“科技 + 金融”双轮驱动为支撑的保障性住房发展道路。

1. 聚焦“人”的需求，完善梯度化保障性住房产品供给体系，满足多层次住房需求

一是在租房市场上，着力完善品质梯度、价格梯度，提供居民所需的可负担、环境良好的租赁住房。深圳市原始租赁住房供给存在中间层缺失的情况，难以满足新市民、青年人和有住房困难的工薪收入群体等城市“夹心层”的住房需求。根据中指数据，截至 2022 年底，深圳市各类商品房和酒店公寓类住房合计约 285 万套（占比约 26%）、城中村住房约 577 万套（占比约 52%）、宿舍约 183 万套（占比约 16%）、保障性租赁住房约 54 万套（占比约 5%）、城中村集中式公寓约 14 万套（占比约 1%）。一方面，市场化租赁的公寓和商品住房租金较高、负担较重，租房成本明显增加了新市民、青年人的生活压力。另一方面，原生状态的城中村租赁住房居住环境较差、存在明显的安全隐患和乱收费现象，无法满足新市民、青年人对于居住品质的要求。为了解决租房市场上中等品质、中等价位租赁产品短缺问题，深圳安居提供了城中村改造提升的租赁住房和 6 折租金建设筹集的保障性住房，在租赁住房市场上完善了“原始城中村租赁住房和宿舍 + 城中村改造住房 + 建设筹集的保障性住房 + 市场化租赁的商品住房和公寓”的梯度化供应体系，有效解决了中等品质、中等租金的租赁住房供给不足的问题，为新市民、青年人和有住房困难的工薪收入群体等城市“夹心层”提供了多层次的租赁住房产品选择。

二是在购房市场上，提供可负担的可售型保障性住房，助力实现从租房到购房的转换。深圳市住房自有率仅为23%，明显低于其他城市。较高的房价成为新市民、青年人、工薪阶层获得自有住房的重要阻碍。深圳市构建了包含安居型商品房、可售人才房和配售型保障性住房等住房类型的可售型保障性住房体系，助力新市民、青年人、各类人才从租房到购房的转变。深圳安居深度参与深圳市配售型保障性住房建设供应。2023年9月，国发14号文明确，配售型保障性住房为今后可售型保障性住房的主要类型。深圳安居作为市属保障性住房专营机构，积极承担深圳市保障性住房先行先试工作，在配套政策尚未完全出台的背景下主动承担建设任务，承建了全市首批13个配售型保障性住房项目中的8个，有效加速了深圳市可售型保障性住房的建设供应。

租购并举住房体系及深圳安居提供的主要住房类型见图1。

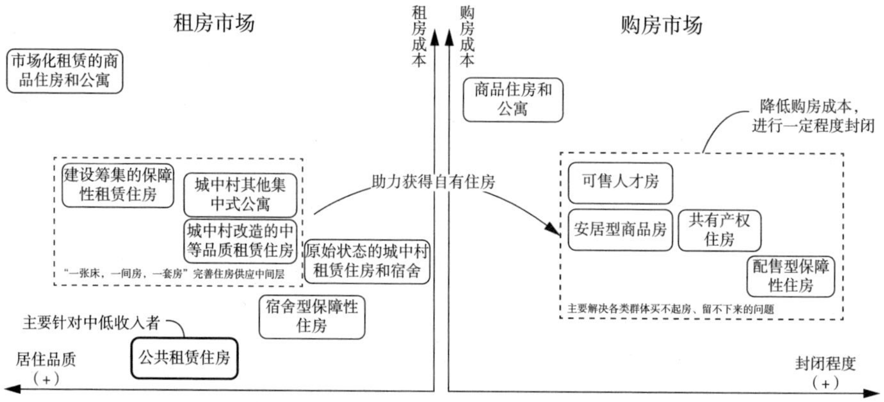

图1　租购并举住房体系及深圳安居提供的主要住房类型

注：①租房成本仅考虑房屋租金，原始状态的城中村租赁住房和城中村集中公寓可能有较高的水电等其他成本。②"建设筹集的保障性租赁住房"指通过新供用地建设、存量用地合作开发、非居改保、市场化收购等方式建设筹集的保障性租赁住房。

2. "科技"支持加快供应绿色、低碳、智慧、数字化的保障性住房

构建房地产发展新模式，需要以引领性、前瞻性的科技创新催生新产业、新模式和新动能。我国房地产和建筑行业存在生产方式粗放、劳动效率不高、能源资源消耗较大、科技创新能力不足等问题，亟须推动形成一批智

能建造龙头企业，引领并带动广大中小企业向智能建造转型升级。为推动保障性住房行业高质量转型，为城市“夹心层”加速提供更加绿色、低碳、智慧安全的保障性住房，深圳安居积极探索智能建造与建筑工业化，打造了一批技术创新赋能的试点项目。

（1）深度应用模块化集成建筑，高品质、高效率扩大保障性住房供应

房地产建设周期一般为 3~5 年，这极大地制约了保障性住房供应的进度。近年来，深圳市着力推进以装配式建筑为代表的新型建筑高质量发展，推动全产业链向绿色化、工业化、智慧化、数字化方向发展。深圳安居保障性住房领域积极应用装配式建筑。装配式建筑所用结构构件提前在工厂流水线生产，1~2 个模块拼成一套保障房，同时通过全封闭的装配式降噪结构实现较好的效果；通过对混凝土建材的再生处理，降低对环境的不利影响。相较于传统建筑，装配式建筑的施工建设周期更短、更加绿色环保、建筑标准化程度更高。深圳安居“华章新筑”项目是全国第一个建筑信息模型（Building Information Modeling，BIM）全生命周期数字化交付模块化建筑项目，包含 5 栋 28~29 层、99.7 米的高层建筑，共提供 2740 套精装的保障性住房。项目从精装修模块生产到结构封顶 25 周，封顶到交付 72 天，整体建设周期仅一年（比传统建造方式节省工期一年半到两年），建筑品质、防风防震性能等全部符合国际一流标准。深圳安居梅林路 6 号保障性住房项目是国内首个在高密度城区建造的混凝土模块化高层建筑，也是福田中心城区的首个高层模块化集成建筑。

（2）探索数字化技术全面运用，智能建造赋能保障性住房建设

住房和城乡建设部强调，“好房子”建设，要“强化数智赋能，充分利用先进数字化技术提升住房设计、建造、使用和维护水平”。近年来，数字化技术使施工设备和施工过程的智能化、自动化水平逐步提升。BIM 技术可以将项目全过程信息展示在同一平台上，由各建设参与方共享同一建筑信息模型，提高工程效率。深圳安居积极探索全面应用建筑信息模型、全力推广智慧数字化工地，在规划研究、设计、成本、施工、运维各环节充分发挥 BIM 技术效能。深圳安居自 2016 年成立以来，从第一个项目起便积极开展 BIM 应用探索。2019 年，深圳安居首次在安居望湖轩项目上开展 BIM

正向设计尝试，同时开展智慧工地平台建设。2022 年，初步构建保障性住房全过程 BIM 标准体系，采用 BIM 技术辅助装配式建筑，融合数字孪生与 BIM/CIM 技术，开展以 CIM 为底座的智慧安居数字化平台建设，在从设计工程到施工和运营的整个项目生命周期内实现团队、工作流和数据互联，实现建筑业精细化、信息化管理。同时，深圳安居积极探索智能建造机器人应用，在坪山沙湖、大鹏风铃府等项目开展智能建造机器人系统性应用试点，以机器人辅助和替代工人的“危、繁、脏、重”施工作业，提高工程建设机械化、智能化、数字化水平。

（3）探索科技赋能绿色、低碳、智慧、数字化的优质保障性住房

住房和城乡建设部明确，要“建设绿色、低碳、智能、安全的好房子”,“保障性住房是政府工程，是民心工程，保障性住房更应该建成好房子，这是政府应该做到，也应该做好的事情”。在具体措施方面，住房和城乡建设部强调：“要尊重科学，创新驱动。面向群众需求，研发和推广惠民实用技术、建筑产品和建筑材料。”深圳安居在南山高新花园等项目开展了智慧小区、全屋智能家居试点，搭建基于 BIM 的运维管理平台，以 BIM+AI 手段打造保障性住房智慧社区、未来社区。在屋面大力推行分布式光伏建筑一体化；引进新概念、新材料、新技术优化风光热声，集成光储直柔技术打造龙辉零能耗幼儿园，年发电可达 41 万度，全年碳减排 340 吨；创新探索“光一储一充”技术，为居民提供“一杯咖啡，满电出发”超快充电的绿色能源新体验。深圳安居在城中村改造过程中通过打造数字智能平台，赋能智慧社区建设。通过“1 个数字社区底座”，对城中村的空间建筑进行三维立体模型构建，并根据不同的业态类别构造出数字孪生社区，保障基础物业数据准确性。通过“1 个物联网系统平台”，在所有房源配备智能水电表、监控、烟感、门锁门禁及人脸识别等智能设备，实现全区域物联网管理。基于交易数据标签系统实现 360° 租客画像和房源画像积累，保证信息实时同步，并基于画像分析提供满足客户需求的服务和居住空间；基于交易系统和管理系统及各一线服务角色的 App 端口，保障基础物业管理及保安、保洁、维修等所有服务全部线上化管控并及时获取居民满意度反馈。

3. “金融”循环助力实现全生命周期资金循环

保障性住房建设运营投资大、周期长、收益低，尤其是保障性租赁住房会造成大量的资产沉淀，成为其大规模建设的重要制约。深圳安居超过2/3的项目为只租不售的保障性租赁住房项目，需要盘活存量资产为扩大保障性租赁住房建设提供足够的权益资金支持。为实现盘活资产再投资和有效降低资产负债率，深圳安居以探索发行首批基础设施公募REITs（以下简称公募REITs）为核心，打造了包含“类REITs、Pre-REITs、公募REITs”的REITs+产业链，在房地产开发运营各周期获取权益资金，实现保障性住房“投融建管退”全生命周期资金循环。

（1）金融创新，发行全国首批保障性租赁住房REITs产品

我国基础设施公募REITs是指依法向社会投资者公开募集资金形成基金财产，并通过基础设施资产支持证券等特殊目的载体持有基础设施项目的标准化金融产品。基础设施项目通过公募REITs发行盘活后，通过公开募集为原始权益人提供退出渠道和大量权益资金来源，形成“投资建设住房—REITs盘活资产—回收资金再投资”的良性发展格局，对于盘活基础设施资产、扩大有效投资、促进行业平稳发展具有重要的作用。[12]

深圳安居在公募REITs方面进行积极的理论和实践探索。2018年，深圳安居率先发行了全国首单人才租赁住房类REITs，为保障性住房资产证券化积累了先行经验。2020年，国内公募REITs政策出台，但保障性租赁住房暂未纳入试点行业范围，深圳安居即开始资产梳理和项目准备工作，并赴国家有关部委汇报深圳市租赁住房REITs工作思路。2021年以来，深圳市利用深圳综合改革试点首批授权事项清单，积极向国家部委申请支持深圳市在人才租赁住房领域开展公募REITs试点。国家发展改革委于2021年7月正式将保障性租赁住房纳入公募REITs行业范围，打通租赁住房领域发行公募REITs的政策“瓶颈”。与此同时，深圳安居会同有关中介机构组建工作专班，协同推进保障性租赁住房认定、试点资产新房认定、项目配租、资产重组和项目过户手续等事项，确保满足发行公募REITs的条件。2022年7月，中国证监会正式批复红土深圳安居REITs准予注册。2022年

8月31日，红土深圳安居REITs在深圳证券交易所正式发行，为深圳安居探索了一条可持续发展之路。深圳安居REITs底层资产为深圳安居运营的安居百泉阁项目、安居锦园项目、保利香槟苑项目和凤凰公馆项目4个保障性租赁住房项目，建筑面积合计13.47万平方米，包含1830套保障性租赁住房及其配套，发行规模12.42亿元，实现对外募集资金6.09亿元。后续可持续通过深圳安居REITs扩募实现更多保障性住房资产盘活。深圳安居REITs+组合融资工具运作模式如图2所示。

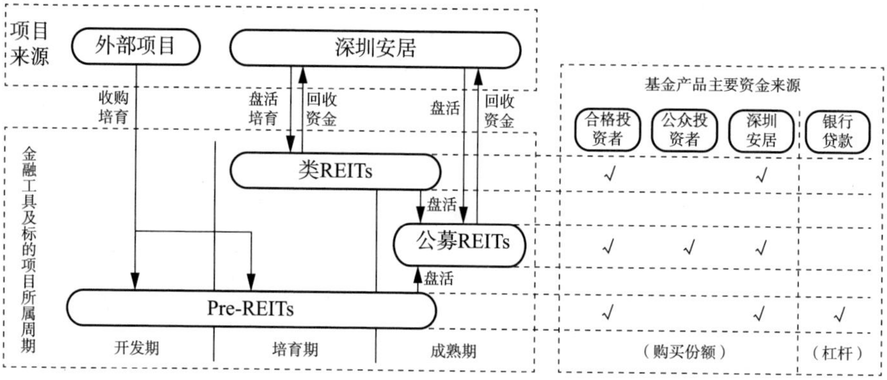

图2　深圳安居REITs+组合融资工具运作模式

（2）借助金融循环，构建“投融建管退”全生命周期REITs+组合融资工具

2022年5月，国务院办公厅《关于进一步盘活存量资产扩大有效投资的意见》（国办发〔2022〕19号）明确提出“探索建立多层次基础设施REITs市场”。2023年9月，深圳市《关于支持深圳市基础设施领域不动产投资信托基金（REITs）高质量发展的若干措施》提出“支持金融机构创新REITs+组合融资工具，通过设立Pre-REITs基金、发行资产证券化产品等方式提供低成本、全周期投融资服务”。2024年7月，《中共中央关于进一步全面深化改革　推进中国式现代化的决定》要求“改革房地产开发融资方式”“发展多元股权融资”。

公募REITs要求底层资产“具有成熟的经营模式及市场化运营能力，已产生持续、稳定的收益及现金流”，即只适合成熟期的不动产项目。为在项目全开发周期（开发期、培育期、成熟期）获取权益资金、拓展融资渠道，深圳安居积极推进以公募 REITs 为核心的“Pre-REITs+ 类 REITs+ 公募 REITs”的“REITs+”组合融资工具。2018 年，深圳安居率先推出全国首单人才住房类 REITs 产品，储架规模 200 亿元。2023 年 6 月，深圳安居与建信住房租赁基金成立安居信建基金（Pre-REITs）。Pre-REITs 和类 REITs 主要面向合格投资者发行，可分别对深圳安居外部、内部资产在开发期和培育期进行盘活培育，培育成熟后通过深圳安居 REITs 实现退出，回收的资金作为资本金投至新的保障性住房项目。Pre-REITs、类 REITs 和公募 REITs 共同组成贯穿保障性住房开发全流程的权益融资工具，形成“谋划一批、储备一批、发行一批”的滚动实施机制，有助于真正解决保障性住房建设中资金来源和资产盘活方面的痛点、难点问题。截至 2024 年 6 月底，深圳市保障性租赁住房 REITs 多层次市场累计规模约 52 亿元，均由深圳安居通过“REITs+”组合融资工具完成。

（四）存在的问题

1. 保障性住房供应的新机制亟待建立

在“保障 + 市场”的房地产发展新模式下，超大城市保障性住房的供应模式有待进一步探索和完善。前期各地均探索了“限地价、竞配建”等土地供应模式，但上述模式的保障性供应规模较小，无法实现“保障 + 市场”的双轨制模式，也无法满足新市民、青年人和各类人才的住房需求。首先，国发 14 号文明确，保障性住房供地“优先安排在交通便利、公共设施较为齐全的区域”。在实际操作中，各地核心区域的土地依旧有很强的倾向被用作商品住房、商业地产等商品房开发，保障性住房供地往往位于位置较差的地区，加剧了职住不平衡的程度。需要转变“以地谋发展”的思路与模式，让土地资源和住房资源成为支撑区域产业、人才高质量发展的要素。其次，在制度转变过程中，亟须进一步明确政府和地方专责企业的职责分工。为防止增加地方政府隐性债务，成立的专营机构应当具有可持续运营的能力，这就需要政策端明确政府和企业的权责划分，综合运用考核评价体系和市场化激励，提升专营机构的目标完成能力和运营能力，支撑保障性住房大规模建设。最后，应当精细化设计针对专营机构等相关单位的考核激励模式，从粗放式数量指标向精细化质量指标转变，逐步适应保障性住房高质量发展要求。

2. 专营机构可持续发展模式亟待强化

由于租金折扣明显低于市场租金，且深圳市场租金收益率低，保障性租赁住房项目较难实现整体的资金平衡。深圳市政府组织配租的保障性租赁住房租金为市场参考租金的六折，租金定价明显低于市场水平，且租金动态调整机制尚未建立。以年折旧 1.6%、资金成本 3% 进行估算，在不考虑其他运营成本并假定满租的情况下，大部分区域实现资金平衡的房价成本价也仅为 1 万元左右，明显低于 2023 年深圳市二手房中介样本均价（约 7 万元 / 平方米），具体见表 1。部分区域的资金平衡价格甚至低于住房建设过程中不含地价的建设成本，而这些区域恰好是土地资源相对充足的地区（如坪山区和光明区）。

表 1　深圳市以租金指导价六折计算的资金平衡点的房屋成本价上限

区域	南山	福田	罗湖	龙华	宝安	龙岗	盐田	光明	坪山	大鹏
租金指导价［元 /（平方米·月）］	107	98	72	68	68	54	61	50	44	40
六折租金［元 /（平方米·月）］	64	59	43	41	41	32	37	30	26	24
实现资金平衡的房屋成本价（元 / 平方米）	16748	15339	11270	10643	10643	8452	9548	7826	6887	6261

资料来源：深圳市住房和城乡建设局网站。

注：政府配租的保障性租赁住房租金价格按租金指导价的六折估算，资金平衡要求租金收入打平折旧和资金成本，若计算实际不可避免的空置情况、运营成本和各项税费，资金平衡下的房屋成本价应当更低。

为实现运营的可持续性，扩大保障性住房供应规模，需探索强化项目的可持续模式。一是应当进一步明晰专营机构的职责定位。对保障性住房专营机构存在两方面的考核，一方面，作为企业要能够实现保本微利可持续，会有从企业角度判断而产生的经营考核（如“一利五率”）；另一方面，作为政府作用的延伸，也应承担部分保障性住房供应的考核要求。两种模式实现经营可持续的方式存在一定差异。若主要承担公共保障职责，由于其实质承担了政府职责，应当由政府提供一定财政支持以维持可持续（参考新加坡建屋发展局，且不能增加政府隐性债务）。若主要希望通过市场化运作实现可持续，则必须在提供保障性住房的同时明晰职责分工、明确经济平衡点，如切实明晰哪些项目会产生亏损（要求政府对相应项目提供一定支持）、实施“租补分离”模式等。二是探索通过“以售补租”的方式实现租赁业务的可持续运营。可售型保障性住房和商品住房的收益率和回收周期均明显优于保障性租赁住房。在实际操作中，若将所有项目均通过市场竞价，那就会出现“有利润的项目抢着做、没利润的项目没人做”的局面，因此有利于保障性住房长期发展的政策需要在不同项目间进行平衡。深圳安居追求保本微利，可以探索将可售和租赁的保障性住房项目打包，降低项目平衡的难度，提升运营可持续性，实现“以售补租”。

参考文献

[1] 李国庆，钟庭军 . 中国住房制度的历史演进与社会效应 [J]. 社会学研究，2022（4）.

[2] 吕敏，牟丹，王文甫 . 中美房地产信贷模式对居民消费的影响及房地产税率设计分析 [J]. 中国软科学，2022（10）.

[3] Foote A. The Effects of Negative House Price Changes On Migration：Evidence Across US Housing Downturns [J]. Regional Science and Urban Economics，2016（60）.

[4] 张莉，何晶，马润泓 . 房价如何影响劳动力流动？[J]. 经济研究，2017（8）.

［5］张海峰，张家滋，姚先国．我国住房成本的空间演化与劳动力流动决策影响［J］．经济地理，2019（7）．

［6］马秀莲．保障性租赁住房：一个中间租赁的国际比较视角［J］．行政管理改革，2022（7）．

［7］蔡庆丰，吴冠琛，李东旭．安居才能乐业：保障房建设对企业人力资本积累的影响［J］．世界经济，2024（3）．

［8］Morrison N. Building Talented Worker Housing in Shenzhen，China，to Sustain Place Competitiveness［J］．Urban Studies，2014，51（8）．

［9］邹旭，石晓平，马贤磊．保障性住房用地配置的空间格局及影响因素：基于省、市、县三级空间错配视角［J］．经济地理，2022（8）．

［10］Liu Z，Ma L. Residential Experiences and Satisfaction of Public Housing Renters in Beijing，China：A Before-After Relocation Assessment［J］．Cities，2021（113）．

［11］胡吉亚，胡海峰．对保障性住房建设融资问题的思考［J］．理论探索，2020（2）．

［12］李超．走好中国特色 REITs 发展之路［J］．证券市场导报，2022（12）．

三、前海深港跨境数据验证平台：以数据要素促进深港一体化

张　超[①]

摘　要：2023 年 12 月，国家发展改革委发布《前海深港现代服务业合作区总体发展规划》，为前海新增了“深港深度融合发展引领区”和“现代服务业高质量发展高地”两大战略定位，并要求前海深化改革开放、强化制度创新，在高水平参与国际合作方面发挥更大作用。促进数据跨境流通是全面深化深港融合发展的重要支撑，是响应国家战略部署、深化深港合作、推动粤港澳大湾区一体化融合发展的重要举措。2024 年 5 月，前海上线了全国首个内地香港跨境数据验证平台——前海深港跨境数据验证平台。该平台致力于打造深港两地新型数字化跨境服务基础设施，基于国产开源区块链底层技术（FISCO BCOS）和分布式数据传输协议（DDTP）进行开发，运用区块链不可篡改且可追溯的技术优势，以哈希值跨境验证实现用户自主携带资料的可信验证。深港跨境数据验证平台的优势在于较好地解决了数据泄露、数据滥用和数据可信三大问题，避免了过度授权、数据过度采集、第三方机构泄露数据等情况发生。

关键词：数据要素　数据跨境　深港融合发展　深港跨境数据验证平台

① 张超，北京大学法学博士，深圳企业博士后工作站前海金融控股有限公司分站与深圳大学联合培养创新实践基地博士后，研究方向：数据要素市场和数字经济。

（一）引言

我国加快金融强国建设，在市场化、法治化轨道上推进金融创新发展，推动要素资源实现更优配置是发展新质生产力的重要路径。[1] 生产要素创新性配置是催生新质生产力的源头之一，如何促进要素优化组合是新质生产力发展的重要命题。[2] 数字经济时代，庞大、复杂的经济活动产生了海量、多样和即时的数据，作为一种新型的生产要素，数据已经成为数字经济时代的基础性资源和战略性资源。在以数据要素为核心驱动力的数字经济时代，数据跨境流动促使国际经济活动高效、便捷、智能开展，并在国际贸易、全球经济增长、加速创新等方面发挥着越来越重要的作用。[3] 2022 年 1 月，《国务院关于印发“十四五”数字经济发展规划的通知》明确指出，要探索建立健全数据跨境流动治理规则。2022 年 12 月，《中共中央 国务院关于构建数据基础制度更好发挥数据要素作用的意见》（“数据二十条”）提出，构建数据安全合规有序跨境流通机制，开展数据交互、业务互通、监管互认、服务共享等方面国际交流合作，推进跨境数字贸易基础设施建设，以《全球数据安全倡议》为基础，积极参与数据流动、数据安全、认证评估、数字货币等国际规则和数字技术标准制定。数据要素促进深港一体化融合发展，营造“市场主导、政府推动、社会参与”的多元共治格局，不仅加快粤港澳大湾区“数字湾区”建设，也适应我国更高水平对外开放与安全需要，成为数字经济时代我国掌握发展主动权的关键。前海深港数据跨境验证平台的建立，不仅是对现有跨境数据交换模式的重大创新，也响应了国家关于数据跨境流动与合作新途径、新模式的探索需求。深港跨境数据验证平台能够贯彻落实顶层政策部署、加快拓展金融应用场景、切实惠及深港企业居民，实现深港金融市场的高水平互联互通，进一步降低企业的跨境交易成本，促进粤港澳大湾区的深度融合发展。本文从深港一体化融合发展理论研究出发，明确以数相融是当前深港一体化融合发展的关键，通过剖析深港跨境数据验证平台实践，探讨数据要素促进深港一体化融合发展未来进路，积极回应我国如何在加速高标准数字贸易规则衔接与提高数据全球治理话语权方面的需要。

（二）深港一体化融合发展的理论依据

1. 深港融合发展的历史演进

粤港澳大湾区具有“一国两制”的制度特殊性，区域内有港澳两个特别行政区，三个独立关税区；港澳是国际知名自由贸易港，始终承担着中国与其他国家在贸易、投资、资金、科技、人才、文化等方面交流合作的“超级联系人”角色，均有独立的立法机关、执法机关和司法机关，并与全世界进行频繁的跨境数据交互，这是国内其他地区所不具备的。自改革开放以来，深港合作不断迭代升级，历经前期以产业为主导的“前店后厂”1.0 阶段、“香港服务及研发、深圳科技及转化”的 2.0 阶段，再到现在的经济社会全方位融合发展 3.0 阶段。

第一阶段是 20 世纪 80 年代到 1997 年之前，这一时期深港合作的主要动力来自民间和企业，香港企业家利用两地经济落差和政策利差，将生产制造转移到深圳及周边地区，将设计、营销等服务功能留在香港，形成“前店后厂”模式；第二阶段是 1997—2017 年，深港两地经贸往来愈加密切，特别是 2003 年《内地与香港关于建立更紧密经贸关系的安排》（CEPA）的推动，2004 年深港合作会议机制建立，两地政府签署“1+8”协议（《深港两地政府合作备忘录》及 8 个相关协议），标志着此前由民间（市场）主导的深港合作，进入民间和政府“双向互动”新局面。在此期间，2010 年 8 月 26 日，国务院批复了《前海深港现代服务业合作区总体发展规划（2010—2020 年）》，拉开了前海开发开放的序幕，前海成为深港合作的主引擎。第三阶段以 2017 年 7 月签订的《深化粤港澳合作推进大湾区建设框架协议》为标志，深港合作进入粤港澳大湾区时代。除了经济领域和产业重点之外，还涵盖创新一体、社会融合、治理协同、规则衔接、机制对接等，是更全面、更系统、更深层次的深港合作，特别是 2021 年 10 月香港特区政府发布《北部都会区发展策略》，主动规划跨境合作；2022 年 12 月，香港特区政府公布《香港创新科技发展蓝图》，明确“新型工业化”发展方向，并提出要与内地特别是深圳强化产业合作；2023 年 10 月香港特区政府公布《北部都会区行动纲领》，进一步细化了深港跨境合作的范围和具体项目。深港融合发展迎来重要机遇期，前海的引领作用更加突出。

2. 以三个“一体化”引领深港深度融合发展

2023 年 12 月，国家发展改革委印发了《前海深港现代服务业合作区总体发展规划》（以下简称《前海总规》），对此前印发的《全面深化前海深港现代服务业合作区改革开放方案》（以下简称《前海方案》）进行了全面深化和细化落实。在前海战略定位方面，《前海总规》在《前海方案》提出的两大定位，即在“全面深化改革创新试验平台”和“高水平对外开放门户枢纽”的基础上增加了“深港深度融合发展引领区”和“现代服务业高质量发展高地”两大定位，表明国家寄望前海在深化深港合作、支持香港经济社会发展中发挥更大作用，推动和引领深港深度融合发展，这是前海未来开发开放发展的重中之重。

《前海总规》提出，要坚持依托香港、服务香港，以加快推进规则机制一体化衔接、基础设施一体化联通、民生领域一体化融通三个“一体化”，引领深港深度融合发展。一是加快推进规则机制一体化衔接。制度创新是前海开发开放的核心，《中共中央　国务院关于支持深圳建设中国特色社会主义先行示范区的意见》提出，进一步深化前海深港现代服务业合作区改革开放，以制度创新为核心，不断提升对港澳开放水平。《前海总规》在各个章节中均提出了与香港规则机制衔接的政策举措。比如，与香港建立跨境金融监管联席协同机制，创新科技管理体制机制，合理借鉴香港及国际管理制度，联动香港构建数字贸易跨境交易结算新机制，对接国际高标准商事制度规则，推动涉港澳司法机制综合改革，健全深港各层级合作机制等。这些政策举措旨在推动深港两地规则深度衔接、机制高度对接，为国家推动规则、规制、管理、标准等制度型开放探索新路径。可以预见，未来前海将率先在各领域与香港不断推进规则机制衔接，以更大力度开展制度型开放压力测试，打造全面深化改革和对外开放的新高地。

二是加快推进基础设施一体化联通。基础设施互联互通是深港融合发展的“硬件支撑”，是要素高效便捷跨境流动的重要保障。前海扩区后，前海区位优势、交通优势更加明显，拥有深中通道、深圳机场、深圳港西部港区等重大交通设施。因此，《前海总规》提出要畅通深港跨境交通体系，积极研究论证港深西部铁路（洪水桥—前海），探索创新直升机跨境直飞监管模式及飞行服务组织模式，加快设立前海口岸，研究叠加航空（直升机）口岸功能，构建陆海空客运服务网络。香港方面，《北部都会区行动纲领》提出四大区域发展策略和主题，其中之一的“高端专业服务和物流枢纽”就是要连接前海，并在轨道、公路以及连接香港交椅洲人工岛方面作了详细规划。可以预见，未来前海将与香港打造便捷畅通的跨境综合交通网络，为港人、港资、港企港机构在前海拓展发展空间、实现融合发展提供最大便利。

三是加快推进民生领域一体化融通。依托香港、服务香港，不仅要支持香港经济产业实现更好发展，还要支持香港社会民生实现更高质量发展。《前海总规》提出要打造港澳居民新家园，包括便利港澳居民在内地生活、大力支持港澳青年就业创业、促进粤港澳青少年交往交流交融等举措。相较于《前海方案》，这部分的内容更加丰富、具体，表明国家寄望于前海不仅要为香港企业和资本提供发展空间，也要为香港居民在内地发展、融入国家发展大局提供更大的平台和更好的机会，推动香港与内地“软联通”。前海开发开放的初心是支持香港经济社会发展，深港两地民生领域一体化融通是前海经济产业发展的重要目的。

3. 以数相融促进深港一体化融合发展

2024 年 3 月，国务院办公厅印发《扎实推进高水平对外开放更大力度吸引和利用外资行动方案》第 17 条提出：“支持外商投资企业与总部数据流动。规范数据跨境安全管理，组织开展数据出境安全评估、规范个人信息出境标准合同备案等相关工作，促进外商投资企业研发、生产、销售等数据跨境安全有序流动。制定粤港澳大湾区跨境数据转移标准，依托横琴粤澳深度合作区、前海深港现代服务业合作区等重大合作平台，建立港澳企业数据跨境流动机制，探索建立跨境数据流动‘白名单’制度，稳步推动实现粤港澳大湾区内数据便捷流动。”顺畅高效的跨境数据流动机制对于在跨境场景下发挥数据要素作用，促进深港一体化融合发展，推进高水平对外开放发展十分重要。

虽然深港拥有探索数据跨境流动独特的制度优势、先行探索实践优势和丰富的应用场景优势，但在数据法律体系、数据治理体系、数据平台与技术支撑等方面仍面临不少难题。深港跨境数据验证平台的建立，是推进深港跨境数据安全、便捷验证，探索建立开放型、合作型、示范型等跨境数字基础设施及服务融合的进一步创新实践。平台建成后，深港两地可支持众多跨境场景下的数据验证服务。例如，跨境供应链金融、跨境融资、跨境保险理赔、跨境不动产抵押、跨境银行开户、跨境财富管理、跨境资产转让等金融场景；跨境商事服务、跨境职业认证、跨境身份认证、跨境婚姻证明、跨境无犯罪证明等政务场景。该平台未来将有力促进深港跨境数据的流通与融合，随着应用场景的不断扩充，将提升深港跨境金融数字化服务水平，从而助力深港一体化融合发展。

（三）前海深港跨境数据验证平台的实践与探索

1. 构建深港跨境数据验证平台的法律依据

近年来，我国逐步形成以《全球数据安全倡议》为基础，以《中华人民共和国网络安全法》、《中华人民共和国数据安全法》(以下简称《数据安全法》)、《中华人民共和国个人信息保护法》(以下简称《个人信息保护法》)三部上位法为框架，以《数据出境安全评估办法》《网络安全审查办法》《个人信息出境标准合同办法》等多层次跨境细则和指南为具体指引的数据跨境流动法律法规体系。2024 年 3 月，国家网信办出台实施《促进和规范数据跨境流动规定》，提出给予自由贸易试验区更大授权，支持其在数据跨境便利化政策上先行先试。2024 年 3 月，国务院办公厅印发《扎实推进高水平对外开放更大力度吸引和利用外资行动方案》，提到支持外商投资企业与总部数据流动，规范数据跨境安全管理，组织开展数据出境安全评估、规范个人信息出境标准合同备案等相关工作，促进外商投资企业研发、生产、销售等数据跨境安全有序流动。制定粤港澳大湾区跨境数据转移标准，依托横琴粤澳深度合作区、前海深港现代服务业合作区等重大合作平台，建立港澳企业数据跨境流动机制，探索建立跨境数据流动“白名单”制度，稳步推动实现粤港澳大湾区内数据便捷流动。

粤港澳大湾区涉及“一个国家、两种制度、三个关税区、三种货币”，是我国开放度最高的区域之一，这种特殊的制度安排及地区经济实力能够为我国提供一个难得的跨境数据流动测试平台，以率先探索制定数据跨境流动规则。深圳作为我国改革开放前沿阵地，承载着连接港澳面向世界的重任，前海作为深圳“特区中的特区”，利用政策优势探索数据跨境双向流通机制，致力于打造“粤港澳大湾区数据特区”，促进深港一体化融合发展。作为新时代国家改革开放战略平台，前海极具创新基因和土壤，在探索数据要素市场化配置，推动数据要素安全有序流动方面不断推出创新举措。中国人民银行、银保监会、证监会、国家外汇管理局、广东省联合印发《关于金融支持前海深港现代服务业合作区全面深化改革开放的意见》(“前海金融 30 条”)，允许在前海合作区和香港均设有分支机构的中资商业银行、港资商业银行开展内部数据跨境流动试点，还允许通过企业征信机构获得双方客户的企业征信信息，以前海为平台，在跨境金融数据和征信数据领域有序探索深港数据双向流动规则衔接。跨境数据的安全、高效流动是推动深港一体化融合发展的关键因素，为解决这一问题，在深港两地政府部门和机构积极协调推动下，国家（深圳·前海）新型互联网交换中心、深智城集团、香港科技园公司和微众银行等企业联手，基于由微众银行牵头研发的 FISCO BCOS 开源区块链底层平台，共同打造了深港跨境数据验证平台。

2021 年 8 月，十三届全国人大常委会第三十次会议表决通过《中华人民共和国个人信息保护法》，为跨境身份核验及跨境个人信息数据的打通带来新的解决思路。其第 45 条第 1 款规定，“个人有权向个人信息处理者查询、复制其个人信息……”第 3 款规定，“个人请求将个人信息转移至其指定的个人信息处理者，符合国家网信部门规定条件的，个人信息处理者应当提供转移的途径”。这标志着数据可携带权在我国成为公民的一项合法权益。同时，第 72 条第 1 款规定，“自然人因个人或者家庭事务处理个人信息的，不适用本法”，首次赋予自然人处理个人或家庭事务信息合法自由权。在此背景下，为实现用户个人信息的可信传输，深港跨境数据验证平台基于微众银行提出的分布式数据传输协议 DDTP 理念和牵头研发的国产开源区块链底层平台 FISCO BCOS 进行开发，凭借区块链不可篡改且可追溯的技术优势，以哈希值跨境验证实现用户自主携带资料的可信验证。平台自身不做数据原文件的跨境传输和存储，仅基于哈希值存证“数据指纹”，为业务场景机构提供可信验证服务。

2. 深港跨境数据验证平台的架构与业务流程

（1）验证平台的技术架构

深港跨境数据验证平台的架构设计建议采用“两地四中心”模式，需确保深港两地不存在单点风险。具体见图 1 至图 3。

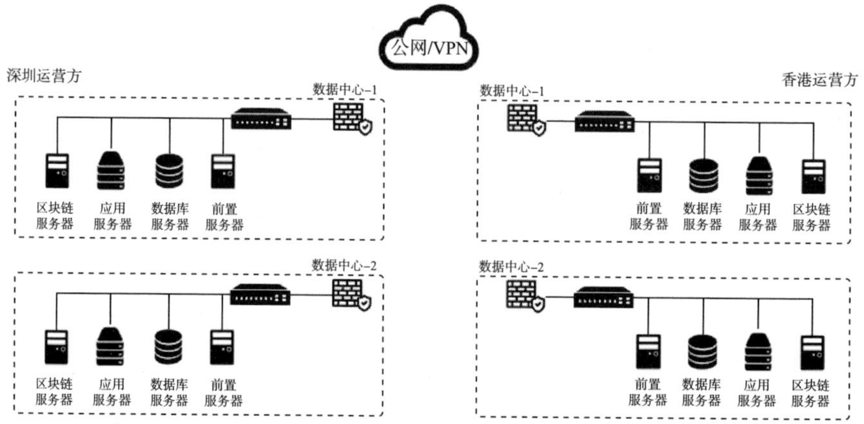

图 1　场景机构接入模式（API 接入）

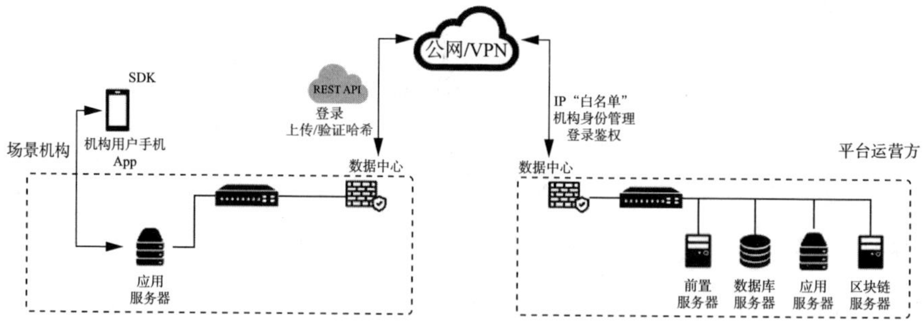

图 2　平台运营方服务器资源配置

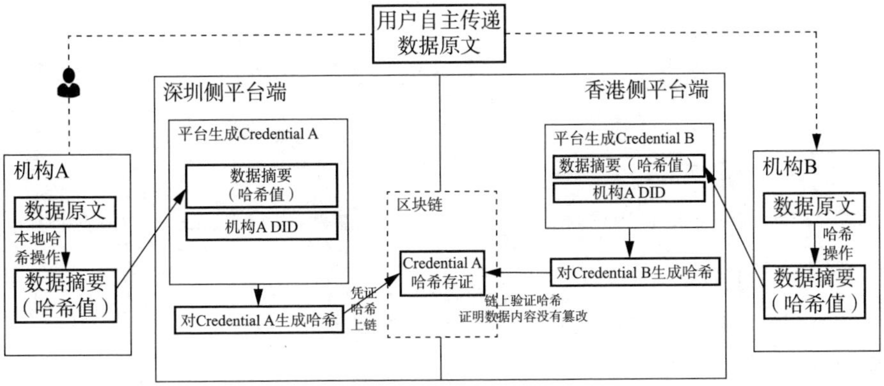

图 3 平台数据原文哈希上链与验证流程

深港跨境数据验证平台底层技术是由微众银行牵头研发、全面开源、安全可控的企业级金融联盟链底层平台金链盟（FISCO BCOS），以联盟链的实际需求为出发点，兼顾性能、安全、可运维性、易用性、可扩展性，支持多种软件开发工具包（Software Development Kit，SDK），在性能、易用性、安全性等方面具备行业领先优势，已全面通过中国信息通信研究院、中国电子技术标准化研究院区块链系统功能和性能测试。同时，从国密算法、操作系统、芯片架构到服务器平台，FISCO BCOS已实现全链路国产化支持，达成全方位安全可控。依托开源生态的广泛共建，基于FISCO BCOS研发并贡献的开源组件有 30 余个，形成一整套开箱即用、覆盖底层→中间件→应用组件的全栈技术体系，有效推动区块链产业应用的落地。目前，FISCO BCOS 已成功支持政务、金融、跨境、医疗、司法、农业等多个行业的数百个区块链应用落地，社区收集到的标杆应用超过 200 个。开源社区已汇聚超过 3000 家机构与企业、7 万余名个人成员共建共治共享，合力推动形成最大、最活跃的国产开源联盟链生态圈。

（2）验证平台的业务流程

深港跨境数据验证平台的业务流程见图 4。

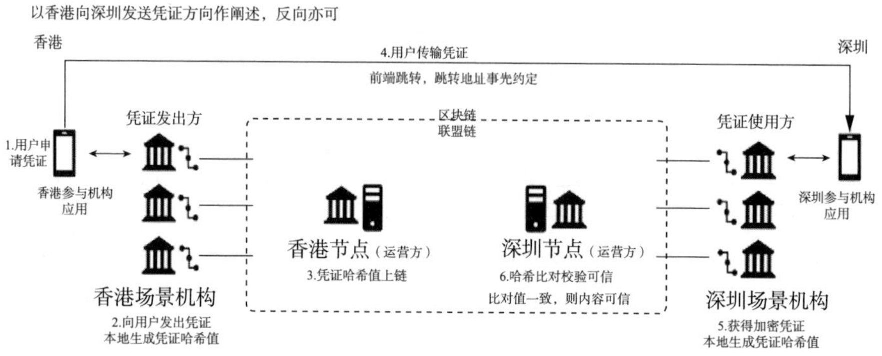

图 4　深港跨境数据验证平台的业务流程

深港跨境数据验证平台在深港两地平台运营方之间构建区块链网络，为机构提供数据可信验证服务，不与用户产生直接联系。场景机构通过平台运营方提供的应用程序编程接口（Application Programming Interface，API）接入平台，获取跨境数据验证服务。同时，用户是个人信息数据跨境传输的核心——基于个人数据可携带权，用户从数据提供者处下载个人信息数据，并自主传输数据至数据接收者，并对使用范围和使用目的等进行授权，平台并不传输或存储任何敏感个人数据。用户下载数据文件的同时，数据提供者也使用平台提供的加密算法对下载的文件加密，生成数据独有的哈希值（由源文件计算而来的一串字符串或数据凭证，可以理解为“数据的指纹”）并存储到跨境数据验证平台的区块链上。数据接收方接收用户自主提交的数据文件后，通过平台提供的同样的加密算法，对文件加密生成哈希值，并与跨境数据验证平台区块链网络上数据提供者生成的哈希值比对验证，以确保数据未被篡改、真实有效。这个方案通过“传验分离”实现数据跨境传输，也符合当前政策合规要求，满足境外居民隐私保护意识需求。

深港跨境数据验证平台主要参与方包括政府指导单位、平台运营方、场景机构（包括数据提供方及数据使用方）以及技术支持方。政府指导单位：作为平台政府指导单位，联系并协调对岸政府指导单位推动平台建设；协调本侧有关政府部门、行业监管部门配合平台建设；遴选、指导本侧权威机构作为平台运营方建设、运营平台，引导场景机构接入平台使用跨境数据验证服务。平台运营方：深港跨境数据验证平台的搭建及业务运营机构，是平台运营业务的主导方，负责基于平台方案设计实施平台的开发及后续运维，保障平台稳定运行；负责协调场景机构加入平台服务，为场景机构接入提供对接调试和业务上线保障。场景机构：作为垂直行业或领域的数据提供方或数据使用方接入平台，需具备监管认可的业务经营资质，在深港数据跨境应用领域有业务场景，具备线上业务渠道；在用户授权的前提下，通过平台存证并核验申请人 / 机构的数据真实性，为两地用户提供便利化服务；同时负责开发相应跨境业务场景的线上用户端页面和流程，配合平台 SDK 接入和接口联调，并完成相关业务的行业监管报送。技术支持方：为平台建设及运营提供技术支持的专业机构，可由平台运营方自有技术团队或其聘请的第三方技术服务商担任，负责平台技术实施、部署、运维等工作。其中，微众银行作为平台底层区块链开源技术支持方，负责提供平台整体产品设计及指导、平台核心区块链模块开发与建设，支持平台运营方技术团队或其聘请的第三方技术服务商完成平台区块链搭建工作，不参与业务经营及系统运维。

3. 深港跨境数据验证平台的运作模式

（1）跨境数据验证平台支持多个运营方共建共治模式

一是跨境数据验证服务是泛行业的应用场景，只要是在深港跨境业务中具备数据真实性核验需求的场景都可以借助平台进行合法合规的跨境数据真实性验证；二是平台基于区块链技术搭建，天然支持运营节点的规模复制和快速扩展。因此在平台接入场景机构规模化的情况下，深港两地均可支持分行业设立平台运营方，如香港侧可以分为一个民生政务场景运营方、一个金融场景运营方、一个贸易场景运营方等，各自对接和拓展相应行业的机构。

（2）平台的跨机构验证支持

平台接入多个场景机构的情况下，形成联盟效应后可以跨机构验证，即不同机构之间在获得对方授权的前提下，可以通过校验哈希值的方式进行不同机构间的业务场景数据真实性验证。

（3）平台运营方职责

负责平台系统搭建，包括平台相关服务器、宽带采购与硬件环境搭建（如果平台有多个运营方，则每个运营方只负责本身硬件环境搭建和对接）；负责 FISCO BCOS 区块链节点搭建、平台 SDK 配置部署（WeBank 提供平台 SDK，相关配置手册并指导运营方技术人员搭建区块链节点）平台开发和测试环境与生产环境的搭建，以及日常运维和故障处理。

（4）接入机构管理

基于平台 SDK 开发平台业务标准 API 和相关使用文档，并开放给接入机构调用，如凭证哈希上链、凭证哈希验证等服务。向接入机构提供 API 服务接入测试和生产对接开发平台接入机构身份管理服务；基于平台 SDK 开发并提供给接入机构可供其本地调用的 SDK 工具，实现与平台统一的凭证哈希生成工具及其他功能。

（5）平台业务运营

负责建立标准化的平台业务机构接入注册申请和审批流程及规范（可选包含平台收费和商务标准等）；负责开发运营管理平台，为平台接入管理及商业化管理提供能力（包括但不限于机构管理、交易管理、日志管理等）；组建运营团队负责拓展平台接入机构和具体合作业务场景，签订合作协议，协商费用模式等。

4. 深港跨境数据验证平台的商业模式

两地官方公布数据显示，香港与深圳海关多交通方式通行量达到 2.3 亿 / 年（2017—2019 年）；香港 100% 天然气来自内地，70% 石油来自内地，25% 电力来自广东大亚湾核电站，70%~80% 供水来自东江；在深圳进行有效居住登记的香港居民超过 19 万人；内地吸收外资总额的 70% 以上来自香港，中国对外投资的 60% 以上资金通过香港完成；香港与内地的双边贸易总额超过香港贸易总值的 50%，香港超过 60% 的贸易转口来自内地。深港在民生、经济、贸易等主要领域深度融合，具备强烈的数据跨境需求。例如，在民生领域，以个人居民为例，居民在办理跨境身份认证、跨境婚姻证明、跨境病例互认、跨境医疗报销、跨境交通卡互认、跨境个人退税、跨境学历认证、跨境询证等民生领域存在诸多数据跨境需求；在经济领域，以金融行业为例，企业和居民在办理跨境开户、跨境汇款、跨境双币代发薪、跨境贷款、跨境保险理赔、跨境商事服务、跨境资产转让、跨境理财通、跨境证券投资等业务时，均涉及数据跨境需求；在贸易领域的贸易过程中，跨境海关、跨境物流、跨境供应链等核心服务的正常运转均离不开数据跨境的有效连接。

深港跨境数据验证平台由两地平台运营方建设及运营，凭借平台所具备的跨境数据核验能力，为商业场景机构提供数据核验服务。从理论上说，深港两侧平台运营方可制定合法、合理的商业收费规则，为商业场景机构提供收费核验服务，并制定各参与方分润规则及比例。考虑平台新型跨境基础设施的定位，建议分两个阶段。第一阶段为平台业务拓展阶段，以服务深港两地商业融合为主要目标，吸引更多行业场景机构接入平台服务。此阶段平台运营方免费为商业场景机构提供跨境数据核验服务，两侧平台运营方负责平台建设及运营费用，两地相关政府部门可以考虑以鼓励新型基础设施建设为目标，向平台运营方提供相关创新项目费用补贴。第二阶段为平台具备一定的商业场景机构规模后，可依据市场实际情况，与各方协商制定后续商业服务策略，根据接入机构调用平台存证/验证服务的次数，采用按次收费模式，也可以根据机构所在领域及行业用户规模，制定订阅费或年费的阶梯收费模式。

（四）数据要素促进深港一体化融合发展的未来进路

鉴于数据要素对经济社会发展的重要性，我国作为数据大国在积极构建完善的数据安全保护制度体系的同时，也需要加快构建释放数据要素便利流动和优化配置的跨境流动规则，在安全和发展之间探索一个最佳的平衡点，构建起具有中国特色、体现中国智慧的数据跨境流动规则体系。当前，国家层面有关数据跨境的关键制度细则仍在研究之中，这一过程可能要持续相当长的时间，粤港澳大湾区是唯一处于“一国”但有“境内、境外”之分的特殊区域，有责任、有义务加快探索数据跨境流动规则。

1. 以制度创新为核心构建深港数据跨境流动协同治理体系

健全的法律制度体系一方面可以防范数据隐私泄露风险，有助于维护国家安全；另一方面可以充分保障开展数据跨境流动治理的合法性。

一方面，率先在自由贸易区域创新探索安全评估与安全监管机制。广东自由贸易区前海蛇口片区作为深圳“特区中的特区”，承担着打造粤港澳大湾区全面深化改革创新试验平台、建设高水平对外开放门户枢纽的任务，利用政策优势探索数据跨境双向流通机制，致力于打造“粤港澳大湾区数据特区”，是促进深港一体化融合发展的重大举措。前海作为粤港澳大湾区连接港澳的“桥头堡”，在推动数据要素跨境安全有序流动、助力深港数字经济高质量发展方面，亟须加快推动建立数据要素生态，并通过地方立法、建设产业数据枢纽、推动数商集群集聚发展、布局数据产业发展新空间以及人才引进培养等举措，推动前海数据产业集群化、规模化创新发展。善用地方立法权在前海“先行先试”，并与香港相关管理机构合作，构建深港数据跨境流动协调治理体系，以保障数据安全、隐私权和企业合法权益。同时，为确保政策和法规具有足够的灵活性和前瞻性，以适应数字经济的快速发展和变革，需探索建立跨境数据“白名单”制度，当深港企业或个人数据跨境目的地在“白名单”范围内时，通过向网信部门报送相关数据合同、风险评估报告等材料备案后即可流动，无须遵从其他合规机制，在安全有序的前提下允许数据流动到认可的国家或地区。此外，探索构建分级分类的负面清单监管制度。根据数据类型和数据跨境流动的不同应用场景，划分出无限制跨境、有限制跨境和禁止跨境三类子清单，尤其是涉及个人敏感类和隐私类数据，坚决不允许跨境流动，其他数据可以在专业信息数据认证机构认证后，依据负面清单进行有限制跨境流动。

另一方面，建立深港跨境数据司法规则衔接和数据合作协调机制。加强跨区域跨级别的跨境数据司法规则衔接，需要加强跨区域跨级别的司法合作交流。深圳应加快体系化数据规则的构建和实施，加快数据跨境流动的广东省级立法，借鉴国际数据跨境流通的有关规定和境外司法案例，进一步明确数据使用权、收益权的归属，不断构建数据定价和交易规则、数据流转中的权利义务和侵权责任等规则。减少深港制度摩擦，进行深层次整合，促进两地机制对接，同样是打通数据跨境流动梗阻的必然要求。强化国家数据局对深港数据跨境流动的规划指导，整合深港高层联席会议制度，建立统一的深港数据合作协调机制，统筹协调两地的数据资源；设立数据流动专业协调委员会，加强数据跨境流通的合规管理，提升对数据领域进行专项性管理的能力，同时引导数据全产业链的平衡发展，充分挖掘各环节链条上流通数据的价值，针对数据流动的问题实施有效管理。

2. 以深港数据跨境安全有序流动推动我国全球数据治理框架建立

数据要素跨境自由流动是当今世界经济发展的常态，应在确保国家安全、经济安全和社会公共利益等必要前提下，积极促进和鼓励数据跨境流动，以便创造出更大的经济和社会价值。当前，虽然海量数据的自由流动与开放共享在技术上可以实现，但是数据要素的跨国境流动对国际利益分配格局、国家安全与网络安全、数据主权以及个人隐私等诸多方面的深刻影响尚难估量。各国价值立场不同、技术规制也不同，这成为全球数字贸易治理规则形成过程中的最大变量，因此，积极参与数据跨境流动国际治理，推动我国全球数据质量框架的建立，已成为当下的迫切需要。

以推动深港数据安全有序流动为契机，对标欧洲《一般数据保护条例》（GDPR）和美国《全球跨境隐私规则声明》（CBPR），从多种渠道构建多样化的数据合规流动机制。具体而言，GDPR 旨在协调整个欧洲的数据隐私法律，保护所有欧盟公民的数据隐私，并重塑整个地区在存储和处理隐私数据上的管理方式。深港数据跨境流动规范可以借鉴欧盟建立单一数据市场的集中治理思路，突破分区自治的障碍，实现个人数据保护效力的统一化。CBPR 致力于促进数据自由流通与有效的隐私保护，更有利于促进国家间的数据流动，深港数据跨境流动规范可针对具体数据类别分类施策。

3. 充分发挥基础设施对跨境数据流动探索的支撑作用

强化基础设施与技术支撑，充分挖掘平台潜力、运用数字技术，为跨境数据流动提供保障，依托前海新型互联网中心，运用粤港澳大湾区一体化算力服务平台，确保高速、稳定、安全的网络基础设施，提升数据存储和处理能力，并加强数据加密、身份认证等数字技术的研发和应用。前海率先启动深港跨境数据验证平台，探索数据跨境双向流动新机制，运用分布式数据传输协议和国产开源区块链技术，在确保安全、合规的前提下，探索支持更多跨境场景、跨机构、跨行业的数据验证服务，打造高效、便捷的深港跨境数据验证基础设施。

促进产业合作与协同发展，充分挖掘深港两地各自产业优势和特色，实现协同互补，不断拓展数据应用场景，前海推动数字经济中介服务商集体集聚，逐渐由单一数据源调用向多维度数据融合应用发展，使跨行业、跨地域的数据融合成为趋势。充分发挥前海独特区位优势，加速吸引中外高端人才落户，引进并培养一批具备数据科学、网络安全等领域专业知识和技能的高端人才。此外，前海亟须加快培育数据经纪体系，通过对接数据资源、开展经纪服务、撮合进场交易、解决客户需求、活跃数据要素市场，促进数据可信有序流通和市场化利用，加速数据与经济活动融合，催生新产业、新业态、新模式。

参考文献

[1] 黄尹旭，杨竹，张超．数字融通与优化配置：促进新质生产力发展的数字金融法治建构［J］．学习与实践，2024（7）：104–114.

[2] 杨东．论中国特色新质生产力［J］．中央社会主义学院学报，2024（3）：17–29.

[3] 李凡．商业数据跨境流动的规范重塑及合规治理［J］．中国流通经济，2023，37（5）：71–80.

四、知识产权证券化：数字化金融支持体系的深圳经验

刘　洋　唐　玲[①]

摘　要：本文根据深圳各区知识产权证券化与数字化实践经验，以及对深圳证券交易所、科交中心、高新投、中国（南方）知识产权运营中心等多边市场主体的调研，研究知识产权证券化全样本数据，发现深圳在知识产权证券化方面呈现后来居上、集中证券交易所发行、各区推进节奏及强度不一等特点。深圳实践经验方面，先初步建立一站式全链条知识产权证券化市场服务体系，再初步建立政府引导的综合立体服务体系，但存在市场配置作用不高、产品业态不丰富、交易市场不成熟、数据化集成不足等问题。同时提出以下建议：一是提升法律保障和政策支持水平，盘活知识产权资产资本化市场；二是构建知识产权证券化产品业态与生命周期，丰富挂牌交易方式；三是建立完整闭环的评估、交易和风险分摊机制；四是建立全生命周期闭环的知识产权数字化管理体系。

关键词：深圳　知识产权　证券化　数字化　策略研究

（一）引言

知识产权是科技型中小企业最重要的无形资产之一。知识产权证券化

① 刘洋，深圳市光明区科技创新服务中心与与深圳大学联合培养创新实践基地博士后，主要研究方向：应用经济学、行为经济学。唐玲，深圳技术大学，讲师，主要研究方向：社会学、行为经济学。

在国际上已成为重要的融资方式，在我国还处在探索和试验阶段。国家层面，2014 年，国家知识产权局携手七个部门共同颁布《关于深入实施国家知识产权战略加强和改进知识产权管理的若干意见》，鼓励金融机构涉足知识产权证券化融资领域，标志着我国在推动知识产权金融化方面迈出重要一步。2020 年，财政部办公厅和知识产权局办公室发布《关于做好 2020 年知识产权运营服务体系建设工作的通知》，明确将依法合规推进知识产权证券化列为关键任务，彰显国家层面对此项工作的高度重视与决心。这一系列举措不仅丰富了科技创新资金来源，还极大地促进了知识产权的高效转化与应用，为我国创新驱动发展战略注入了动力。[1]地区层面，2019 年，《粤港澳大湾区发展规划纲要》提出要开展知识产权证券化试点，深圳市一马当先、全面发展知识产权融资，让“知产”变“资产”，解决实体经济融资问题，助力科技创新。本文结合作者推进知识产权证券化全流程闭环落地工作，采用深圳全样本案例研究法，且充分调研证券化全流程多边市场主体，研究分析知识产权证券化的深圳经验、现状、问题，并提出对应策略。

（二）文献综述

知识产权证券化是一种创新的融资机制（Intellectual Property Securitization，IPS），其核心在于发起人将其拥有的稳定且可预期的现金流知识产权（基础资产）作为融资的基础，[2]通过特设载体（Special Purpose Vehicle，SPV）进行风险隔离的证券业务活动[3]。从本质上看，知识产权资产证券化是金融资本与知识资本深度融合的产物，利用金融工程，以知识产权的信用为背书，通过证券化的形式，将原本不易直接流通的知识产权资产转化为市场上可交易的金融产品。这一过程不仅促进知识产权价值的最大化利用，还通过金融市场运作，提升知识产权的融资效率与担保价值，是金融创新与知识产权保护相结合的重要体现。[4]知识产权证券化是对无形资产进行创新与实践探索的一种资产运作方式，作为融资模式与知识产权开发模式双重创新，能够有效地解决高新技术企业融资难和促进技术转化难等难题。[5]知识产权证券化是打破我国科技型中小型企业融资困境、推动科技创新发展的重要融资方式，知识产权证券化项目也面临众多风险。[6]

北京证监局指出，我国知识产权证券化呈现出发行速度快，但规模尚小，发行主体以地方国企、小额贷款公司为主，基础资产为知识产权的衍生债权等特点。[7]宋志秀和宋俊怡评估知识产权证券化的风险，指出知识产权证券化存在相关法律制度滞后、违约风险，因市场不确定性导致的各个权益主体收益不确定性风险，以及由于技术人员操作不当或者外部原因造成损失的风险等。[8]任为民围绕知识产权评级与定价，知识产权证券信息披露、审查标准，融资方财务状况分析标准和产权合规性评价标准等方面建立知识产权证券化的标准体系。[9]张婷和李梦茹归纳中国知识产权证券化主要模式为融资租赁、供应链、二次专利许可和小额贷款等四种模式。[10]

基于特定区域的知识产权证券化研究并不少见，例如，鲍新中从底层资产标的物、底层资产所有者（行业和企业主体）和底层资产规模、特殊目的载体（Special Purpose Vehicle，SPV）形式和政府参与度等方面对中国、美国、欧洲和日本的知识产权证券化模式进行对比，并在此基础上探讨以专利为基础的中国知识产权证券化典型模式。[5]李亚男对海口市医药产业知识产权证券化进行研究，[11]李强和李洋以深圳为例，分析知识产权融资过程中存在的问题并给出可行的解决方案。[12]何砚比较深圳、广州和北京知识产权证券化发展现状和趋势，并为北京市知识产权证券化提出路径优化方案。[13]然而，目前鲜有研究以知识产权证券化实际落地全样本数据为对象，且聚焦头部城市实践，基于全链条多边主体体系调研，分析深圳市知识产权证券化经验与问题，并提出策略。

（三）研究背景和研究方法

1. 研究背景

国务院于 2008 年发布《国家知识产权战略纲要》，其着重于完善知识产权相关制度，并促进知识产权创造和运用，加强知识产权保护。国家知识产权局于 2015 年提出鼓励金融机构开展知识产权证券化，支持企业发行知识产权集合债券，该通知标志着知识产权证券化开启正式运作的新篇章。2016 年，国务院明确提出，要不断摸索开展知识产权证券化和信托业务，支持以知识产权出资入股。2017 年 9 月，国务院发布的《国家技术转移体系建设方案》首次明确提出，要开展知识产权证券化试点，并鼓励商业银行利用知识产权开展质押贷款业务。2018 年，国务院为保障知识产权持续健康发展和加快知识产权证券化试点，作出深化知识产权证券化的全面安排，建立海南国际离岸创新创业示范区。2018—2019 年，海南、雄安新区、粤港澳大湾区等地相继接到通知，要求展开先行试点。

2020 年，我国继续扩大对知识产权证券化的政策支持，鼓励在海南自由贸易港设立国际知识产权交易所，在各自由贸易试验区开展知识产权证券化的试点。2021 年，《知识产权强国建设纲要（2021—2035 年）》提出建立知识产权交易价格统计发布机制、健全版权交易和服务平台、打造全国版权展会授权交易体系，并将发展知识产权金融纳入“十四五”规划中（见表 1）。为响应政策号召，深圳、浙江、江苏、北京、上海等省市也相继出台多项知识产权证券化相关的地方性政策。深圳是座极具创新精神的城市，也是首批国家知识产权示范城市、国家知识产权运营体系建设重点城市和国家知识产权质押融资试点城市。

表 1　国家层面知识产权证券化政策

时间	名称	内容
2015 年 3 月 13 日	《关于深化体制机制改革加快实施创新驱动发展战略的若干意见》	首次提出探索开展知识产权证券化业务
2015 年 4 月 8 日	《关于进一步推动知识产权金融服务工作的意见》	鼓励金融机构开展知识产权证券化，发行企业知识产权集合债券，探索专利许可收益权质押融资模式等
2015 年 12 月 22 日	《关于新形势下加快知识产权强国建设的若干意见》	创新知识产权投融资产品，探索知识产权证券化
2016 年 12 月 30 日	《“十三五”国家知识产权保护和运用规划》	探索开展知识产权证券化和信托业务，支持以知识产权出资入股

续表

时间	名称	内容
2017年9月15日	《国家技术转移体系建设方案》	提出开展知识产权证券化融资试点
2018年4月14日	《关于支持海南全面深化改革开放的指导意见》	鼓励探索知识产权证券化，完善知识产权信用担保机制
2018年11月7日	《关于支持自由贸易试验区深化改革创新若干措施的通知》	支持在有条件的自贸试验区开展知识产权证券化试点
2019年1月24日	《关于支持河北雄安新区全面深化改革和扩大开放的指导意见》	在雄安新区建设知识产权保护中心
2019年2月18日	《粤港澳大湾区发展规划纲要》	开展知识产权证券化试点
2019年8月18日	《关于支持深圳建设中国特色社会主义先行示范区的意见》	探索知识产权证券化，规范有序建设知识产权和科技成果产权交易中心
2020年4月9日	《关于构建更加完善的要素市场化配置体制机制的意见》	积极探索通过知识产权证券化等方式推动科技成果资本化
2020年6月1日	《海南自由贸易港建设总体方案》	建设海南国际知识产权交易所
2020年7月7日	《关于做好自由贸易试验区第六批改革试点经验复制推广工作的通知》	在全国范围内复制、推广知识产权证券化，依托上海证券交易所、深圳证券交易所构建知识产权证券化交易体系
2021年8月2日	《关于完善科技成果评价机制的指导意见》	推动建立全国性知识产权和科技成果产权交易中心，扩大知识产权质押融资规模
2021年9月3日	《印发关于推进自由贸易试验区贸易投资便利化改革创新若干措施的通知》	开展知识产权证券化试点，在符合条件的自由贸易试验区规范探索知识产权证券化模式
2021年9月22日	《知识产权强国建设纲要（2021—2035年）》	建立知识产权交易价格统计发布机制、健全版权交易和服务平台、打造全国版权展会授权交易体系
2021年10月28日	《关于印发“十四五”国家知识产权保护和运用规划的通知》	重新组建国家知识产权局，完善知识产权法律法规体系，推进知识产权领域司法改革

续表

时间	名称	内容
2021年11月25日	《关于开展营商环境创新试点工作的意见》	进一步探索完善知识产权市场化定价和交易机制、健全知识产权质押融资风险分担机制和质物处置机制、开展知识产权证券化试点

资料来源：根据中国政府网及各省（区、市）发布政策整理。

2. 研究方法

一是案例研究法，研究对比深圳各区知识产权证券化实践经验；二是调研法，结合作者负责推进知识产权证券化产品落地全流程，调研参与打包发行的企业、知识产权认证评估中心、知识产权证券化发起方等多边主体；三是全样本数据分析，结合中国（南方）知识产权运营中心全样本数据，全面剖析发展历程、政策支持、关键要素、实施成效及面临的挑战，为其他城市在全国范围内推广知识产权证券化提供宝贵的经验借鉴与理论支持。

（四）深圳知识产权证券化现状与经验

深圳市极其重视知识产权创造、运用、保护、管理和服务，大力开展知识产权证券化试点工作。2022—2023年，多种创新形式的知识产权证券化模式落地，全国首创科技创新知识产权证券化项目和首个深港跨境"N+1"知识产权证券化项目相继落地深圳，首创"公募 + 私募""境内 + 境外"等"N+1"知识产权综合融资新模式，体现了深圳推进知识产权证券化过程中的个性化特征，彰显了其积极探索深圳特色路径的努力。

1. 深圳知识产权证券化现状与特征

（1）时间维度上深圳后来居上

在全国知识产权证券化试点工作推进过程中，深圳作为后来者，于2019年以知识产权质押贷款债权为基础资产，发行首单知识产权证券化产品，实现深圳知识产权证券化"从零到壹"的历史性突破。截至

2023 年 8 月，深圳市知识产权证券化产品累计发行 70 单[①]，累计发行规模达 163.47 亿元，占全国同期发行总规模的 56.4%，成为全国首个发行规模超百亿元的城市。其中，由于 2021 年市场贷款利率高，政策支持力度大，知识产权证券化产品拥有较大竞争优势，当年交易规模达到 71.56 亿元。2022 年后，受银行贷款利率低、产品综合融资成本等因素影响，知识产权证券化产品发行规模呈现下降趋势（见图 1）。

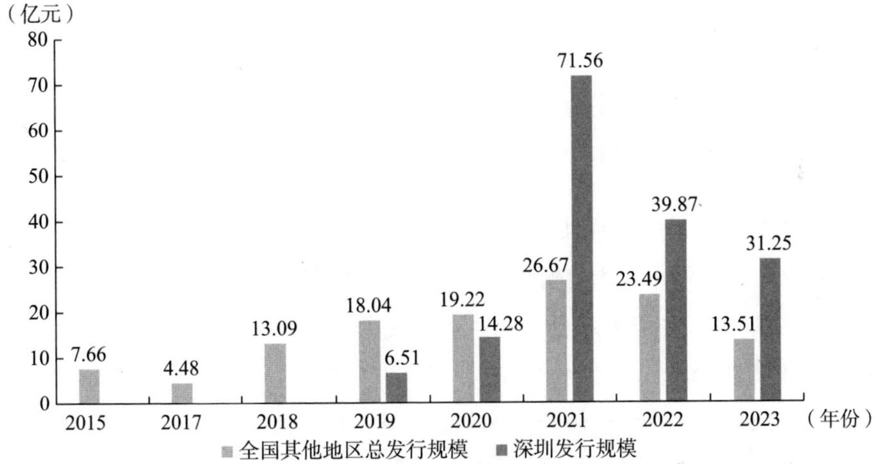

图 1　2015—2023 年全国及深圳知识产权证券化产品发行规模

（2）城市空间分布上深圳占主导地位

截至 2023 年 8 月，全国知识产权证券化产品已累计发行 125 单，深圳累计发行 70 单，占全国发行单数的 56%，累计发行规模 163.47 亿元；排名第二的北京累计发行 11 单，占全国总发行单数的 8.8%，累计发行规模为 56.52 亿元。城市空间的分布上，深圳在全国知识产权证券化产品发行城市中占主导地位（见图 2）。

① 数据来源：中国（南方）知识产权运营中心及高新投，以下数据同源。

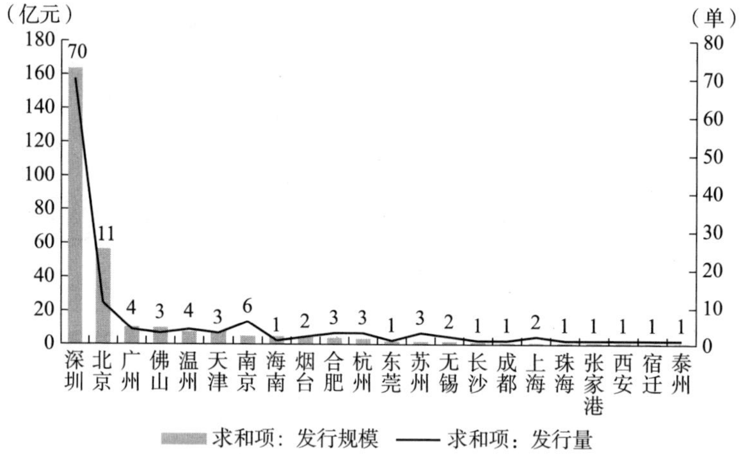

图 2 全国各城市知识产权证券化产品累计发行规模与发行量

（3）交易场所向深圳证券交易所集中

截至 2023 年 8 月，全国知识产权证券化产品已累计发行 125 单，其中 96 单在深圳证券交易所挂牌交易，占比为 76.8%，上海证券交易所挂牌交易 16 单，占比为 12.8%，位列第二，全国知识产权证券化产品挂牌交易呈现出向深圳证券交易所集中的趋势（见图 3）。

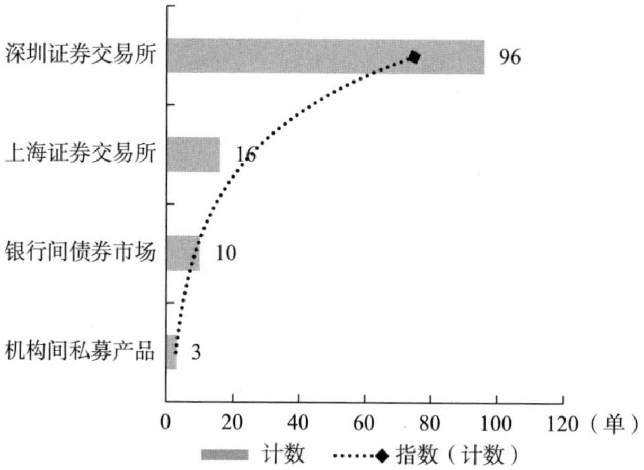

图 3 全国知识产权证券化产品交易场所分布

（4）深圳市内各区推进节奏及强度不一

截至 2023 年 8 月，深圳已落地的 70 单证券化产品共融资 163.47 亿元，其中，南山共发行 20 单，融资 54.78 亿元；各区联合以深圳市名义打包发行 17 单，共融资 50.57 亿元；其次是龙华区发行 8 单，共融资 18.82 亿元；宝安区发行 7 单，共融资 16.27 亿元（见图 4）。与深圳各区相比，南山区一是先行先试，推行速度快。自 2020 年起开始发行知识产权证券化产品，储架 50 亿元已获批。二是政策补贴力度大。自 2021 年起，南山区加大政策补贴力度，加大 1000 万元以下补贴力度，补贴比例增至 70%，成本降至 1.78%，低于深圳市知识产权证券化产品平均综合成本 2.98%。三是企业密度大、信任度高。南山区拥有较多符合知识产权证券化特点的科技型企业，具有知识产权基础资产封包资源优势，且南山区财政补贴稳定、周期短，企业信任度高。

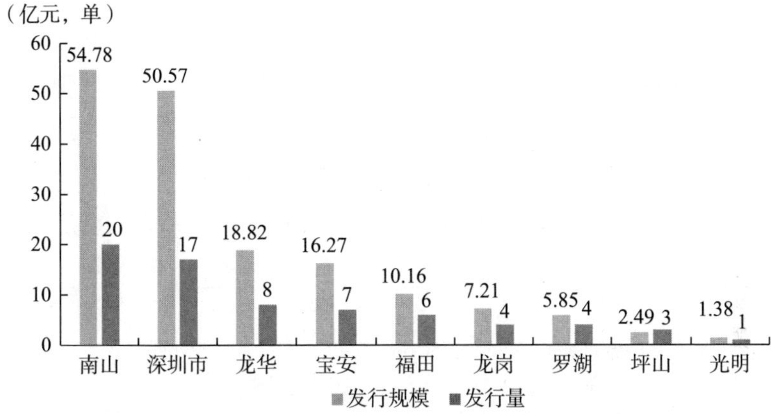

图 4 深圳各区知识产权证券化产品发行规模与发行量

横向对比各区补贴政策，在覆盖范围方面，南山、福田、龙岗、宝安、罗湖、龙华等，只要注册地在所属区域即可，不限制入池企业的销售规模，覆盖企业范围较广；在支持力度方面，南山、福田、龙岗、罗湖对单个企业的支持力度较大，企业可享受补贴的贷款规模为 4800 万 ~6000 万元。知识产权证券化发行规模最高的南山区及宝安区均有较大的政策优势，主要原因是南山区单个企业可享受补贴的贷款金额上限较高（6000 万元），宝安区补贴力度较大（补贴后最终成本 2.46%）。与其他区对比，光明区额外增加对入池企业销售规模的要求，仅销售规模在 2 亿元以下的企业可享受补贴政策，且贷款金额上限较少，大幅降低补贴政策对企业的覆盖范围及企业的参与意愿（见表 2）。

表 2　深圳市各区补贴政策明细参数及条件

区属	补贴政策摘要	入池企业门槛	企业实际融资成本（年化率）	单个企业可享受补贴的贷款金额（万元）
深圳市	补贴企业综合成本的 50%，最高不超过融资规模的 3.5%，同一企业每年资助总额不超过 200 万元	注册地在深圳市	2.98%	6000
南山区	每个项目最高按融资规模 3.5% 的比例给予资助，每家企业每年最高 200 万元	注册地在南山的企业	2.98%	6000
龙岗区	融资金额 1000 万元以上的，按照综合融资成本的 50% 给予补贴，单个项目最高总额不超过 200 万元；融资金额 1000 万元以下（含）的，按照综合融资成本的 60% 给予补贴，单个项目最高总额不超过 30 万元	注册地在龙岗的企业	2.38%~2.98%	6000
福田区	补贴金额为综合融资成本的 50%，最高为融资总规模的 3.5%，同一企业每年资助总额最高 150 万元	注册地在福田的企业	2.98%	5000
宝安区	按实际融资额的 3.5% 给予补贴，最高补贴 100 万元	注册地在宝安的企业	2.46%	2850
坪山区	按照企业综合融资成本的 50% 且最高不超过同期银行贷款基准利率的 50% 进行补贴	注册地在坪山的企业	3.79%	无上限
罗湖区	根据实际综合融资成本的 70% 给予支持，每家企业年度补贴金额不超过 200 万元	注册地在罗湖的企业	1.79%	4800
龙华区	按实际融资额的 3.5% 给予资助，单个企业年度累计不超过 200 万元	注册地在龙华的企业	2.46%	5700

续表

区属	补贴政策摘要	入池企业门槛	企业实际融资成本（年化率）	单个企业可享受补贴的贷款金额（万元）
光明区	按照其实际融资金额的3.5%，给予最高不超过100万元的融资补贴	注册地在光明的企业，且上一年度报税收入不高于2亿元	2.98%	3300

资料来源：根据深圳市各区科创局、工业和信息化局、市场监督管理局等发布的政策汇总。

2. 深圳知识产权证券化实践经验

深圳构建以市场为主体、政府为辅助的知识产权证券化体系，建设包含融资环境、知识产权证券化信息环境等多要素生态，确保金融市场、知识产权评估市场、技术交易市场发挥其价值发现功能。

（1）初步建立一站式全链条知识产权证券化市场服务体系

一是建设深圳证券交易所科技成果与知识产权交易中心。建设具备国家知识产权金融业务功能的知识产权和科技成果产权交易中心，建立基于大数据、人工智能和区块链等前沿技术的知识产权价值评估体系，为科学、合理确定知识产权交易定价和动态市场提供技术支撑。交易中心聚焦打通知识产权注册、评估、交易全业务流程闭环，初步解决信息不对称、公允价值市场认可度低、公信力缺失等问题。

二是建设知识产权金融创新一站式公共服务平台。提供知识产权质押融资、保险、证券化试点对接服务，推动平台与国内外优质平台精准对接和资源互换。推动建立包括知识产权数据、科教数据、产业经济数据等相关数据组成的知识产权大数据平台，为深圳市建立知识产权公共服务体系和决策支持体系提供数据支撑，为知识产权证券化提供“一站式、多渠道、多元化”的知识产权数据服务。

三是初步搭建知识产权融资登记、交易等多边市场化主体平台。构建政府、银行等多方联合融资担保的投资体系，实现风险分摊，且通过交易的价格发现机制，发掘知识产权证券化底层标的资产的市场公允价值。建立中小企业知识产权托管平台，为中小企业提供集中知识产权托管服务。

（2）初步建立政府引导的综合立体服务体系

一是完善知识产权证券化细则，并精准匹配科技金融对应支持政策。市、区两级优化知识产权证券化产品支持体系设计，加大政策支持与引导力度，并推动同存量科技金融支持政策（成长贷、孵化贷等）差异化发展，引导企业参与知识产权证券化产品打包发行。

二是实施“20+8”产业集群知识产权证券化工程。以“20+8”产业基金及产业链集群链长企业为牵引，拉动产业链上下游不同生命周期与资信企业知识产权证券化产品封包组合，分散证券化资产组合风险，加速产业链上下游“传帮带”式知识产权融资转化体系建设。

三是充分摸排，匹配需求。结合知识产权证券化产品特点，各区摸排企业债权融资等多渠道特征，更好地匹配满足企业融资需求，并加大知识产权资产证券化产品的宣传力度，通过共同举行专场宣讲活动、共同拜访企业等方式，强化银行、担保等发起机构主体的协同，加快知识产权证券化封包流程，解决单一主体封包周期长、融资时效性差等问题。

（3）精准聚焦，提升科技成果转化

深圳市各区科技创新局、工业和信息化局等组织对接重点产业园区、科研院所、实验室，设立发行相关主题的专项计划。切实解决融资困难且降低融资成本，拓展科技成果转化渠道，增强深圳市科技定位和属性，吸纳更多优质科研人才和资源加入。

（五）问题与挑战

深圳推进知识产权证券化取得显著的成果，并形成初步的落地规模，但还存在市场配置、产品类别、交易机制三方面明显问题。

1. 受综合融资成本和发行主体结构制约，难以发挥市场的基础配置作用

一是产品综合融资成本高。知识产权证券化的企业综合融资成本包含4.96%的利息和1%的担保费，高于银行贷款和替代型产品的企业市场化成

本，补贴后账面融资成本低于 3%，但补贴属于事后补贴，且证券化业务链条长、多边主体协同事项多、资金需求与产品落地错位等因素弱化了补贴后的成本优势，导致知识产权证券化产品在同类型替代产品中成本竞争优势不明显。相较于传统信贷，知识产权证券化通常适用于大规模融资，因为在经历真实出售、风险隔离、信用增级和证券发行等环节之后，产品的交易和信用链条过长，导致综合成本较高。目前深圳市各区由不同职能部门牵头制定补贴政策与操作规程，在补贴对象、营业额、贷款额限制、特殊利益人主体类别等方面的政策设计存在主体割裂问题，导致产品落地碎片化，制约不同风险标的资产组合，难以形成规模效应，企业和原始权益发行主体参与意愿度低。

二是发行主体结构单一。地方国资国企垄断知识产权证券化挂牌交易的市场格局，形成市场壁垒，2019—2023 年，深圳市知识产权证券化的发起/原始权益人和参与担保增信等各环节市场主体以“高新投”和“中小担”等国资国企为主，占比超过 94%。知识产权证券化的交易结构复杂，其他民营性质的债券公司和担保增信公司难以加入知识产权证券化市场，降低市场的自由度和灵活性，难以发挥市场配置作用。

三是缺乏法律风险保障机制建设。知识产权证券化产品的法律风险主要包括基础资产相关风险、交易主体相关风险、交易结构相关风险和市场风险，相较于其他债券产品，知识产权证券化产品交易主体多、交易结构复杂、交易市场不成熟，尤其是基础资产方面存在特殊法律风险，目前，深圳市尚未建立和完善知识产权证券化信息披露和交易公示等法律制度，制约市场要素配置。

2. 产品种类少、周期短，挂牌交易方式单一，难以丰富知识产权证券化产品业态

一是产品种类单一。按发行方式分类，在深圳已落地挂牌的知识产权证券化产品中，知识产权质押的小额贷款产品发行数量占比为 93%，供应链、小微贷款等其他产品种类合计占比仅为 7%（见图 5）。按知识产权标的分类，深圳市已发行的知识产权证券化项目，以影视、音乐、软件、创新药

等产业领域的企业为资产组合的证券化产品种类稀少，知识产权证券化产品应用领域格局单一。

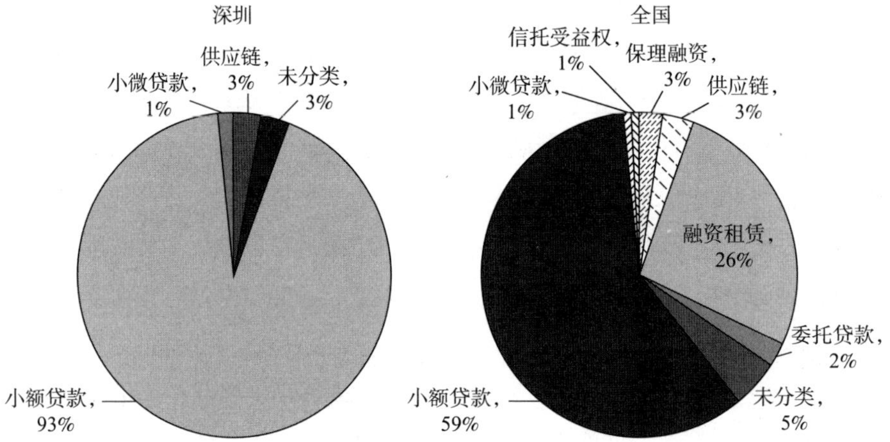

图 5　深圳及全国知识产权证券化产品种类分布

二是产品周期短。深圳已落地挂牌的知识产权证券化产品周期均为一年，而供应链、小微贷款和融资租赁等其他产品周期不同的产品供给稀少。调研发现，科技型企业欲利用融资做长期设备及研发投资，但因一年还本付息的知识产权证券化产品周期过短，不利于企业做长期的规划，影响企业参与知识产权证券化的积极性。

三是挂牌交易方式单一。我国知识产权证券化产品的交易模式主要包括知识产权融资租赁模式、供应链模式、质押贷款模式以及专利许可模式四种。融资租赁模式重在融资功能，供应链模式便于提升产业链水平，专利许可模式适合大范围运用推广。从发展空间来分析，专利许可模式优势巨大，供应链模式次之，质押贷款和融资租赁模式更次之。目前，深圳市的知识产权证券化交易模式以“小额贷款”的质押贷款模式为主，知识产权专利许可模式、融资租赁和供应链等其他知识产权证券化产品类别供给稀少。此外，现有的知识产权证券发行主要采取私募形式，私募避开公众向特定机构发行，可保证证券的全部出售，但缺乏影响力和流动性。深圳市虽然已经在探索“公募 + 私募”“境内 + 境外”等“N+1”知识产权综合融资新模式，但经验尚且不足，且缺乏规模化市场驱动机制与动力。

3. 缺乏完整的风险分摊机制与数字化交易平台，难以形成成熟的交易市场

一是缺乏有效的价值和风险评估机制。基础资产是知识产权证券化的起点，知识产权由于与企业的产品与服务、经营活动、企业规模及市场前景密不可分，有效的价值评估机制至关重要。知识产权证券化标的资产本应是知识产权本身价值、收益与风险的评估；在风险评估的实践中，由于市场主体规避风险，没有充分的市场公允价值与流动交易变现渠道，证券化发起人将标的资产风险评估对象转移到拥有知识产权的公司，采用包含营业额、现金流、盈利等的传统信用模型与风控评估模型来判断企业是否具有参与证券化封包的资质，脱离了以知识产权为标的资产的融资模式。

二是缺乏有效的融资风险保障机制。在知识产权证券化项目推进落地的过程中，各参与主体的资质与经验不同，导致知识产权证券化项目融资交易的实操过程可能存在完整性、严密性与流程性等相关问题，缺乏与知识产权证券化相对应的保险险种、保险责任限额和保险费率等风险保障；由于知识产证券化交易结构复杂，交易过程中存在法律主体认定风险、潜在诉讼风险、被强制许可和提前终止风险、权利被侵害程度难以认定风险、专利质押无法对抗存量许可风险等，知识产权证券化产品交易违约后，资产支持证券投资者、外部投资人和债权人等相关权益主体的风险责任缺乏合理的核定机制，缺乏相关利益风险保障机制。

三是缺乏成熟、高效的知识产权交易市场。知识产权证券化封包前期，有知识产权融资需求的企业大部分通过银行发布融资需求，市场上的大部分债券发行公司与需求企业缺乏融资撮合平台，难以达到深圳证券交易所对基础资产组合封包企业数的常规要求，导致知识产权证券化交易市场活跃度低；知识产权融资的企业往往以中小企业为主，但部分拥有丰富专利成果的科技型企业处于成果转化期，市场盈利能力和偿还能力较低，企业和金融机构之间也缺乏信息交流平台，政府、银行、证券化、投资等多方未能形成良好的利益共享机制，导致各类金融机构的参与度不高。

四是缺乏知识产权全生命周期的数字化管理平台。现深圳不同主体在不同环节建设知识产权数字化平台，但整体呈现碎片化格局。其一，未能实现

知识产权的大数据研究。调研市场主体普遍存在重前期收集，轻后期利用的情况。其二，知识产权数据信息整合不充分。现数据收集主要以专利授权为主，尚未整合专利转让、关联、成果转化等同步信息。现有碎片化数据集成现状无法提供全流程一站式服务内容，打通源头专利申请、评估、交易、链条式保护，且无法建立专利分级管理体系，赋能企业精准把控研究生产方向。

（六）未来展望

1. 提升法律保障和政策支持水平，盘活知识产权资本化市场

一是改进知识产权证券化补贴模式。期权基金拟改革原有无偿资助的单一模式，在原有“大水漫灌”型知识产权普惠式补贴的基础上，将无偿资助鼓励改革为“资助 + 期权”的成长回报模式，构建出知识产权管理专项资金的良性循环体系，进一步促进知识产权交易量快速增长。关于知识产权期权基金的盈利模式，知识产权期权基金依靠专业服务机构对专利价值和企业价值进行评估，筛选出优质专利与潜在投资企业，在与拟投资专利的所有权人或企业经营者协商一致后，期权基金将提供以金融支持为主的“一揽子”孵化服务，企业可选择分期偿还投资金额，基金将因此获得收益，这是债权期权的盈利模式，也可选择给予投资人对等的投资期权，基金将在期权行权时获取收益，这是股权期权的盈利模式（见图 6）。

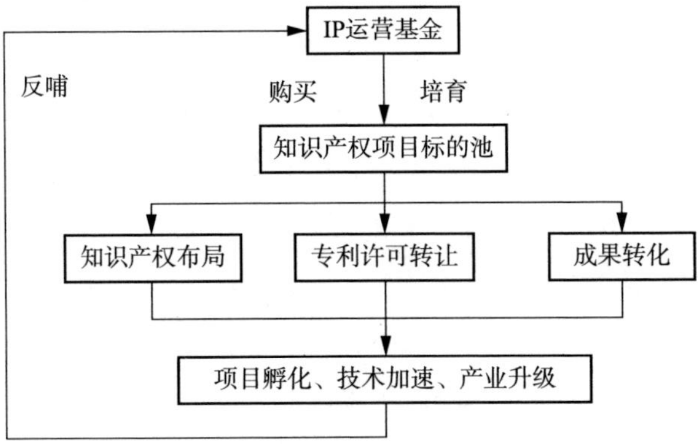

图 6　IP 运营基金运营模式

二是丰富市场机构业态，加速知识产权资本化。鼓励证券、保险、基金公司等金融机构积极参与到知识产权资产资本市场中，丰富机构业态，打破市场壁垒。探索产业知识产权运营和专利技术成果转化的商业模式，支持企业将知识产权纳入财务报表，将知识产权价值转化为股份或出资比例，促进知识产权资本化。同时，市级财政投入部分引导资金，吸引社会投资力量参与，设立知识产权运营基金，支持产业转型升级，进一步拉动产业链上下游不同生命周期与资信的企业组合封包，加速产业链上下游知识产权融资。

三是加强知识产权证券化法律风险保障机制建设。基于知识产权证券化产品在基础资产的合法有效性、基础资产的真实出售与破产隔离认定、现金流的归集、基础资产转让价格确定等方面存在特殊法律风险，探索建立知识产权证券化全覆盖强制性信息披露制度、完善知识产权基础交易公示制度，并加强知识产权证券化产品现金流回款监控保障。

2. 构建知识产权证券化产品业态与生命周期，丰富挂牌交易方式

一是拓展知识产权证券化产品应用领域。借鉴美国经验，将知识产权证券化应用拓展到影视音乐、生物医药和软件信息等领域，匹配定制更多种类的知识产权证券化产品；建立版权价值评估标准和评估机制、版权交易平台和登记平台，形成以版权为核心的知识产权成果转化体系，促进影视音乐、生物医药和软件信息等领域的知识产权证券化标的资产落地，探索设立版权贸易基地；鼓励推动保理融资、供应链、融资租赁等其他类型的知识产权证券化产品挂牌交易，不断丰富知识产权证券化产品业态。

二是拓宽知识产权证券化挂牌交易方式。推广知识产权证券化交易过程中更符合知识产权自身特性的专利二次许可模式，促进专利技术向产业的转化，在保持证券化产品存续期间稳定性的同时，二次放大知识产权相关收益，使专利技术更快、更好地转化为产品和产业上的“生产力”；持续深化推广“公募＋私募”“境内＋境外”等“N+1”知识产权综合融资新模式，加强私募投资管理，探索将投资者范围扩大到社保基金、企业年金、证券、保险、基金等机构。

3. 建立完整闭环的评估、交易和风险分摊机制

一是建立有效的价值和风险评估机制。依托深圳证券交易所科交中心、中国（南方）知识产权运营中心等服务主体，建立统一量化知识产权价值的评估标准和评估机制；建立对信用与风控评估模型的识别机制，确保发行产品以知识产权为标的资产进行融资，在知识产权证券化封包之前，采取“银行 + 知识产权”“银行 + 政府基金担保 + 知识产权反担保”“银行 + 科技担保公司 + 知识产权反担保”等多样化的产品增信设计。

二是建立融资风险补偿及分摊机制。探索建立知识产权金融保险制度，制定与知识产权金融相对应的保险险种、保险责任限额和保险费率，合理核定相关权益主体各自承担的风险责任，鼓励保险机构参与知识产权金融保险事业，加大知识产权保险险种的开发和推广力度，进一步降低创新主体的融资风险。

三是打造成熟的知识产权交易市场。参考北京模式探索“融资租赁 + 专利证券化补偿”的管理模式，进一步提高知识产权的授权使用、交易的规模与水平；建设知识产权一站式公共服务平台和融资、登记、撮合、交易平台以及托管平台，构建政府、银行、证券化、投资等多方联合的融资担保、证券化与投资体系，实现知识产权代理、维权援助、评估、托管、金融、交易、高价值专利培育、培训活动等全覆盖，为知识产权证券化市场提供技术支撑和“一站式、多渠道、多元化”的服务，推动多元化投资者参与的知识产权证券化二级市场的建立和发展，扎实推进知识产权强市建设。

4. 建立全生命周期闭环的知识产权数字化管理体系

一是构建非同质化通证（Non-Fungible Token，NFT）知识产权数字化区块链平台。其一，保护知识产权认证权益，确保唯一性和不可篡改性，提高知识产权可追溯性与透明度，加快知识产权的转让与周转速度，降低交易成本。其二，推动知识产权资产数字化。其不仅实现知识产权价值确认、交易、转移全流程的数字化确权，而且涵盖文化艺术品、数字商品、版权、电子仓单等种类多样的资产形态，实现全流程、全场景、多业态、全链路打通与集成。

二是构建知识产权数字化协同保护体系。行政和司法双重保护，构建一体化知识产权数字化保护体系。其一，聚焦统与分的关系，分不是协同主体简单的切分，而是通过数据归集和流转，打通各执行部门间业务、决策、执行全流程闭环的数字化保护网络。其二，数据透视知识产权违法全过程，重点解决知识产权保护领域“举证难、周期长、成本高、赔偿低”痛点，依托多主体、多源头数据集成，降低举证成本，遏制侵权。

（七）结语

知识产权是科技型中小微企业最重要的无形资产之一。深圳市是首批国家知识产权示范城市，自2019年《粤港澳大湾区发展规划纲要》提出开展知识产权证券化试点，深圳市全面推动知识产权融资，让“知产”变“资产”，助力解决科技型中小企业融资难、融资贵问题。本文结合深圳推进知识产权证券化全流程闭环落地工作，采用深圳全样本案例研究法，聚焦深圳知识产权证券化与数字化金融创新实践，通过全面剖析其发展历程、政策支持、关键要素、实施成效及面临的挑战，为其他城市乃至在全国范围内推广知识产权证券化提供宝贵的经验借鉴与理论支持。

参考文献

［1］柴鑫慧．知识产权证券化利差定价的影响因素研究［J］．债券，2024（5）：67-72.

［2］秦菲，陈剑平．知识产权证券化融资研究［J］．社科纵横：新理论版，2008（2）：82-83.

［3］方媛，熊文新．知识产权证券化融资方式［J］．西南农业大学学报（社会科学版），2013（11）：47-51.

［4］曹彬．资产证券化对我国商业银行盈利能力影响研究［J］．宏观经济研究，2017（5）：143-149.

［5］鲍新中．中国情境下的知识产权证券化［J］．中国科技论坛，

2021（11）：176–188.

［6］刘澄．我国知识产权证券化中的基础资产组合策略研究：基于投资组合框架的多案例比较分析［J］．北京联合大学学报（人文社会科学版），2024（1）：55–65.

［7］北京证监局课题组．知识产权证券化发展情况及改进建议［J］．财务与会计，2023（20）：52–56.

［8］宋志秀，宋俊怡．高新技术产业知识产权证券化融资方式研究［J］．当代经济，2016（34）：32–35.

［9］任为民．论知识产权证券化的标准体系：论知识产权证券化的标准体系［J］．标准科学，2024（6）：42–45.

［10］张婷，李梦茹．知识产权证券化：模式、典例与机制优化［J］．财会通讯，2023（10）：11–18.

［11］李亚男．海口市医药产业知识产权证券化产品发行研究［J］．海南大学，2023（8）：91–96.

［12］李强，李洋．知识产权融资研究：以深圳知识产权 ABS 为视角［J］．社会科学家，2023（8）：91–96.

［13］何砚．比较视角下北京市知识产权证券化的发展现状、趋势和路径优化［J］．产业与科技论坛，2022（12）：55–57.

五、前海再保险：基于洪水巨灾模型的再保险风险管理优化

陈　思[①]

摘　要：全球气候变化加剧了极端天气事件发生的频率和强度，给再保险行业带来了严峻的风险管理挑战。为应对这些挑战，前海再保险公司开发并应用了基于大数据分析和机器学习的洪水巨灾模型，显著提升了洪水损失风险的评估精度，帮助公司在财产险和工程险领域精准定价，优化了风险评估和管理流程。该模型通过整合多源数据，为前海再保险公司提供了更精准的洪水灾害评估和定价支持，有效提高了公司的风险管控能力。本文展示了前海再保险公司如何利用数字化技术推动再保险业务创新，并探讨了这一技术在应对气候变化带来不确定性方面的作用及未来发展趋势。

关键词：气候变化　再保险　风险管理　数字化技术　洪水巨灾建模

（一）引言

全球气候变化正在以前所未有的速度重塑自然环境，极端天气事件如洪水、台风等自然灾害的发生频率和强度持续上升，给全球经济和社会带来了深远的影响。再保险行业作为分散和转移重大风险的核心支柱，在应对自

---

① 陈思，前海再保险股份有限公司与深圳大学联合培养创新实践基地博士后，气象学博士，主要研究方向：再保险巨灾模型研究。

然灾害损失方面承担着重要责任。然而，随着气候变化带来的不确定性增加，传统的再保险风险评估和定价模式正面临着严峻的挑战。再保险公司依赖历史数据和统计模型进行风险评估，但这些方法对当今日益复杂和变化的气候形势缺乏足够的敏感度和准确性，难以应对频繁且不可预测的极端天气事件。

前海再保险公司作为行业领先者，认识到在应对气候变化相关风险方面，创新技术的引入和应用已成为迫切需求。基于此，公司决定引入数字化技术，以期通过新的数据处理方法和模型提高风险评估的精度和效率。前海再保险公司选择了大数据分析和机器学习技术，开发了洪水巨灾模型，以应对洪水灾害带来的复杂风险。这一决策不仅是对全球气候变化挑战的回应，也是公司数字化转型战略的核心体现。

该洪水巨灾模型整合了气象、地理、社会经济等多源数据，利用机器学习算法进行深度分析，提升了公司对洪水风险的评估能力。通过该模型，前海再保险公司能够精准识别洪水的高风险区域，预测潜在损失，并在财产险和工程险领域有效优化了再保险合同的定价和承保策略。相较于传统的风险评估方法，该模型显著提高了预测准确性，使公司能够更加主动地应对气候变化带来的不确定性，并减少了极端天气事件频发导致的潜在损失。

此外，洪水巨灾模型的开发和应用不仅帮助前海再保险公司在日常运营中提升了业务决策的科学性，还加强了公司整体风险管理的系统性。公司能够基于该模型的分析结果，优化承保决策流程，降低高风险地区的承保集中度，并通过精确的定价策略提升财务稳定性。同时，模型的应用还使公司能够更好地与合作伙伴及客户共享风险评估数据，促进再保险行业在应对气候变化挑战方面的协同发展。

本文通过具体案例展示前海再保险公司如何在实际业务中应用洪水巨灾模型有效提升风险管理水平，并探讨数字化技术在再保险行业中的未来发展方向。本文不仅为再保险公司应对极端天气风险提供了宝贵经验，也为数字化技术在保险行业的应用提供了重要参考。

（二）文献综述

1. 巨灾模型简介

全球气候变化导致极端天气事件频发，洪涝、台风等自然灾害的发生频率上升，给再保险行业带来了巨大的风险。[1-2] 为应对这些风险，保险业广泛使用巨灾模型来评估和预测自然灾害的风险和潜在损失。[3-4] 巨灾模型通过集成灾害、暴露、易损性和损失四个模块来模拟灾害事件的发生及其保险经济影响。这些模型已成为再保险公司制定承保策略、定价和资本管理的重要工具。[5-6]

2. 巨灾模型在再保险业中的应用

巨灾模型在再保险行业中的主要应用包括风险评估、定价与承保、资本管理及灾害应对。通过模拟不同自然灾害事件的发生，巨灾模型帮助再保险公司识别高风险区域，优化承保策略，并确保公司具备足够的资本应对极端事件。[7] 传统巨灾模型过度依赖历史数据和复杂的物理模拟，难以应对气候快速变化带来的新型风险。[8]

3. 传统巨灾模型的局限性

尽管巨灾模型在风险管理中发挥了重要作用，但传统模型在处理新型和极端天气事件时仍存在显著的局限性。[9-10] 首先，传统模型对历史数据的依赖使其难以准确预测未来的极端事件。其次，模型的复杂性导致其计算资源消耗大，响应时间长，难以应对快速变化的环境。最后，传统模型缺乏动态调整的能力，无法充分应对气候变化带来的新风险。这些局限性显著降低了传统巨灾模型在实际应用中的效果。[11]

4. 数字化技术在风险管理中的应用现状

为弥补传统巨灾模型的不足，再保险行业逐渐引入了数字化技术。大数据分析、机器学习和物联网技术在提升风险评估精度和效率方面展现出了巨大的潜力。[12] 例如，机器学习模型通过处理海量多维数据提高了风险预测的准确性。物联网技术通过实时数据监测，增强了灾害预警能力。这些技

术的应用为再保险行业提供了新的工具和方法，有效弥补了传统巨灾模型的不足。[13-14]

现有研究表明，数字化技术在提高风险评估精度和应对极端事件方面具有优势，但大多数研究仍侧重于技术开发和模型性能评估，忽视了这些技术在不同气候和地理环境下的泛化能力。此外，现有模型的可解释性问题较少被讨论，导致再保险行业在决策过程中缺乏足够的透明度。本文通过引入可解释性分析工具，如 SHapley Additive exPlanations（SHAP）和 Local Interpretable Model-agnostic Explanations（LIME），填补了这一空白，提升了模型在再保险风险管理中的实用性。[15]

（三）研究设计与框架

1. 研究方法论

为了应对复杂且动态的气候环境，前海再保险公司开发并应用了一种基于机器学习的洪水风险评估模型。该模型的开发基于公司长期积累的财产险和工程险洪水出险数据，旨在提升公司在再保险合同定价和风险管理中的科学性与精准性。整个设计流程涵盖了从数据采集、处理到模型构建与优化，以及后续的风险评估与管理流程，确保模型的适用性和准确性，并大幅提高公司对未来洪水风险的预测能力。

（1）数据采集与处理

数据采集与处理是模型构建的重要基础。前海再保险公司为确保模型的预测准确性，从多个数据源获取了全面的数据集。这些数据集涵盖了气象数据（如降水量和极端气候事件）、自然地理数据（如地形坡度和河网密度）、社会经济数据（如地区 GDP、人口密度）以及公司自有的财产险和工程险历史损失数据。通过整合这些数据，公司能够建立一个强大的模型，以便精确地预测洪水保险损失。

在气象数据方面，公司使用美国航空航天局（National Aeronautics and Space Administration，NASA）的降雨卫星数据，计算多年平均降水量和汛期的日平均降水量，从而有效捕捉气候变化对洪水保险损失风险的影响。这不仅帮助公司识别潜在的高风险区域，还为未来极端气候事件对赔付的潜在影响提供了科学依据。

在自然地理数据获取方面，前海再保险公司利用地理信息系统（Geographic Information System，GIS）技术获取了地形坡度、地形位置指数（Topographic Position Index，TPI）、地表粗糙度（Topographic Roughness Index，TRI）和河网密度等详细地理数据。这些数据为公司提供了洪水传播路径和潜在影响范围的评估依据，帮助公司在高风险地区精准调整承保范围和定价策略。

在社会经济数据方面，前海再保险公司通过卫星观测和公开数据库采集，获取了地区 GDP、人口密度、夜间灯光指数和路网密度等数据。这些数据与前海再保险公司的洪水出险数据相结合，能够精确评估洪水在不同社会经济条件下的损失影响，帮助公司在不同区域设定合理的保费，优化承保策略。

经过清洗、标准化处理和特征工程过程的数据为模型构建提供了坚实的基础。

（2）模型构建与优化策略

在数据准备完成后，进入模型构建与优化的阶段。为了应对不同的数据特征和评估需求，前海再保险公司在模型构建中采用了多种机器学习算法，包括集成方法（如随机森林、梯度提升树、AdaBoost、极端随机树）以及神经网络模型（如多层感知机）。这些算法经过网格搜索和交叉验证后，确定了最适合公司特定需求的模型组合，确保了洪水风险的预测结果具备高度的准确性和稳定性。这些算法各具优势，能够从不同角度处理和分析数据。

为确保模型的性能和泛化能力，可以使用网格搜索、随机搜索和 K 折交叉验证等方法进行超参数调优和模型评估。再通过计算均方误差、平均绝对误差、决定系数、均方根误差等性能指标，对每个模型进行详细评估，最终选择既具有优异统计性能又能提供清晰特征解释的最佳模型。

（3）风险评估与管理流程

在模型构建完成后，基于所选的最佳模型，进行洪水损失风险的预测和评估。通过生成风险地图和损失分布图，直观展示了洪水风险的空间分布和潜在损失程度。这些结果可以为前海再保险公司的合约定价、承保和风险转移策略提供数据支持及科学依据。

2. 研究框架的构建

前海再保险公司构建了一套全面的洪水风险评估框架，对从数据采集到模型解释的全过程进行了精细设计和实施。研究的关键步骤如下：

第一步：洪水及经济损失数据提取。前海再保险公司从其财产险业务数据库中收集了历次洪水事件的行政位置、发生时间和经济损失数据。结合夜间灯光指数的卫星数据，公司能够精准识别并划分洪水造成的经济损失区域。

第二步：特征数据分析。公司对受灾区域内的气象条件、社会经济状况和地理特征进行了深入分析，探索这些因素之间的相互作用与关联，为模型构建提供了丰富的特征数据。

第三步：特征重要性评估与选择。前海再保险公司利用互信息（Mutual Information，MI）和方差膨胀因子（Variance Inflation Factor，VIF）对特征进行重要性评估，筛选出对模型预测最关键的特征，确保模型具有高预测精度和泛化能力。

第四步：模型构建与性能评估。基于选定的关键特征，前海再保险公司构建了多个机器学习模型，并通过交叉验证与超参数优化确保了模型的最佳表现。

第五步：预测结果分析。通过多步骤、多维度的评估方法，公司对不同模型的模拟效果进行了比较，并选择了最优模型，用于洪水风险预测。

第六步：模型解释。为提高模型的透明度与可解释性，前海再保险公司引入了 SHAP 和 LIME 工具，揭示各特征对模型预测结果的具体贡献，帮助公司更好地理解模型的预测逻辑。

通过合理的数据处理、模型构建及其解释，前海再保险公司成功打造了一款科学的洪水风险评估工具，为未来的再保险定价和风险管理决策提供了强大的支持。

本部分详细阐述了前海再保险公司在洪水风险评估中的方法和数据处理流程，构建了一个全面的洪水风险评估框架。通过多源数据的采集与清洗，以及先进的机器学习模型的构建，公司成功开发了一个切实可行的洪水风险评估工具。这一工具不仅显著提高了公司在洪水风险预测方面的能力，还为再保险合同的定价和风险管理提供了强有力的支持。接下来，将进一步分析该模型的预测性能及其在实际业务中的应用效果。

（四）案例介绍

1. 数据采集与预处理

前海再保险洪水损失数据库：前海再保险公司从其商业合同数据库中收集了大量真实的洪水保险损失事件记录。这些合同数据主要来自中国人民财产保险（PICC）、中国人寿财产保险（CLPC）、太平洋保险（CPPIC）和平安保险（PingAn），这 4 家公司覆盖了全国约 80% 的财产险和工程险市场。这些数据为前海再保险公司提供了坚实的基础，帮助其构建代表性强的洪水风险模型。通过分析这些损失数据，公司得以优化承保范围，并精确评估财产险和工程险的赔付风险。

为了确保数据分析的准确性和可靠性，前海再保险公司重点选取了 2000 年及以后的完整、可靠数据，排除了不完整或错误的记录。此外，为了对具体投保标的的地理位置进行准确划分，公司创新性地将洪水事件的地理位置数据与夜间灯光指数结合，识别出易受洪水影响且可能导致经济损失的区域。数据提取与处理过程中，前海再保险公司始终确保数据质量和一致性，并对原始数据进行了清洗、格式统一和错误检查等预处理工作。

基于这些方法，公司不仅提取了洪水事件导致的保险合约损失的具体位置信息，还整合了气象、自然地理和社会经济等相关数据，并结合洪水事件的影响范围进行空间分析和致灾因子计算。通过这些数据，前海再保险公司构建了一个专属的洪水巨灾数据库，帮助其在未来的业务中进行定制化的商业分析。

气象数据：降水量是洪水风险评估中的关键因素，前海再保险公司通过分析降水量的历史记录和分布，识别出洪水灾害的潜在高风险区域。降雨数据还可以帮助公司识别极端降雨事件，这些事件往往与严重的洪水灾害相关。因此，前海再保险公司使用了 NASA 的 GMP 降雨卫星数据，分析了 2000 年以来的日累积降水量。通过计算多年平均降水量和汛期的日平均降水量，公司能够清晰地看到中国降雨趋势的变化。例如，长江流域及东北地区的年降水量增加，华南地区和西南地区有所减少。在数据与洪水事件的位置信息匹配后，公司还计算了每次洪水的最大三日累积降水量，作为模型输入特征之一，用于评估未来洪水风险。

地形和地理数据：前海再保险公司利用地理信息系统技术获取了与洪水传播路径相关的地理空间数据。公司计算了地形坡度（Slope）、地形位置指数、地表粗糙度和河网密度等数据。这些数据用于预测洪水积聚的潜在区域及其流向。通过数字高程模型（Digital Elevation Model，DEM）分析数据，前海再保险公司还计算了地表粗糙度指数和地表不透水指数，这些指标直接影响洪水流速和积聚程度。通过计算河网密度，公司进一步评估了洪水的分散和排水能力，并利用这些数据调整承保策略，以降低高风险区域的潜在损失。

社会经济数据：前海再保险公司结合卫星观测和公开数据库采集了地区 GDP、人口密度、夜间灯光指数和路网密度等社会经济数据。这些数据用于精确评估洪水对不同社会经济条件下的损失影响，并帮助公司在不同区域合理设定保费。例如，公司通过总人口除以地理区域面积来评估人口密度，从而分析潜在的人员安全风险；通过地区 GDP 除以区域面积计算 GDP 集中度，以反映不同地区的经济活动和财产价值分布；通过夜间灯光亮度和路网密度，进一步完善了对洪水排水效率和灾后恢复能力的分析。

通过这种多维度的数据分析，前海再保险公司成功构建了一个全面的洪水风险评估模型输入数据集，涵盖了气象、自然地理和社会经济等多种因素，从而大幅提高了风险评估的准确性和适用性。

2. 特征工程

在数据预处理之后，特征工程是机器学习中的一个关键步骤，前海再保险公司从原始数据中选择、提取和构造出对模型预测最有用的特征。这一步的目的是提高模型的性能，使后续构建出的模型能够更好地捕捉数据中的模式和关系。本文利用互信息和方差膨胀因子对特征进行重要性评估，具体原理如下：

互信息应用：使用互信息来量化上一步构建的不同特征与洪水风险的经济损失之间的关系。计算公式为

$$MI(X,\ Y)=\sum_{x\in X}\sum_{y\in Y}p(x,y)\log\left(\frac{p(x,\ y)}{p(x)p(y)}\right) \tag{1}$$

其中，X 表示特征变量，Y 表示目标变量（洪水风险的经济损失），$p(x,\ y)$ 是特征和目标变量的联合概率分布，$p(x)$ 和 $p(y)$ 分别是它们的边缘概率分布。MI 值越高，表明特征与目标变量之间的相互依赖性越强。我们计算了每个特征的 MI 值，选择 MI 值高的特征，剔除 MI 值低的特征（见图 1）。

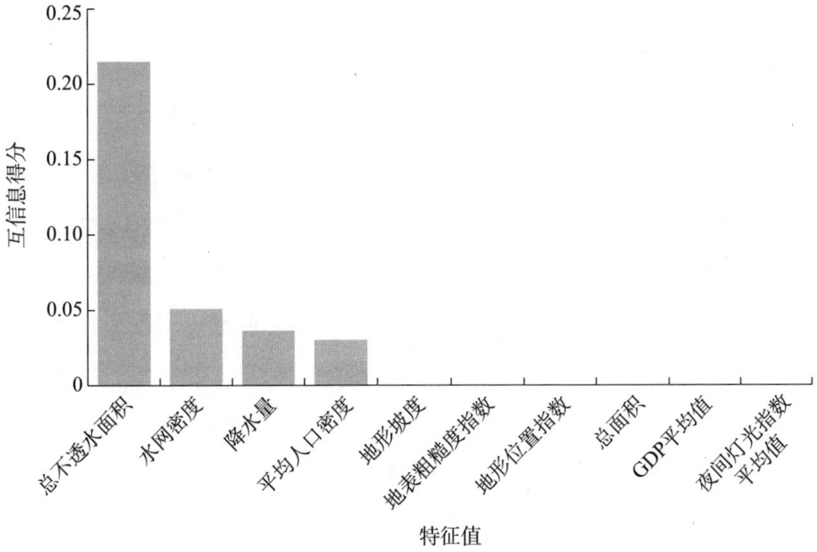

图 1 洪水模型致灾致损特征的互信息示意图

方差膨胀因子：检测特征间的多重共线性，计算方差膨胀因子。计算公式为

$$VIF = \frac{1}{1 - R^2} \tag{2}$$

其中，R^2 是特征对于模型中其他特征的多元线性回归的确定系数。*VIF* 值大于 5 或 10 时通常意味着存在严重的共线性问题。因此一般情况下，剔除 *VIF* 值高于阈值（通常选 5 或 10）的特征（见图 2）。

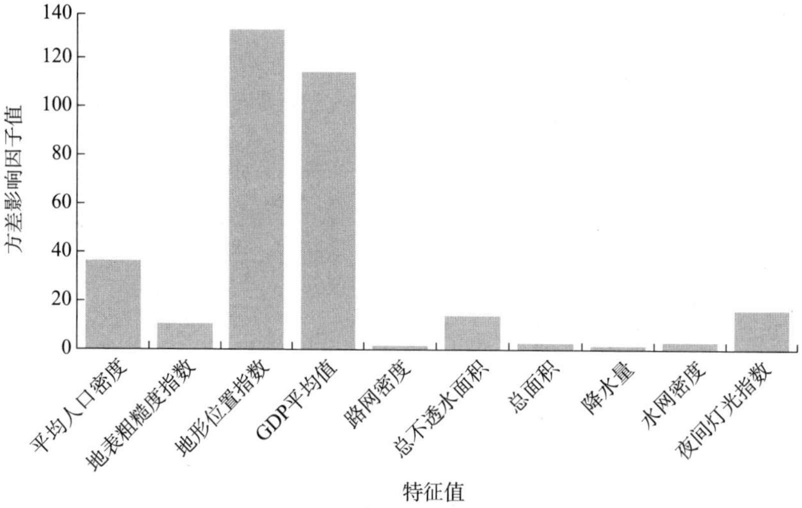

图 2　洪水模型致灾致损特征的方差膨胀因子示意图

通过这一特征工程过程，前海再保险公司构建了一个包含丰富但相互独立的多维度特征数据集，有效控制了特征间的共线性问题，不仅增强了模型的稳定性，还确保了其在实际应用中的可靠性。这些特征与洪水风险紧密相关，不仅具有统计意义，而且在再保险业务的实际操作中具有高度的应用价值。通过精心设计的特征工程，前海再保险公司确保了模型的预测结果既科学又可靠，为公司的洪水风险管理和再保险决策提供了有力的数据支持。

3. 模型构建与优化策略

为了选出最适合公司洪水风险预测的算法，前海再保险公司采取了一种多元化的策略，结合多种机器学习算法来构建和训练模型。公司在模型

构建过程中，使用了集成方法、神经网络模型、线性模型以及基于实例的模型。这些不同类型的算法凭借各自的独特优势，帮助公司更深入地分析数据，提升了模型的适应性和泛化能力，确保了洪水风险评估的准确性。

集成方法：随机森林（Random Forest）、梯度提升树（GBDT）、AdaBoost、极端随机树（Extra Trees）。神经网络模型：多层感知机（Multilayer Perceptron）。线性模型：支持向量机（SVR）、Lasso 回归、岭回归（Ridge Regression）、弹性网络回归（Elastic Net）。基于实例的模型：K 最近邻（KNN）。

模型调优及性能评估：为了找到各模型的最佳超参数组合并评估各个模型的泛化能力，案例采用了三种方法进行超参数调优和模型性能评估——网格搜索（Grid Search）、随机搜索（Random Search）以及 K 折交叉验证（K-fold Cross-Validation）。

首先是网格搜索，为每个超参数定义了一系列候选值，形成参数网格，通过遍历网格来训练多组不同参数配置的模型。其次进行随机搜索，为每个超参数定义取值空间，随机选取参数组合，探索参数空间以挖掘新颖有效的参数配置。最后采用 K 折交叉验证对模型的性能进行评估，K 折交叉验证是一种将数据集分割成多个子集的方法，用于评估模型的泛化能力。在 K 折交叉验证中，原始数据集被随机分成 K 个大小相等（或尽可能相等）的子集。模型训练和验证的过程如下：将 K 个子集分为两组，一个作为验证集（validation set），其余 $K-1$ 个合并作为训练集（training set）。

基于前海再保险公司自有的洪水灾害损失数据库，公司将自 2000 年以来的中国洪水事件数据集划分为 5 个子集（$K=5$）。每次训练中，前海再保险公司先使用训练集对模型进行训练，然后使用经过训练的模型在验证集上进行预测，并计算模型的性能指标。通过这一方法，确保了每个子集都有机会作为验证集进行评估，最大限度地提升模型的泛化能力。

通过网格搜索、随机搜索和 K 折交叉验证，前海再保险公司成功优化了洪水风险评估模型的超参数组合，使其能够在不同数据集上表现出稳健的预测能力。最终，公司的模型能够有效应对复杂且不确定的洪水灾害风险，显著提升公司在风险评估与再保险定价方面的精准性和可靠性。

K 折交叉验证的公式可以表示为模型性能指标的平均值，计算公式为

$$CV(K)=\frac{1}{K}\sum_{k\text{-}1}^{K}CV_k \tag{3}$$

其中，CV（K）是 K 折交叉验证的最终性能指标，CV_k 是第 K 折交叉验证的性能指标，即第 K 折交叉验证的损失 $Loss_k$，本文选择的指标包括均方误差（MSE）、平均绝对误差（MAE）、决定系数（R^2）、均方根误差（$RMSE$），计算公式为

$$MSE=\frac{1}{n}\sum_{i=1}^{n}(y_i-\hat{y}_i)^2 \tag{4}$$

$$MAE=\frac{1}{n}\sum_{i=1}^{n}|y_i-\hat{y}_i| \tag{5}$$

$$R^2=1-\frac{\sum_{i=1}^{n}(y_i-\hat{y}_i)^2}{\sum_{i=1}^{n}(y_i-\overline{y}_i)^2} \tag{6}$$

$$RMSE=\sqrt{\frac{1}{n}\sum_{i=1}^{n}(y_i-\hat{y}_i)^2} \tag{7}$$

其中，n 是样本的数量，y_i 是第 i 个实际值，$\hat{y}_i$ 是第 i 个预测值。MSE 是实际值与预测值之间的误差的平方；MAE 是实际值与预测值之差的绝对值的平均；R^2 是模型解释的变异占总变异的比例，其值介于 0~1 之间，值越接近 1，模型的解释力越强；$RMSE$ 是标准差，$RMSE$ 的单位与原始数据相同，在解释和比较不同数据集的性能时更加直观，较小的值表示模型的预测更接近实际观测值。这四个统计量都是衡量预测模型性能的重要指标，可以从不同的角度反映模型的预测精度和拟合程度。

K 折交叉验证的策略确保了每个模型都在不同的训练和测试数据上进行评估，从而提供了对模型泛化能力的准确估计，优点在于每个数据点都被用作训练和验证，有助于在数据量较少的情况下充分利用数据。此外，它提供了对模型泛化能力更稳健的估计，因为它是基于多个训练集和验证集的组合。

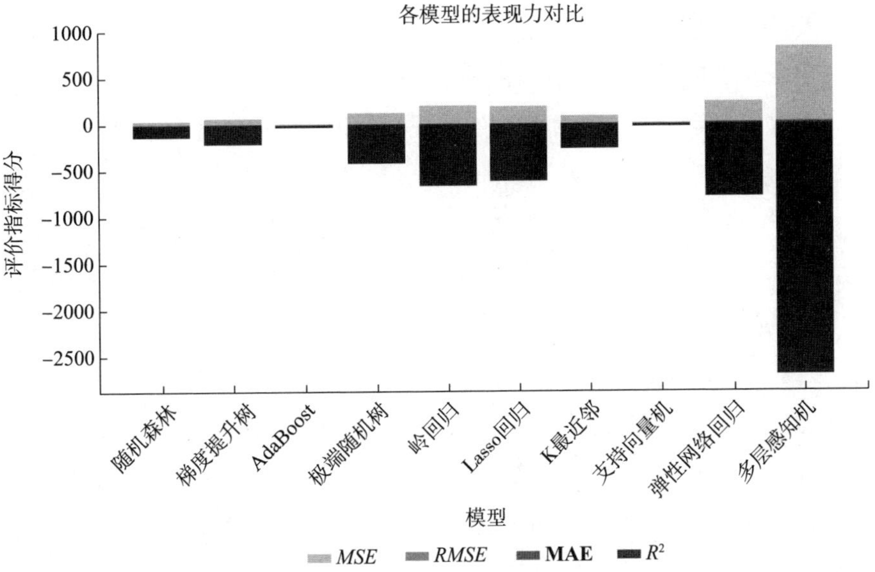

图 3　各模型的性能评估

图 3 是各模型执行 5 折交叉验证后的性能表现，尽管多层感知机（MLP）模型因其在处理复杂非线性关系方面的潜力而被广泛研究，但在前海再保险公司的案例洪水灾害数据集上，它在交叉验证中的表现并未达到预期效果。经过细致的分析和多次尝试，包括调整网络结构、优化超参数，以及实施不同的正则化技术后，MLP 模型的性能仍难以达到理想效果，MLP 模型在验证集上的各项性能指标均未满足预设标准。鉴于此，本案例剔除 MLP 模型，并将注意力集中在其他表现更佳的模型上。

这一决定基于以下考虑：优先选择在交叉验证中展现较低误差和较高泛化能力的模型。应倾向于选择不仅性能良好，而且具备一定解释性的模型，以便更好地理解影响洪水风险的关键因素。要考虑模型的训练和预测时间，以确保模型在实际应用中的可行性。在剔除 MLP 模型后，本文继续分析了其他误差更小的模型，并对这些模型进行了更深入的评估，尤其是基于集成方法的模型，在初步测试中展现出了较好的性能和稳定性。通过这一过程，可以确保最终选择的模型不仅在统计性能上表现优异，而且能够在实际应用中提供可靠的洪水风险评估。

4. 结果分析

在完成了模型的构建与优化后，前海再保险公司接下来的重点是分析这些模型在实际洪水风险预测中的表现，并评估它们在不同区域的应用效果。通过模型测试，公司发现多个机器学习模型在洪水风险预测任务上展现出了较好的性能，包括随机森林、梯度提升树、AdaBoost、极端随机树和K最近邻等。由于每个模型都具有独特的优势，单独使用某个模型的预测结果可能会遗漏其他模型捕捉到的重要信息。

为了提高预测的准确性，前海再保险公司采用了集成学习方法，对多个模型的预测结果进行综合处理。具体而言，集成方法计算了所有模型预测结果的平均值作为最终的预测输出。采用这种方法的原因在于，不同模型可能捕捉到数据中的不同特征和模式，集成方法能够减少单一模型带来的偏差和方差，从而更加全面地利用各个模型的优势。这一方法确保公司能够为31个省（区、市）的潜在洪水经济损失提供更为准确和可靠的预测结果。

前海再保险公司的方法论确保了研究的透明度和可重复性。公司详细记录了模型构建、特征选择、超参数调优和模型评估的每个步骤，提供了一个清晰的框架，便于未来在相似业务中进行优化和拓展应用。

（五）实际应用与效果分析

1. 模型在再保险定价中的应用场景

前海再保险公司在再保险合同定价中的经验主要集中于财产险和工程险领域。通过对区域洪水风险的精准评估，公司能够制定科学、合理的保费定价策略，确保保费与实际风险水平相匹配，进而有效降低承保风险。

保险公司可以根据这些评估结果优化洪水保险产品的定价策略。在高风险区域，可能需要提高保费以反映真实的风险水平。同时，政府及相关部门可以合作，推动高风险地区的防洪措施，如改善排水系统、加强堤坝建设等，以降低潜在的赔付成本。对于这些高风险区域，保险公司还需要准备快速、有效的灾后响应计划，确保在洪水发生后能够迅速进行损失评估和赔付，加快恢复进程。

此外，保险公司可以利用这些结果增强对客户的教育，提高客户对洪水风险的认识，并及时沟通保险覆盖范围及理赔流程。鉴于高风险区域可能带来较大损失，保险公司可能需要通过再保险来分散风险，确保财务稳定性。同时，基于前海再保险公司的经验，保险公司还可以向政府提出关于加强洪水风险管理的政策建议，如制定更严格的建筑标准、推广洪水巨灾保险等，以减少未来洪水带来的经济损失。

（1）财产险定价

全国 31 个省（区、市）财产险的洪水潜在损失风险随降水量变化的关系见图 4。

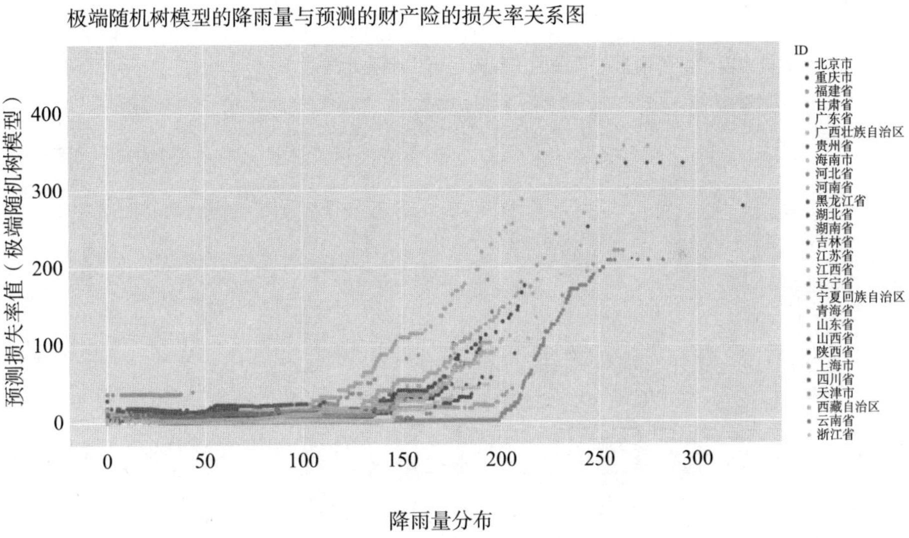

图 4　全国 31 个省（区、市）财产险的洪水潜在损失风险随降水量变化的关系

区域风险差异化定价：通过分析不同地理区域的洪水历史数据和气候变化趋势，前海再保险公司能够识别高风险和低风险区域。对于洪水多发的高风险地区，如某些城市或乡村，公司会建议收取较高的保费，以减少潜在的高额赔付风险；对于低风险区域，公司可以适当降低保费，以保持市场竞争力。

动态风险评估：随着气候变化导致的极端天气事件频率增加，公司能够根据新出现的风险动态更新评估参数，实时调整保费定价策略，确保在应对新风险时能够保持盈利。

（2）工程险定价

大型基础设施项目的精确定价：在桥梁、隧道、道路等大型基础设施项目的再保险定价中，前海再保险公司会根据项目所在地的地形、降水量、河流分布等因素，提供精确的洪水风险评估，帮助公司制定符合实际风险的保费，并确保项目的承保可行性和财务可持续性。

项目生命周期内的风险管理：对于长期的工程项目，公司能够根据项目的进展和环境变化，提供定期的风险评估报告，支持再保险合同的动态调整和续保策略，从而减少潜在的赔付风险。

全国 31 个省（区、市）工程险的洪水潜在损失风险随降水量变化的关系见图 5。

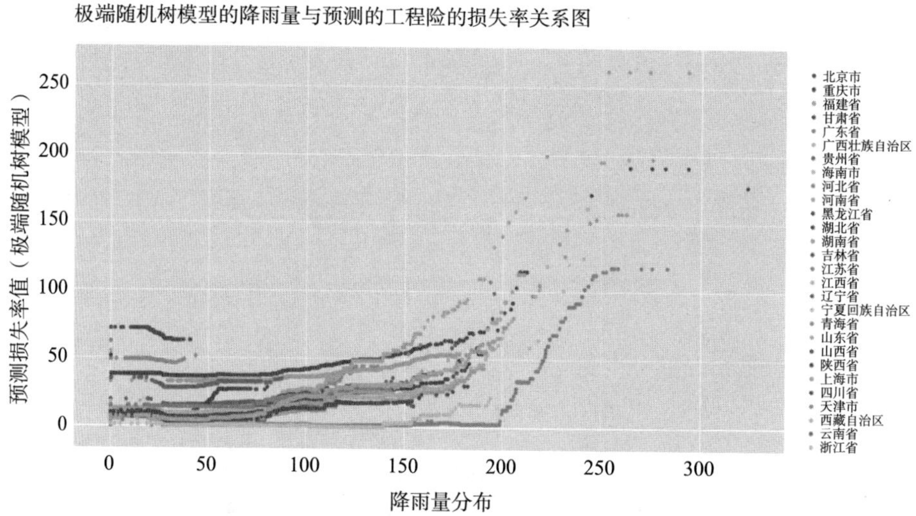

图 5　全国 31 个省（区、市）工程险的洪水潜在损失风险随降水量变化的关系

通过上述在财产险和工程险领域的具体应用，前海再保险公司展现了其应对不同区域和项目风险的适应性和灵活性。为了进一步验证这些措施在实际操作中的效果，公司需要从多个维度评估其在定价精度、风险管理和经济效益提升方面的表现。这不仅有助于理解这些操作的应用价值，也为未来的优化提供了重要的参考依据。接下来，公司将对这些实际应用效果进行详细分析。

2. 实际应用效果评估

前海再保险公司在财产险和工程险定价中的应用效果显著，主要体现在以下三个方面：

定价精度提升：通过多维数据分析与先进技术的结合，前海再保险公司能够捕捉到区域风险的微小变化，为不同地区、不同类型的再保险合同提供高度精确的定价建议。这种精细化定价不仅提升了公司的市场竞争力，还避免了因定价不准确导致的盈利损失。

风险管理的系统性优化：前海再保险公司通过对高风险区域的精准识别，实现了承保决策的优化。凭借对这些区域的深入评估，公司能够有效规避潜在的高风险区域的集中承保，从而大幅降低整体风险敞口，提升公司的财务稳定性。

经济效益提高：凭借精确的风险评估和科学的定价策略，前海再保险公司在多个项目中实现了预期收益。公司内部数据显示，过去 3 年得益于新的定价策略，公司在财产险和工程险领域共计减少了约 20% 的赔付成本，保费收入则增加了 15% 以上。这种双重效益为公司的长期可持续发展奠定了坚实基础。

3. 应用中的挑战与优化建议

尽管前海再保险公司的风险评估策略在再保险定价中表现优异，但实际应用中仍然面临着一些挑战，亟须进一步优化和解决。

数据获取与质量控制：在某些地区，尤其是偏远或经济欠发达地区，洪水相关数据的获取依然存在困难。此外，部分历史数据由于缺乏标准化处理，可能存在不准确的问题，影响了评估的精度。未来，前海再保险公司应加强与地方政府、科研机构的合作，建立更全面、更标准的数据采集和管理机制，确保数据质量和可靠性。

多险种风险评估的整合：随着定价策略在财产险和工程险中的应用不断扩展，如何将不同险种的风险评估结果有效整合，以提升整体风险管理能力，成为下一步的重点。未来可以探索基于集成分析的整合方法，对多险种的风险评估结果进行统一分析，实现更全面的风险控制。

跨部门协作与知识共享：前海再保险公司的成功经验依赖于技术团队与业务部门的紧密合作。在实际操作中，技术团队与业务部门需要保持充分的沟通，确保数据输入、参数调整和结果输出符合业务需求。此外，公司应建立知识共享平台，推动再保险业务人员对技术的理解和应用，以提高整体工作效率和决策水平。

4. 实践意义与行业启示

前海再保险公司通过将数字化技术深度融入再保险合同定价，特别是在财产险和工程险领域，成功实现了从传统模式向数据驱动决策的转型。这不仅增强了公司在面对极端天气事件时的抗风险能力，也为整个再保险行业提供了宝贵的经验和借鉴。

一方面，再保险公司应积极探索数字化技术在不同险种中的应用，推动技术与业务的深度融合，实现从数据采集到决策执行的全流程数字化。另一方面，随着气候变化带来的不确定性增加，前瞻性地布局洪水等极端天气风险的管理措施，将成为再保险行业保持竞争力的关键。未来，再保险公司应在数据获取、风险评估和策略优化等方面持续创新，确保在面对快速变化的环境时能够灵活应对。

（六）讨论与展望

1. 数字化技术在再保险洪水风险管理中发挥的作用

通过构建数据驱动的洪水风险定价方法，本文展示了数字化技术在洪水风险评估中的巨大优势。与传统的基于物理模拟的方式相比，这种方法不仅简便快捷，还有效解决了数据稀缺的问题，特别适用于数据缺失的地区。通过分析中国过去多年来各地区的最大降水量平均值，系统能够预测潜在的最大损失和洪水风险的地理分布，为再保险行业提供了一种全新的风险评估手段，帮助公司更好地应对极端天气事件带来的潜在损失，并为定价提供可靠依据。

这一方法依托机器学习技术处理有限数据，无须依赖复杂的物理过程模拟，预测结果能够迅速生成，为决策者提供及时的风险评估信息，支持防灾减灾措施的快速实施。尽管在数据处理和风险评估方面表现出色，但仍存在一定的局限性，如无法全面涵盖所有影响洪水损失的因素。未来的研究应致力于提升评估系统的准确性和广泛适用性，并结合其他风险管理工具，为更全面的洪水风险管理提供支持。

该方法的核心优势在于其高度的灵活性。用户可以根据具体需求调整结构和参数，生成适合不同场景的评估结果。这种灵活性使系统能够应对不同应用场景，帮助决策者制定更精确的风险管理策略。

2. 未来发展趋势

（1）深度学习与物联网技术的应用前景

深度学习与物联网技术的结合为洪水风险管理带来了巨大潜力。深度学习通过神经网络处理海量数据和复杂模式，在灾害预测和损失评估方面表现卓越。随着传感器和智能设备的普及，物联网将提供更多实时、高精度的数据源，进一步提升预测的准确性。实时水位监测和降雨数据通过物联网传输，可以实现洪水风险的实时评估和预警。未来的重点将是优化算法并整合来自遥感、社交媒体和物联网等的多源数据，以提高灾害预测能力。

（2）数据共享与国际合作的重要性

全球气候变化带来的极端天气事件是各国面临的共同挑战，单一国家或地区的数据不足以全面应对。因此，国际合作和数据共享具有重要意义。通过建立全球数据共享平台，各国可以交换气象、水文、地理信息等数据，提升洪水风险评估的精度和可靠性。这不仅可以促进技术交流，还为共同开发和验证新的方法提供了基础。未来的研究应更加关注在不同地区的适用性，并根据实际结果不断调整和优化。

（3）政策支持对技术创新的推动作用

政策支持是推动技术创新和应用的关键。政府应通过提供研发资金、建立数据共享机制和促进跨学科合作，推动数字化技术在灾害风险管理中的应用。政策的支持不仅加速了技术的创新，还确保了新技术在实际应用中的有效性和可持续性。再保险行业应与气象、水文、地理信息系统等领域的专家合作，整合多学科知识，以提高洪水风险评估的全面性和准确性。

3. 对再保险行业的启示

引入深度学习和物联网技术能够显著提升再保险公司的风险评估能力。利用实时数据和先进算法，不仅能够更准确地预测洪水的发生及其潜在影响，还能够优化保险产品设计，提高承保决策的科学性，减少因自然灾害带来的意外损失。

此外，数据共享和国际合作对于提升行业整体的风险管理水平至关重要。再保险公司应积极参与全球数据共享和合作，与政府、研究机构和其他保险公司共同应对气候变化带来的挑战。政策支持和跨学科合作也将成为行业未来发展的重要方向，通过不断验证和改进技术，确保其在不断变化的环境中保持高精度和适应性。

面对气候变化引发的极端天气事件，再保险公司需要在战略上作出调整，以提高应对能力，包括增加风险储备、优化再保险安排和开发新型保险产品。同时，行业应加强与政府和社区的合作，推动防灾减灾工作，减少自然灾害带来的损失。

通过这些措施，再保险公司能够更加有效地应对气候变化带来的挑战，提升风险管理能力和财务稳定性，为客户提供更有保障的服务。本文的方法和成果为行业进一步发展提供了科学依据和技术支持，帮助再保险行业在未来更好地应对自然灾害风险。

参考文献

[1] 付湘，王丽萍，边玮 . 洪水风险管理与保险 [M]. 北京：科学出版社，2008.

[2] 张艳 . 气候风险保险及应对策略研究综述 [J]. 保险职业学院学报，2012，26（5）：25-31.

[3] 杜鹃，方建，徐伟，等 . 气候变化对洪水灾害影响研究进展 [J].

地球科学进展，2014，29（9）：1085–1093.

［4］刘颖，周延．全球气候变化对保险业的影响及启示［J］. 上海保险，2009（8）：59–62.

［5］鄭燦堂．風險管理：理論與實務［M］. 台北：五南圖書出版股份有限公司，2022.

［6］卓志．我国保险理论研究及其发展创新的方法论前提［J］. 保险研究，2008（2）：14–17.

［7］卓志，丁元昊．巨灾保险需求分析：理论与工具［J］. 清华保险与风险管理研究动态，2010（9）：34–43.

［8］马树建，王慧敏，焦军彩．基于巨灾模型的巨灾保险组合研究［J］. 数学的实践与认识，2009（3）：220–225.

［9］李晓翾．谈巨灾模型对巨灾保险风险管理的影响［J］. 上海保险，2007（7）：28–29.

［10］刘博，唐微木．巨灾风险评估模型的发展与研究［J］. 自然灾害学报，2011，20（6）：151–157.

［11］彭康，李博．谈巨灾模型对巨灾保险风险管理的影响［J］. 黑龙江科技信息，2008（23）：111–111.

［12］沈伟豪，钟燕飞，王俊珏，等．多模态数据的洪涝灾害知识图谱构建与应用［J］. 武汉大学学报（信息科学版），2023，48（12）：2009–2018.

［13］王运涛．基于多源信息的城市洪水模拟与弹性分析［D］. 大连理工大学，2018.

［14］史翔．加快中国巨灾模型建设的思考［J］. 中国保险，2010（8）：18–24.

［15］窦杰，向子林，许强，等．机器学习在滑坡智能防灾减灾中的应用与发展趋势［J］. 地球科学，2023，48（5）：1657–1674.

编 后 语

本书是教育部人文社会科学重点研究基地——深圳大学中国经济特区研究中心、深圳大学理论经济学博士后科研流动站以及深圳大学人工智能（经济）教学与研究团队围绕“数智时代与深圳新发展”这一主题组织编写的实践案例。研究与编写过程获得以下科研项目资助，谨致谢忱：教育部人文社会科学重点研究基地重大项目（项目名称：“粤港澳大湾区要素自由流动的制度约束与机制创新研究”）、深圳市博士后科研项目以及深圳大学人文社科振兴计划。作为中国改革开放进程中具有特殊地位的经济特区和持续探索的“试验田”，深圳在数智化浪潮中的实践步伐从未停歇，其发展模式与治理经验仍在不断创新与演进。鉴于这种内在的活力与复杂性，试图全面捕捉其面貌的研究都将一直处于进行时。因此，本书所呈现的分析与结论，是在这一持续演进过程中的一次观察与提炼，相关的研究工作也必将随着实践的发展而继续深化。

全书的核心，是探讨数智化对现代城市多维度产生的深刻影响。书中首先检视了数智技术如何被应用于民生保障领域，并重塑着社会治理的形态。我们分析了数字工具在提升公共服务可及性与效率方面的作用，并考察了其在推动治理模式从传统经验型向数据驱动型转变过程中的具体实践与潜在影响，这关乎城市运行的效能，也触及治理体系现代化的深层议题。继而，本书将目光投向现代化产业体系的建设这一关键领域。通过对深圳案例的考察，我们梳理了数智化如何催生产业组织方式、技术创新路径、基础设施内涵乃至人才结构需求的系统性变革，展现了其经济发展动能转换和追求高质量发展的内在逻辑。此外，书中亦对数智时代的金融支持功能与风险管控挑战进行了专门论述。我们关注金融科技在优化资源配置、服务实体经济方面的创新实践，同时也分析了数字化环境下金融风险表现的新特征以及相应的治理应对策略，揭示了在鼓励金融创新的同时，必须同步提升风险管理能力的重要性。

深圳的发展实践，为我们理解数智技术如何融入经济社会运行提供了宝贵的样本。本书的案例研究尝试说明，深圳的实践并非孤立的技术应用展示，而是一个政策、市场、技术、社会等要素复杂互动的过程。它在一定程度上揭示了中国式现代化在城市实践中的若干现实特征：如何在坚持中国共产党的领导下，有效融合顶层设计与基层创新；如何在社会主义市场经济条件下，既激发市场活力又进行有效引导，推动数智化服务于国家发展战略与公共利益；如何在开放环境中保持自主性，探索符合自身特点的发展道路。深圳的经验，为其他致力于数字化转型的城市和地区，提供了观察视角和有价值的参考。

数智时代本身就是一个快速迭代、充满未知的领域。技术进步的速度往往超越制度完善的步伐，新的应用模式不断涌现，也伴生着新的社会经济伦理问题。本书的研究虽力求全面，但仍受限于特定的时间窗口与资料范围。未来，诸如数据要素的权属界定与市场化配置、人工智能伦理框架的构建与落地、数字鸿沟的有效弥合以促进社会公平、平台经济的规范健康发展及其与传统产业的协同，以及关键信息基础设施的安全保障等，将是更为艰深且需持续投入研究力量的关键议题。对这些问题的深入探讨和妥善解决，将直接影响数智化转型的长期成效与社会福祉。

本书的初衷，是希望通过对深圳这一典型案例的系统性分析，为关心中国城市发展与数智时代变革的各界人士，包括政策制定者、产业界代表、学术研究同行以及广大社会公众，提供一份客观翔实的分析资料。我们期待它能够促进更广泛的交流与讨论，助力深化对数智时代城市发展规律的认识，并为推动城市走向更智能、更高效、更包容、更可持续的未来，贡献一份微薄的力量。

本书的撰写与完成，凝聚了许多人的心血与支持。在此，谨向所有在研究过程中提供过宝贵资料、深度访谈、学术交流和编辑出版支持的机构、专家、师友及工作人员，致以最诚挚的谢意。知识的进步离不开开放、协作与批判性反思的学术共同体。

数智时代的宏大叙事正在我们眼前展开，城市作为承载人类活动的主要空间，其形态与功能正经历着前所未有的重塑。面对这场变革，唯有保持开放的心态、审慎的态度和持续学习的韧性，方能更好地适应并引导其发展方向。我们期待，未来的城市能够在数智技术的赋能下，更好地服务于人的全面发展和社会整体进步的目标。

李　凡

深圳大学中国经济特区研究中心教授

广东经济学会副会长

2025 年 3 月于深圳